版权制度的
现代发展与回应

李岩　杜甲华 主编

BANQUAN ZHIDU DE
XIANDAI FAZHAN YU HUIYING

法律出版社
LAW PRESS · CHINA

序

辽宁大学知识产权学院依托于辽宁大学法学院成立于2016年4月。虽然知识产权专业学院成立较晚,但在知识产权人才的培养上,辽宁大学法学院却从未落后。在多年的科研和教学中,知识产权都是重中之重。当然历经多年也累积了一点相关的成果。这本文集算是辽宁大学法学院在知识产权人才培养和科研成果上的一个小小的总结和回顾。

我本人的主要研究方向为民法基础理论,在撰写博士论文《民事法益基本范畴研究》和博士后报告《民事法益类型化研究》中发现,法益作为私法领域中的普遍现象对知识产权也具有涵摄作用,因此以知识产权法益的代表类型——违禁作品为主题撰写了论文。另《中华人民共和国著作权法(草案)》中规定的追续权引发了学界的关注,且以赞同居多,但笔者认为应采审慎态度。《美国追续权制度:立法演进与理论解说》一文是以美国仅有少数州规定追续权、大多数并未规定为缘起,分析背后的原因,期望对我国立法有所助益。

杜甲华教授是我的同事,多年来一直从事知识产权研究和教学工作,本文集收录了她和崔畅撰写的《惩罚性赔偿在知识产权损害赔偿责任中的适用》一文,其主旨在于扩大知识产权损害赔偿的范围,读起来颇有参考价值。

另收录五篇论文:柳巨垚的《孤儿作品利用法律制度研究》、马英俊的《转化性使用研究》、王丽颖的《追续权立法研究》、马晓露的《论著作权善意取得制度的构建》、彭静林的《体育赛事转播权研究》。这些文章的作者都是我曾经指导的硕士研究生,他们的毕业论文经过我的多次"折磨"后有的悬挂于知网,有的成为故纸堆,为对他们和我的付出作出再次的肯定,我着意把这些论文搜集起来成为一个集子,让更多人的看到,这也是"作品"的价值所在。要申明的是,对于这些论文,我并无意进行修改,虽然现在看来或多或少有着不足,但那是他们作为学生的一种经历。

著作权是饶有趣味的研究领域,我和我的学生们会继续在这个领域挖掘宝藏,奉献更多"思想的表达"。

李　岩

于沈阳德馨苑

2017 年 4 月 22 日

目录

著作权抑或著作法益：违禁作品性质的迷思破解

李　岩*

摘　要：既有的关于违禁作品保护争论的焦点是权利抑或非权利，这必然让讨论走向困境，也让违禁作品在实践中的救济受到困难。违禁作品具有利益性、非法定性、消极性、法律保护的弱势性、弱稳定性，在性质上应界定为著作法益，而非著作权。应借着第三次著作权法修改的时机清晰界定违禁作品的属性以解决实践中的困境。在著作权法中明确规定保护的对象包括著作法益，以发挥宣示和指引作用，从而构建著作权法＋侵权责任法这一完整的著作利益保护模式。

关键词：违禁作品　著作权　著作法益　法益　民事法益　民事权利

* 李岩，辽宁大学法学院教授、博士生导师，法学博士、博士后。

违禁作品的性质争论在我国由来已久,从历史上看有两次讨论的高潮,分别是在《中华人民共和国著作权法》(以下简称《著作权法》)制定之时和《著作权法》第二次修改之后。[1] 但讨论的高潮并未带来应有的结果,反而让关于违禁作品性质的认识更加扑朔迷离。《著作权法》第三次修改之际,有必要对这个问题进行再次的探讨。

一、理论之争:违禁作品权利抑或非权利的困境

既有的关于违禁作品的理论探讨,都在思维上将讨论的根基落在违禁作品是否是"权利"上,这种权利思维的定式导致了诸多的理论困境。

(一)困境一:违禁作品享有著作权,但不受到著作权法保护

这种观点认为:违禁作品的作者应同其他作品的作者一样,对其作品享有著作权。但同时又提出,违禁作品作者的著作权受到侵犯时,著作权法保护著作权的所有规定对该作者不适用。[2] 有学者则更为明确地提出:一方面,此种违禁作品享有著作权,另一方面,

---

[1] 相关文献有:张中辉:《关于反动淫秽作品作者著作权的思考》,载《司法实践》1991年第2期;龙斯荣等:《也谈违禁作品作者的著作权》,载《当代法学》1992年第1期;董炳和:《对〈著作权法〉关于违禁作品规定的思考》,载《法律科学》1994年第4期;王克先:《也谈违禁作品的作者是否享有著作权》,载《绍兴师专学报》(哲学社会科学版)1996年第1期;郑延荣:《内容违法的作品不受保护》,载《人民司法》1998年第9期。王迁:《WTO"中美知识产权争端":美国赢得了什么?——评专家组对我国〈著作权法〉第4条的裁决》,载《华东政法大学学报》2009年第4期;金耀:《浅析违禁作品的内涵与保护》,载《中国版权》2011年第6期;衣庆云:《权利限制与作品传播的限制——〈著作权法〉第4条适用问题分析》,载《知识产权》2011年第10期;李翠香:《对删除〈著作权法〉第四条第一款的认识》,载《才智》2011年第10期;丛立先:《违禁作品著作权问题辨析——兼评我国〈著作权法〉第4条的修改》,载《法学》2011年第2期;梁志文:《TRIPS争端解决机制下违禁作品的版权保护——以我国〈版权法〉第4条为中心》,载《法治研究》2010年第3期;苏如飞:《WTO裁决与我国〈著作权法〉的修改》,载《中南林业科技大学学报》(社会科学版)2010年第1期,杨延超:《违法作品之著作权探究——兼论我国〈著作权法〉第4条之修改》,载《法学论坛》2010年第3期;董皓等:《我国著作权法中的违法作品问题》,载《法学》2009年第3期。

[2] 陈军:《关于违禁作品作者著作权的思考》,载《著作权》1991年第3期。

违禁作品的著作权不受到著作权法的保护。在此情况下，作者的著作权被有些论者称为“虚化的权利”，形同虚设。[1] 2009 年 WTO 对我国著作权法进行审查时，我国专家组对原《著作权法》第 4 条所规定的“依法禁止出版、传播的作品，不受本法保护”中的“本法”进行了说明。专家认为“本法”是指版权法，该条指的是版权法的保护，而不是排除所有法律的保护。[2] 从专家的解释中可以得知，即使是违禁作品也并非排除在法律保护之外，只是因为其不享有著作权而不受到著作权法的保护。同时美方专家认为依法禁止出版、传播的作品应该受到《著作权法》第 46 条和第 47 条的保护。而第 46 条和第 47 条规定的是对作品侵权行为的认定以及侵权责任承认的形式。在论述对未删除版本作品的侵权行为时，中方的观点为：“其版权将得到保护，而不论侵权复制品是编辑后的版本还是未删除的版本。”从中方的解释上来看，我方对该条款的解释明显存在逻辑上的矛盾，一方面认为违法作品依据第 2 条享有著作权，另一方面又表明根据中国的审查制度，违法作品不能得到著作权法的保护。但在论及未删除版本的保护时，又称其享有版权的保护。这样的解释明显存在矛盾，享有著作权又不受到著作权法保护，这不禁让笔者对著作权法的保护对象提出了质疑，即著作权法保护的难道不是有著作权的作品吗？

（二）困境二：违禁作品享有著作权，但积极权能的行使受到了限制

这种观点认定违禁作品具有著作权，但是在内容的行使上受到了限制。如有学者认为：“违禁作品作者的著作人身权应予以保护，

---

〔1〕 费安玲：《中华人民共和国著作权法讲析》，中国国际广播出版社 1991 年版，第 109 页。

〔2〕 梁志文：《TRIPs 争端解决机制下违禁作品的版权保护》，载《法治研究》2010 年第 3 期。

但是对违禁作品作者的著作权财产权应予以禁止。"〔1〕也有的学者认为："著作权的意义在于：他人未经许可不得以特定方式利用作品。如针对艳照，拍摄人可以阻止他人未经许可传播艳照，同时又无法获得任何损害赔偿。"〔2〕这种限制的基础是权利本身可以分为积极权能和消极权能。违禁作品著作权的积极权能受到了限制，作者不能通过自己的行为积极地行使。但是违禁作品的作者可以消极地行使权能，如他人未经允许复制发行了作品，则作者享有禁止权。〔3〕这种主流的观点是通过对权利的限制来解释违禁作品享有著作权，但不能主动行使权利。权利行使的限制，一般是指所有权以及其他权利的行使受到诚实信用原则、公序良俗原则和权利不得滥用原则的制约。这里的限制是指对权利行使的限制，而非权利内容的限制，两者内涵完全不同。权利的限制是指在保持权利内容完整的前提下，为权利内容的行使设定边界，使权利人行使的权利不超过社会容许的边界，让权利附带上社会性的义务。权利行使的方式可以分为事实方式和法律方式两种。所谓事实方式是通过实施事实行为来行使权利，所谓法律方式是通过法律行为的方式行使权利。

依照专家组的解释，著作权法的排除范围并不包括由于程序违法而禁止在中国出版发行的作品，而仅仅是指内容上违法的作品。也就意味着程序违法的作品在中国可以获得著作权法的保护。但

---

〔1〕 苏如飞：《WTO 裁决与我国〈著作权法〉的修改》，载《中南林业科技大学学报》(社会科学版)2010 年第 1 期。

〔2〕 王迁：《WTO"中美知识产权争端"：美国赢得了什么?》，载《华东政法大学学报》2009 年第 4 期。

〔3〕 这种观点可以参考王红琴：《未批准的文化产品的版权及相关权利保护》，中国政法大学 2009 年硕士学位论文；梁志文：《TRIPS 争端解决机制下违禁作品的版权保护——以我国〈版权法〉第 4 条为中心》，载《法治研究》2010 年第 3 期；张乃根：《论中美知识产权案的执行问题》，载《世界贸易组织动态与研究》2009 年第 9 期；王利民、顾权：《论双重版电影版权的"二元"承认与保护——一个国际贸易体制下电影版权保护的国际法新原则》，载《当代法学》2009 年第 6 期。

问题是著作权作为一个权利体系，内容性质上包括人身权和财产权，著作财产权又可分为积极的财产权和消极的财产权，积极财产权包括复制、发行、出租、展览、表演等13种法定权利，消极财产权是指在上述著作权财产权以及人格权受到他人侵犯时可以请求侵权法上救济的权利。但是对违禁作品来说，如果赋予其主动的积极财产权，即复制、发行、出租、展览等权利，则明显与程序违法的内涵相违背。所谓程序违法就是那些未被批准在中国进行出版发行的作品、录音制品和表演的作品。程序的违法性已经将著作权财产权的权能全部予以排除，如一方面承认程序的违法性受到著作权法的保护，另一方面又排除著作财产权的积极权能行使，这无疑是相互矛盾的。如认为对程序违法性作品的保护仅限于在受到他人侵权时提起法律保护的权利，则这种方式并不具备权利的积极权能，不能主动行使的权利是否是权利则存在疑问。

（三）困境三：违禁作品受著作权法保护，也享有著作权

这种观点认为："内容违禁的作品，即使被禁止出版、传播，在著作权法理论上仍然认为其作者仍享有著作权，根本原因在于著作权本质上是著作权人对作品的'外壳'即表达形式的排他性权利，对著作权的保护并不及于作品的内容。著作权法关注作品的形式，至于作品品质的高低，是否会被禁止出版，著作权法不作要求。"〔1〕该说法认同违禁作品享有著作权，认为著作权法的保护对象和内容并无关系，是否构成作品是判断是否受著作权法保护的标准，至于内容只是决定作品品质的标准。但是这样的理解明显和实务中违禁作品的境遇大相径庭，实践中，违禁作品不能发表、不能出版、不能行使相应的财产性权利，又怎么能说其享有著作权呢？

上述对违禁作品的法律性质定位都围绕着传统的民事权利角

〔1〕 亓培冰：《依法禁止的出版物有无著作权》，载《法律科学》1990年第2期。

度展开,即是权利还是非权利,这也是引发上述种种困境的根源。纠缠于是否是权利,必然会得出众多学者的推论,如"著作权在本质上就是一种传播权,所谓'无传播无权利',如果既赋予违禁作品著作权,但又限制其出版、传播,实质意义上的著作权已经不复存在"。[1] 或者又如有的学者认为的是"虚化的权利"。但是在有权说和无权说之外,还是可以零星听到不同的声音。如郑成思教授在论述非法作品的版权问题时提出:"实践中,一部作品的传播一旦被禁止,它即使还享有某些版权,也极其有限了。"[2]这里郑先生提出了"有限的版权"的概念,依照笔者的理解,如果一个作品享有版权的保护就应该是完全的。版权所内含的权利类型应该全部享有,作为重要权利行使方式的流转权自然也应该包含在内,否则该权利就并非版权,就并非权利。

二、现实窘遇:违禁作品在实践中的尴尬

目前,我国对违禁作品的法律保护缺失,实践中违禁作品如果受到侵权后,作品创作人并没有可以寻求法律救济的法律基础。这种尴尬无论对程序违禁还是内容违禁的作品都是现实的存在。

对程序违禁的作品,以电影作品为例,根据美联社和路透社报道,美国电影协会亚太地区资深副总裁麦可艾利斯表示,中国目前每年只准许20部外国影片在国内院线上映,其余差额则由盗版的DVD光碟来填补。他说,这些盗版的光碟占了中国电影市场的93%。仅2005年一年,中国的盗版影片就导致美国电影协会旗下各制片厂所拍摄的电影在中国的潜在收入损失2.44亿美元。而中国

---

〔1〕 张海舟:《著作权视阈下的违禁作品》,中央民族大学2011年硕士学位论文。
〔2〕 郑成思:《知识产权法》,法律出版社1997年版,第368页。

对美国全体制片业的盗版行为更使美国公司损失了24亿美元。[1]在20部外国影片之外的在中国被盗版的作品除却内容违禁外,基本都属于程序违禁的作品,尚未取得中国版权部门的许可却在中国内地发行。而这类作品在现实中会因为缺失法律具体明确的规定而不能得到法律的救济。如果对程序性违禁作品的法律地位不予以承认,则作品的非法复制、非法传播等行为将因为缺失法律基础而不能得到管控,其后果就是违禁作品的复制、传播更为猖獗。复制、传播违禁作品因为没有法律的监管变成实质上的合法化,复制、传播违禁作品的人因此获取大量的非法利益,作品的创作人却并不能因此而诉诸法律救济,根源在于法律对程序性违禁作品的保护排除。

对内容性违禁作品的法律地位不予以承认,就会出现国外的作品,依照我国的法律规定属于内容违禁的作品,但是被我国盗版人所盗版,依据我国法律规定并不享有著作权,但是盗版人却因此而获取利益。此时,外国版权人对这种情况却束手无策。目前我国尚未遇到此种情况,但并不排除将来有外国版权人对此提起诉讼。

韩国和我国的台湾地区均已经出现了这个问题。在韩国,美国和日本的代表性成人视频制作企业,在2009年曾经以侵犯著作权为由起诉韩国网民。但在韩国无论是从《刑法》还是从《关税法》及《信息通信网和信息保护相关法律》,对色情作品均禁止传播和销售。所以在韩国色情作品此类的违禁作品并不能受到著作权法的保护。[2] 但是该公司的法务委托人认为,按照韩国和美国签署的条约和著作权法以及相互主义原则,即使是韩国禁止传播的成人视频,

---

〔1〕《美国之音　中国限制外国影片进口反助盗版》,载星岛环球网:http://www.stnn.cc/ed_china/200612/t20061208_413647.html,最后访问日期:2012年4月23日。

〔2〕《美国、日本色情作品制作企业起诉韩国网民侵权》,载人民网:http://media.people.com.cn/GB/9855647.html,最后访问日期:2012年3月29日。

只要美国承认著作权,在韩国也具有相同的法律效益。也就是说,美国和日本的色情作品制作企业尽管无法在韩国营业,但著作权必须得到保护。2010 年日本的八家色情片业者联合在我国台湾地区召开记者会,控诉台湾"当局"忽视色情片著作权。[1] 主要理由是当局纵容中华电信和有线电视播放未经授权的色情片。台湾地区"最高法院"认为,保护著作权应注重文化的健全发展,因此凡有碍维持社会秩序或违背公共利益之著述和色情光盘片应不属著作权法所称之著作,自不受著作权法不得制造或贩卖等之保障。虽然韩国和我国台湾地区的辩驳有一定的道理,但是如果任由色情作品在本国被盗版,而外国版权人只能听之任之获利则是对"正义"的挑战。至少应赋予其请求停止侵权、排除妨碍、消除危险等请求权方为妥当。

三、观念重建:违禁作品法益属性的界定

(一)违禁作品性质界定的前提:几个基本概念的辨析

要对违禁作品的性质作出清晰的界定,首先要分析比较四个概念:作品(著作)、著作权、著作利益、著作法益。

1. 作品(著作)与著作权

传统观念似乎认为,作品本身就蕴含合法性的要素,就应当受到著作权的保护。如果作品本身不合法,就不能称为作品。这需要对作品的概念进行分析,从既有立法关于作品的概念上来看,大多数都没有将作品贴上"合法性"的标签。《中华人民共和国著作权法实施条例》第 2 条对"作品"所下的定义是,"著作权法所称作品,是指文学、艺术和科学领域内具有独创性并能以某种有形形式复制的智力成果"。从条例所给的定义上并不能看出作品必须具备合法性

---

〔1〕《色情片被认定没有著作权　日本 AV 业者要赴台呛声》,载东南网:http://www.fjsen.com/b/2010-04/12/content_3060090.htm,最后访问日期:2012 年 3 月 29 日。

的特征。《日本著作权法》第 2 条对作品的界定是,用创作方法表现思想或者感情的属于文学、学术、美术或者音乐范围的东西。从法条上也并未将合法性作为作品的必备要素。相反在日本众所周知的色情产品的产业是合法化的。1971 年 7 月 24 日于巴黎修订的《世界版权公约》第 1 条规定:“缔约各国承允对文学、科学、艺术作品——包括文字、音乐、戏剧和电影作品,以及绘画、雕刻和雕塑——的作者及其他版权所有者的权利,提供充分有效的保护。”1979 年 10 月 2 日更改的《保护文学和艺术作品伯尔尼公约》第 2 条规定:“‘文学和艺术作品’一词包括文学、科学和艺术领域内的一切成果,不论其表现形式或方式如何。”当然也有例外,如在台湾地区,违禁作品并不受到著作权的保护,主要是因为台湾地区“最高法院”在 1999 年刑事判决中,认为色情光碟片不是“著作权法”第 3 条第 1 项第 1 款所指的“著作”。该条所称的著作,“系指属于文学科学艺术或其他学术范围之创作而言,色情光碟并不包含在内。主要理由是:有碍维持社会秩序或者违背公共利益的著述,既无法促进国家社会发展,切与著作权法的立法目的有违,既得权的保障要受到公序良俗原则的限制”。[1] 该判决对下级法院的判决产生了深远的影响,至此下级法院依照此判决对色情光碟的著作权予以了否认。所以在台湾通说上认为色情作品等此类违禁作品不是“作品”,不享有著作权,不受著作权法的保护。从上述分析总体上看,作品并不必然与合法性联系起来。

第一,合法性本身不是作品的本质属性,不能成为判断作品的标准。上述立法都没有对作品的合法性问题进行强调,也就意味着

---

〔1〕《判决精选:色情光盘片非属著作权法所称之著作,自不受著作权法不得制造或贩卖等之保障(最高法院八十八年度台上字第二五〇号刑事判决)》,载台湾法律网:http://www.lawtw.com/article.php?template=article_content&job_id=55417&article_category_id=27&article_id=26447,最后访问日期:2012 年 3 月 29 日。

无论作品是否违反法律规定,都不能改变其本身的作品属性。合法性仅仅是作为作品的限定语出现的。作品是作为一个上位概念存在的,下位包括"合法的作品""违法的作品"等。第二,作品是否享有权利是国家立法评价的结果,与作品自身属性无关。有学者对作品和权利的关系进行了分析,得出了结论"作品与权利并不是一一对应的关系",[1]作品并不必然享有权利,如按照我国现有的知识产权法的规定,有些作品是不享有著作权的,如事实新闻,法律条文等。但从作品构成来看,即作品是信息的表达方式角度来看,这些同样属于作品。之所以不享有著作权,是国家从公共信息传播角度出发,对作者应享有的权利不予以确认的结果,这本身并不否认作者创作的结果属于作品。而反过来要承认,享有著作权的作品本身具有合法性。第三,违禁作品本身仍然构成作品,但是作者并不享有著作权。由于作品创作出来之后,是否享有著作权,要由国家对其进行信息确认,某些作品的信息,在内容上并不能得到国家和社会的认同,所以并不赋予其作者著作权,例如某些色情作品、迷信作品、分裂国家作品,等等,但并不否认其本身的作品属性。通过上述分析得出结论:作品本身并不包含合法性的成分,作品并不等同于著作权,作品作者可能享有著作权,也可能不享有著作权,但是享有著作权的作品一定是合法作品。

2. 作品和著作利益

享有著作权的作品可以为著作权人创造巨大的经济利益,即作品本身蕴含经济价值。依照上述论述,作品可以分为著作权作品和非著作权作品。著作权作品的著作利益体现在著作权的经济特质上,有学者指出,"版权的经济特质表现为版权在使用价值与价值上

---

〔1〕 侯仰坤:《论著作权法中的作品》,载找法网:http://china. findlaw. cn/chanquan/hetongfanben/zhuzuoquanet ong/21659. h tml,最后访问日期:2011 年 4 月 12 日。

的特性及其经济寿命的特征”。[1] 现代的版权制度从产生之日起就和经济和社会发展密不可分,作为一种“智力成果权”,在现代技术手段下,可以通过计量方法确定其社会价值。作为产权化的一种智力成果,本身就蕴含着利益的成分。“据世界知识产权组织估计,无论在发达国家还是发展中国家,国内生产总值(GDP)中核心版权产业所占份额在3% ~6%,全部版权产业大约占10%以上。版权产业被视为21世纪的‘朝阳产业’。加快发展版权产业,已经逐步引起众多国家的关注和重视。2006年,中国核心版权产业的总产值约占当年GDP的3.2%,而且其增长速度远远高于一般产业。”[2] 著作权的利益性,还体现在著作权质押制度上,著作权质押是对作品本身价值的利用所形成的一种担保物权,其经济价值的确定目前依靠的是版权价值评估制度,虽然我国目前版权评估制度尚不健全,但是仍然可以通过重置成本法、收益现值法、现行市价法等方法对版权价值进行评估。著作权作品的著作利益通过价值可以得到很好的体现。

不享有著作权的作品同样具有利益的属性,日本著名的“云右卫门浪曲唱片事件”可以说明这种情况。桃中轩云右卫门是日本当时著名浪曲师,他编制的曲子由某德国人取得其同意后将其录成,B在没有得到同意的情况下,将唱片复制出售。所以,德国人以侵犯著作权为理由提起了侵权诉讼。对此,大审院认为,浪曲这样的“低级音乐”在演奏之际会多少使共同的音阶曲节发生一些变化……通常均临机应变地进行瞬间创作,其旋律也不经常是一定的,对这种瞬间创作一一承认其著作权,绝不是著作权法的精神,从而以浪曲

---

〔1〕 吴赟:《现代出版业发展的重要基石——版权的经济特质探论》,载《大学出版》2009年第1期。

〔2〕《版权也是财富——知识经济时代生产方式的转变》,载价值中国网:http.//www.chinaval ue.net/Article/Archive/2009/1/ 25/156297.html,最后访问日期:2011年4月26日。

没有著作权为由,认定复制出售该唱片不构成对著作权的侵害,所以 B 的行为不能构成权利侵害,不是侵权行为,没有认可损害赔偿请求权。但是,大审院承认这种行为“违反正义的性质是不言而喻的”。[1] 该判例被视作日本侵权法严格遵守 709 条法律地位上确立的权利的典型,非法定的权利是不受到侵权法保护的。随后发生的“大学汤”案件则将侵权法所保护的“权利”作了宽泛的理解,认为侵权法不仅仅保护法律所规定的权利,还包括经济利益。浪曲本身不享有著作权,但并不能否认本身是作品,作为一种作品,本身也蕴含著作利益,否则 B 也不会将唱片复制出售,这本身代表其存在一定的市场,能够带来一定的经济价值,因为国家的管制,所以没有赋予其权利的地位。但是正如大审院所承认,如果任由 B 在没有取得作者的同意下,取得经济利益,则对原作者来说是不公正的,同时原来的作者也可能因为没有法律上的依据,无法向 B 请求侵权法上的救济。

另外在日本对我国台湾地区的成人光碟请求中,据日方称因此其损失每年达 10 亿日元之多。从中可以看出,虽然在本国违禁作品并不享有著作权,但违禁作品的非法传播却给传播人带来巨大的经济利益。如果任由非法传播者获利对违禁作品的创作人来说无疑是不公平的,法院如果因此以违禁作品不享有著作权为由拒绝给予创作人以法律途径的救济,也是对正义的一种漠视。

综上,作品与著作利益之间的关系,并不必然和著作权产生联系。有著作权的作品固然可以带来著作利益,无著作权的作品同样也可以带来著作利益。有著作权的作品的经济利益,对作者来说取得是正当的,有法律保护的,作者可以以取得利益为目的,主动通过

---

[1] [日]圆谷峻:《判例形成的日本新侵权行为法》,赵莉译,法律出版社 2008 年版,第 61 ~62 页。

行使利用著作权的行为取得。而无著作权的作品不能主动通过利用作品的方式取得著作利益,但是在作品受到侵犯由他人获得利益的情况下,作者应该可以通过侵权法的请求救济。实际上诸多的矛盾都来自对"著作权"概念的固守,如果能用"著作利益"这样的词语来解释矛盾就迎刃而解。违禁作品本身同样蕴含著作利益,对这种作品,依据中国的审查制度不能受到著作权法的保护,但是并不排除该类违禁作品的权益在受到侵犯时通过侵权法得到救济。这一方面维护了中国的作品审查制度,另一方面也对违禁作品进行了救济。

3. 著作利益与著作法益

在我国所谓的"违禁作品"的著作利益是否在法律保护的范围之外,从比较法的角度来看是否定的。多个国家的判例都对"违禁作品"的著作利益进行了法律上的保护。

德国著作权法学界对这个问题的看法是,"那些含有不道德内容的作品,只要刑法禁止它们使用,在这些作品上就不产生各种积极权利,而只产生消极的著作权权利……针对第三人的权利(比如针对剽窃行为有权请求法律保护)却存在"。[1] 美国法院在1979年发生的 Mitchell v. Cinema Adult 案中,采用了同样的观点。在该案件中,美国第五巡回上诉法院的法官的关键性理由在于:版权法中没有一个地方表明排除对淫秽内容的保护,因此对淫秽作品的作者而言,其仍然有权获得侵权救济。[2] 依照我国国内法的思路:遵循严格的权利法定主义思路,在作品不能享有著作权的时候,其利益受到侵犯就不能得到救济。但是这与正义原则完全相悖,将著作权完全绝对化。这种观点没有认识到著作权保护的不

---

〔1〕 [德]M. 雷炳德:《著作权法》,张恩民译,法律出版社2005年版,第55页。

〔2〕 See Mitchell Brothers Film Group v. Cinema Adult Theater, 604 F. 2d 852 (5th Cir. 1979).

是绝对的权利,而是著作权背后所蕴含的利益,著作权最终保护的是著作利益。

如果说上述观点的出现,是由于当时的立法环境所限,《中华人民共和国侵权责任法》(以下简称《侵权责任法》)的出台则为问题的解决提出了新的思路。《侵权责任法》第2条将侵权法的客体规定为"民事权益",包括"人身权益""财产权益"。所谓权益,即权利和法益。非著作权作品的著作利益可以依据此条将其纳入财产法益之中,受到侵权法的法益保护。据此,整个作品的各种利益会形成著作利益。著作利益的保护可以通过著作权和著作法益两种手段实现。享有著作权的作品的著作利益受到侵犯的时候,可以直接依据侵权责任法的规定,依据权利侵犯的构成要件进行判断。而在非著作权的作品的著作利益受到侵犯的时候,同样可以依据侵权责任法关于法益的规定,依据法益侵犯的构成要件进行判断。这样通过权利和法益的两种手段可以形成完整的对著作利益保护的体系。

(二)法益:违禁作品属性的界定

1.违禁作品具有利益性

无论是权利还是法益,在性质上都是受到法律保护的利益,所以利益性是法益的本质属性。权利、法益以及法外自由放任利益构成了民法上的利益群。其中权利作为具有法律上强制力保障的利益效力最强,法益则作为仅具有法律的消极保护力的利益效力最弱。自由放任利益,则不受法律的保护,处于自生自灭的状态。著作权的利益属性不言而喻,此种利益性从经济利益以及精神利益双重方面体现得颇为极致。作品的市场化会为作者带来金钱财富,同时作品作为思想的表达方式也会给人类以精神享受。虽然违禁作品不受到著作权法保护,但并不意味着其不具有经济利益和精神利益的双重属性,其同样具有利益性。

首先，违禁作品同样具有经济价值性。2010年《著作权法》修改的立法背景就说明了非著作权作品本身同样蕴含市场价值。对此现象有学者曾以之前较有影响的李安作品《色戒》为例，进行说明，颇有说服力。[1] 香港影片《色戒》本身包含某些“情色”的情节，为满足我国电影审查制度，电影制片人将其剪辑成内地版本和香港版本，但实际上两个版本的底本相同，剪辑人也相同。依照我国《著作权法》，未删减的香港版本，由于含有“情色”情节，属于“依法禁止出版、传播的作品”，不受到著作权法的保护。但是在香港版本在香港上映之后，大量的香港版本的《色戒》被侵权人放到网上提供免费或者收费的下载，这无疑给制片商造成了经济损失。如果按照《著作权法》第4条的规定，香港版本的《色戒》不属于著作权法保护的范围，所以制片商也无法向侵权人要求经济上的损害赔偿。而侵权人可能因此获得经济价值是可以想象的。同时该学者又进一步设想了一个例子，如果电影的制片方根本没有将该电影进行删减并在内地发行，而某盗版商擅自将该电影中的“情色”镜头删除，将其制作成符合内地上映的电影，在内地发行，获得巨额利润。此时，依照我国法律规定，制片人仍然无法对盗版商主张侵犯著作权，使盗版商经收利润。从中可以看出，虽然在本国违禁作品并不享有著作权，但违禁作品的非法传播却能给传播人带来巨大的经济利益。如果任由非法传播者获利，对违禁作品的创作人来说无疑是不公平的。法院如果因此以违禁作品不享有著作权为由拒绝给予创作人以法律救济途径，也是对正义的一种漠视。应该现实地承认违禁作品所蕴含的利益。

其次，违禁作品虽然为本国法禁止发行，但不能否认其内容仍然能为读者带来一定的精神享受。程序违禁的作品只是没有履行

---

〔1〕 周多：《违法作品的著作权》，载《今日财富》2010年第4期。

国家的法定程序，在内容上其与一般的通过程序审查的作品并无区别。实际上内容违禁的作品也并不能彻底否认其内容的精神价值性。或许从一国宣扬的文化角度来说，违禁作品偏离了主流的价值，但仍然不能否认其价值性，只不过该价值并非主流，因而在法律保护的程度上受到了影响。如有学者针对色情作品的合法性提出："色情作品是否正当不在于是否描写了性，而在于是否含有性别歧视。如果没有性别歧视的内容，纯粹的性描写只是一种性表达自由的范畴。因此，法律应该关注的是如何消除色情作品中的性别歧视，而不是因噎废食，一律否认公民的性表达与性欣赏的权利。"[1]对此观点，笔者颇为赞同，虽然色情作品本身在我国不能在市场流通，但不能否认色情作品本身具有"性欣赏"的精神价值内在。另外，众所周知，世界上许多电影因为具有种族歧视、纳粹情节而属于被禁之列，但在电影学院仍然可以找到此类的禁片，因为作为专业的学生本身仍然可以从"欣赏""学习"的角度对此类禁片加以利用，其精神价值同样不能否认。

2. 违禁作品具有非法定性

著作权是一种法定的类型化的利益，是正当利益的定型化，通过著作权法明确予以规定。著作权具有普遍性和明确性，这主要是源于著作权的绝对权属性，作为一种对世权，要求将其权利内涵具体地在法律中予以明确规定，以为义务人设定行为的界限。著作权的法定性具体表现在著作权的权利体系是既定的，著作权分为积极权利和消极权利两个方面。其中著作权的积极权利包含著作人身权和著作财产权两个部分，著作人身权分为包括发表权、署名权、修改权和保护作品完整权，著作财产权包括复制权、发行权、出租权、展览权，等等。而违禁作品本身并非法律明确规定的著作权客体类

---

〔1〕 周安平：《性的公权控制》，载《法学研究》2003 年第 5 期。

型,并不具有法定性。违禁作品并不具有诸如一般作品著作权享有的著作财产权和人身权内涵。违禁作品在法律上的价值仅仅系在其受到侵权人侵犯之时,可以请求依据侵权法进行救济。但如尚未发生侵犯违禁作品利益的事由,则不能主动行使。

3.违禁作品的利益实现具有消极性

所谓消极性即被动救济性。著作权的利益实现可以通过积极和消极两种手段。权利是法律所保护的积极方面,具有能动性。权利主体具有了一定的权利后,就有了可以在法定范围之内作出选择、从事一定活动的自由,包括在一定条件下转让权利或交换权利的自由。同时权利还具有可救济性,即权利在受到他人侵害时,可以通过本身的请求权予以救济。在请求权自身无法实现救济或权利本身基本性质限定并无请求权时,可以通过公权力的手段获得公权的保障。著作权是法律所保护的积极方面,本身具有能动性,著作权人可以通过各种人身和财产的利用形式主动实现著作利益。同时也可以在著作权受到侵犯时,利用侵权责任法的救济手段,消极实现受到侵犯的利益。而作为违禁作品来说,其并不享有著作权,只是具备一种法律上应当予以保护的利益,所以缺乏主动性。在尚未受到著作利益侵害之时,不能对著作利益进行主动的追求,只能在著作利益受到侵犯之时,通过侵权责任法予以消极的救济,其实现的手段具有单一性。违禁作品本身的非法定性决定了作者不能主动地通过人身和财产的利用行使得以实现其利益价值。违禁作品本身并不能在市场上流通,实现发表权、署名权、修改权、复制权、出租权等诸多人身和财产利益。

4.违禁作品具有法律保护上的弱势性

如曾世雄先生所言:“从资源受保护的程度考察,资源有权利资源、法益资源及自由资源。权利资源是法律所常设,在法律上有其名分,并完整受到法律之保护,如人格权、专利权等;法益资源虽非由法律所创设,但为法律所承认,在法律上无其名分,在某种程度内仍然受到法律之保护,如排标抗标围标等;自由资源乃法律不创设、不承认也不保护的,亦即法律制度下放任状态之资源,如海难中抢夺救生圈、同居人之事实上扶养等等。"[1]即法律对法益的保护相对权利来说,程度要低。对权利的保护处于强势地位,法益的保护处于弱势地位。法律为权利提供的是全面完整的保护,针对法益法律只是消极承认。所谓消极承认,一方面肯定其合理性,另一方面则提供相对薄弱的保护。此种消极保护表现为法益往往依赖于法官对法律理念或概括性法律原则的领悟得以实现,不同的法官基于不同的价值观念会作出不同的判断。保护程度的不同的根据在于"协调人们行为的合理自由空间与权益保护之间的关系"。[2] 作为权利来说,其法律的明定性已经起到了公示的作用,这也就为他人的活动范围限定了合理的空间,合理的遇见已经通过法律的公示明定。然而,法益的不确定性导致其公示性存在困难,这也就为民事主体的预知造成了障碍,这样的状况下,给予其如同民事权利同样的保护程度,是对主体预知的过高要求,违背了实质正义的原则,也为主体的行为空间带来了不正当的限制。对违禁作品来说,法律上是一种消极的承认,仅仅在对其进行侵害后,可通过侵权责任法的救济方式得到法律上的救济。

5. 违禁作品的性质具有弱稳定性

权利具有稳定性,在一项利益被赋予权利的保护方式之后,会在立法上占据一定的地位,从而在一段期间内保持强稳定性,获得公众的普遍知晓和信赖,经过主体的行为反复实现权利之中的利益。"权利恒定性意味着它能给人们安全感和稳定的预期。权利如

---

〔1〕 曾世雄:《民法总则之现在与未来》,中国政法大学出版社 2001 年版,第 10 页。
〔2〕 程啸:《侵权行为法总论》,中国人民大学出版社 2008 年版,第 176 页。

果不能给人们安全感、信赖感,那就不是真正的权利。也正式基于权利的恒定性,人们才会树立对法律的信仰。"[1]法益不具有法定的表现方式,所以在稳定性上较弱,往往具有临时性的特点。如某些利益在上升为权利之前往往存在一个法益的表现阶段,通过法益的形式获得法律暂时性的、不完全的、间接的保护,而其一旦获得法律的明确承认,上升为法律上的明确的权利,则法益的表现形式就会消失。"有些法益反映的社会矛盾是社会中的新问题,这种社会矛盾是社会发展的阶段性产物,极有可能随社会发展而最终消亡,此时这种法益可能在没有上升为权利之前就已经消亡。"[2]还有一部分法益则没有上升为权利的可能,长期的以法益的性质存在,相对来说具有稳定性,但从整体上来说,法益的稳定性较之权利来说要弱。这也就意味着,作为法益来说,其不能如同权利一样给人带来安全感和稳定的预期。所以在法律当中法益所占的比例应尽可能得少,否则就会让人们对法律失去信心。违禁作品目前在我国因为社会道德的原因并不能取得权利的地位,只能以法益的形式对其进行消极的保护。但在日本等其他国家,我国所谓的违禁作品是可以取得著作权的。不排除在将来,随着立法价值的演变,违禁作品取得权利的地位,从而完成从法益到权利的转变,在这种意义上来说,违禁作品的法益属性具有弱稳定性。

四、制度构想:违禁作品保护的模式设计

(一)违禁作品保护模式的具体分析

在2009年WTO知识产权争端中,专家组将"禁止出版、传播的作品"归为四类:(1)没有提交内容审查的作品;(2)等待内容审查结

[1] 诚信:《主体性与私权制度研究》,中国人民大学出版社2005年版,第200页。

[2] 黄小雨:《狭义民事法益探讨》,中国人民大学2004年硕士学位论文。

果的作品;(3)已经通过审查的作品的未经删节的版本;(4)未能通过内容审查的作品。上述分类是以审查程序的流程进度为标准进行的,但是如果从审查结果上来看,无论是否提交审查以及审查的进度如何都可以得出在内容上是否违禁的结果。即使该作品未提交审查,如果发生诉讼争议,按照审查的标准也可以得出该作品是否可以在中国出版传播的结论。等待审查内容结果的作品如果发生诉讼争议,同样按照审查的标准也可以得出内容是否违禁的结论。所以按照审查的结果可作以下三种分类:(1)内容不违禁,有出版传播可能性的作品,即所谓的程序违禁作品;(2)部分内容违禁,删节后有出版传播可能的作品。(3)内容完全违禁,禁止出版传播的作品,即所谓的内容违禁作品。

对于(1)主要是指没有提交内容审查和等待内容审查的作品,虽然尚未得知审查的结果,并不具有在中国出版传播的权利,但其内容的实质合法性可以推定通过内容审查具有可能性和必然性。对于此类作品法律性质上应认定为法益,在地位上低于权利。其利益的行使仅具有消极性,也就是著作权所具有的积极权能不能行使,如发行权、出租权、展览权等。但在其利益受到侵害的时候,可以依据法益的救济手段寻求侵权责任法上的救济保护,如根据《著作权法》第46条的规定,有侵权行为的,应当根据具体情况,承担停止侵害、消除影响、赔礼道歉、赔偿损失等民事责任。

对于(2)考虑到即使是未经删节的作品如果被盗版予以传播,虽然部分内容违反了法律的规定,但总体内容上没有违反法律规定,个别的情节违法并不能影响对整体作品的侵权救济,所以在整体上仍然可以视为同(1),即经过删节,内容不违禁,有出版传播可能性的作品,在性质上也应该认定为法益,在法律救济方式上和(1)没有区别。

对于(3)虽然内容上完全违禁,不存在出版传播的可能,但是其利益仍然有被侵害的可能。上述美国和日本的代表性成人视频制作企业对我国台湾地区和韩国提起诉讼的案件可以为证，同时也不排除类似的案件将来在我国发生。对此，在性质上可以将其认定为法益。但在对内容违禁的作品，因为违反了我国相关的出版法律规定，无论何时都不能在我国出版发行以获取经济利益。所以类似于日本色情影片公司向我国台湾地区或者韩国提起诉讼要求获得利益损失的经济赔偿的情况，在中国大陆并不能予以保护。可以赋予此类作品人停止侵害、排除妨碍、消除危险等请求权，但并不能赋予其赔偿损失请求权。对此，王迁先生以陈冠希"艳照"为例，说明"艳照"有著作权仅仅意味着陈冠希可以阻止他人未经许可传播艳照，同时又无法获得任何损害赔偿。[1] 也就是说，拍摄者本人虽然不能自行发表全裸写真，但却可以阻止他人发表利用该摄影作品，同时又不能获得损害赔偿。从这一分析上也可以清晰地看出，作为内容完全违禁的作品，不能行使积极权能，同时在消极的权能上也只有部分地享有，特别是"损害赔偿"这种救济方式完全被排除在外了。另外要特别强调传播内容违禁作品的非法所得应该收归国有。救济方式上的限制也表明了作为内容违禁作品的法益与一般权利的区别。

对此，有学者提出了反对意见：第一，对内容违禁的作品，国内作者大多数情况下并不希望暴露自己的真实身份，以免遭到社会的负面评价或受到其他不利影响。很难想象作者会为了制止他人未经许可复制、传播这些作品，而主动暴露自己的真实身份。第二，赋

---

〔1〕 这种观点可以参考王红琴：《未批准的文化产品的版权及相关权利保护》，中国政法大学2009年硕士学位论文；梁志文：《TRIPS争端解决机制下违禁作品的版权保护——以我国〈版权法〉第4条为中心》，载《法治研究》2010年第3期；张乃根：《论中美知识产权案的执行问题》，载《世界贸易组织动态与研究》2009年第9期；王利民、顾权：《论双重版电影版权的"二元"承认与保护——一个国际贸易体制下电影版权保护的国际法新原则》，载《当代法学》2009年第6期。

予作者通过司法诉讼去制止该行为的权利仅具有宣示意义,被禁作品的作者完全可以向行政机关检举投诉。[1] 笔者认为上述观点并非论证充分。首先,针对第一点,王迁先生也特别强调了在国内的内容违禁的作者不太可能希望暴露自己的身份,但不排除国外的作者希望暴露自己的身份,特别是在色情作品合法化的国家,上述的美、日色情业者在韩国和我国台湾地区提起的诉讼可以为证,同时不排除将来美、日色情业者也同样在中国大陆提起这样的诉讼。为此,要正视问题出现的可能性并及早采取应对措施。其次,制止行为的权利并不仅具有宣示意义,笔者认为除了停止侵权请求权外,还可以赋予作者以排除妨碍和消除危险、赔礼道歉、消除影响等请求权。将请求权的范围从制止已发生的行为扩大到预防可能发生的行为,这就大大地消除了宣示的口头意义,同时在实践中也不失为可行的做法。

上述的分析类型具体列明如下:

(1)内容不违禁+程序违禁——法益——救济权(具体判别方式,但可以包括损害赔偿);

(2)内容部分违禁+程序违禁——法益——救济权(具体判别方式,但可以包括损害赔偿);

(3)内容违禁+程序违禁——法益——救济权(具体判别方式,但不包括损害赔偿);

(4)内容不违禁+程序不违禁——权利——积极权+救济权。

(二)违禁作品法益保护模式的建构

1. 在《著作权法》中明确规定著作法益以确立其法律地位。我国台湾地区"著作权法"第1条开宗明义地对著作权法的立法目的

[1] 王迁:《WTO"中美知识产权争端":美国赢得了什么?》,载《华东政法大学学报》2009年第4期。

进行了规定:“为保障著作人著作权益,调和社会公共利益,促进国家文化发展,特制定本法。”该条将“著作权法”的立法目的定位为保护“著作权益”。这种提法认定的权益,并非权利,在内涵上,权益无疑是包括权利和利益在内的。另外在第3条则提出了另外一个概念“著作权”,即指因著作完成所生之著作人格权及著作财产权。以此看来,台湾地区“著作权法”认同著作权益这一更为上位的概念,也就是说“著作权法”所保护的不仅仅是著作权,在著作利益受到侵犯时,同样也可以得到“著作权法”的保护,即著作利益也属于“著作权法”保护的范围。实际上我国《著作权法》在第1条立法宗旨中也未将调整对象限制为权利,而是表述为“著作权以及与著作权有关的权益”。同时在第46条,我国《著作权法》还针对具体的侵权行为规定了停止侵权、消除影响、赔礼道歉、赔偿损失等具体的民事责任形式,并列举了11项具体侵权行为。其中第11项规定以兜底性条款的形式规定“其他侵犯著作权以及与著作权有关的权益的行为”也属于侵权行为。该种提法在《中华人民共和国著作权法实施条例》(以下简称《著作权法条例》)、《最高人民法院关于著作权案件适用法律的解释》中得到了延续。本来按照传统的对“权益”的理解,应该如同台湾地区“著作权法”那样解释将权益理解为权利和利益。但是《著作权法条例》第26条又对“与著作权有关的权益”作出了解释,即“著作权法和本条例所称与著作权有关的权益,是指出版者对其出版的图书和期刊的版式设计享有的权利,表演者对其表演享有的权利,录音录像制作者对其制作的录音录像制品享有的权利,广播电台、电视台对其播放的广播、电视节目享有的权利”。从解释内容上来看,所谓“与著作权有关的权益”就是指“邻接权”。这就大大地限缩了“权益”本来应该蕴含的丰富内容。让本来具有开放性的“权益”成了封闭的固定的利益空间,法益所应该具有的补充法律漏洞、跟进法律发展的功能也不能有效发挥。2012年3月国家版权局发布的《中华人民共和国著作权法(修改草案)》征求意见稿的第 1 条中规定:为保护文学、艺术和科学作品作者的著作权,以及传播者的相关权,鼓励有益于社会主义精神文明、物质文明建设的作品的创作和传播,促进社会主义文化、科学和经济的发展与繁荣,根据宪法制定本法。与《著作权法》的保护对象“著作权益”相比,草案明确将保护对象限定为权利。笔者认为这样的规定是一种倒退,在这样一个社会高度发展的形势下,保持立法的适当开放性,特别是针对本身具有不稳定性的知识产权法来说,法益作为一种极具开放性又能发挥利益保障功能的工具,不可或缺。所以笔者建议《著作权法》修改草案中将“著作权益”作为著作权法保护的对象,同时要明确此种权益并非“邻接权”而是著作权利之外应当受到法律保护的著作利益。

2. 著作权法 + 侵权责任法的保护模式建构

著作法益在著作权法中的规定起到宣示和指引两种作用。所谓宣示作用,是指通过著作权法明确著作权法所保护的对象除了著作权之外还包含著作利益,这样就为著作法益的保护提供了法律上的合法依据。所谓指引作用,是指通过宣示保护对象包含著作利益,而将其保护指引至侵权责任法,具体的法律保护还是要通过《侵权责任法》来进行。我国《侵权责任法》第 1 条规定:为保护民事主体的合法权益,明确侵权责任,预防并制裁侵权行为,促进社会和谐稳定,制定本法。同时在第 2 条中还通过列举的方式对具体的权益保护的类型进行了规定。“本法所称民事权益,包括生命权、健康权、姓名权、名誉权、荣誉权、肖像权、隐私权、婚姻自主权、监护权、所有权、用益物权、担保物权、著作权、专利权、商标专用权、发现权、股权、继承权等人身、财产权益。”从第 2 条的规定来看,立法者认同知识产权领域同样存在应当予以保护的利益,所以知识产权领域中的法益在性质上属于财产权益,应当受到法律的保护。在著作法益受到侵害时，可以如同一般财产法益一样得到法律上的救济。

五、一点展望：智力成果法益的提出

违禁作品仅仅是作为法益存在的一种类型，在知识产权领域类似的法益类型并不少见，如合理使用、体育赛事转播、商品条形码等。法益应该作为一种手段、理念全面地介入知识产权领域，即对知识产品的保护除了权利手段，还需要法益的手段，通过权利和法益共同构建对知识产品的利益保护体系。

知识产权的"权"如果作为狭义理解为权利的话，在知识产权权利类型化之外还存在应当受到法律所保护的利益形式。如果对知识产权的"权"作广义的理解，则包括了知识产权权利和利益两种表现形态。但是基于对知识产权的"权"大多做狭义的理解，且已经形成语言上的定式，所以笔者在此将其称为"智力成果法益"。[1] 智力成果法益的特点决定了其并不属于权利，地位上低于权利，但是受到法律的间接保护。智力成果法益概念的提出解决了目前理论界的争论，现实地解决了实际的争端，又与既有的知识产权理论不相冲突。

所谓智力成果法益，是指在智力成果权之外存在的应当受到法律保护的智力劳动成果利益。第一，智力成果法益具有独立性。此处的法益采取狭义的用语，即智力成果权之外的应当受到法律保护的利益。智力成果法益和智力成果权共同构成了智慧财产利益的保护体系。智力成果权是保护智力成果利益最为重要的手段，智力成果法益则是智力成果权的重要补充，两者协同保护智力成果利

---

〔1〕 就该种概念的提法要感谢中国社会科学院法学所李明德先生，在笔者博士后中期汇报中，李先生提出，基于语言的定式，不如将其称为"智力成果法益"（之前笔者的提法是"知识产权法益"，这个概念是将其中的"权"作广义的理解，认为是权益的简称，所以其中包含应受保护的知识利益，在逻辑上也并无问题），这种提法更符合知识产权的研究传统，另外早期佟柔先生主编的民法教材就采用了智力成果权的提法。

益。第二,智力成果法益具有法律的弱保护性。智力成果法益虽然地位低于智力成果权利,但是也具有法律上的可保护性。基于正义公平的原则,一旦智力成果法益受到侵害,智力成果法益的享有人可以通过侵权法的手段寻求法律上保护。但是在智力成果法益未受到侵害之时,智力成果法益并不具有主动的权能。第三,潜在权利性。某些智力成果法益通过法益保护的阶段之后,会在将来的立法上上升为权利,成为智力成果权。

智力成果法益提出之后,可以在维持知识产权法定主义的原则下,更好地保护新兴的智力成果利益。针对知识产权法定主义认为的知识创造带来的利益,因为没有明确类型化所以不是知识产权的说法,可以用智力成果法益的观点得以解决。知识创造带来的利益应该受到法律的保护,此时的保护并非一定要采取权利的类型化的方法,法益也是对利益保护的方法,而且该种方法并不需要立法的缓慢过程,一定程度上满足了现实的利益保护需要。

美国追续权制度：立法演进与理论解说

李　岩*

摘　要：美国追续权制度的争论从20世纪40年代至今已逾70年，但只有3个州通过了立法，其他州以及统一的联邦立法仍在争议之中，个中原因值得我国立法机关思索。对追续权制度的立法必要性及可行性的质疑是美国立法脚步缓慢的根本原因。我国的追续权应在充分论证追续权制度的立法必要性以及可行性的基础上再作出相应的立法安排。应借鉴美国对追续权制度的必要性认识进行深入的研究，即该制度是否会在发挥补偿贫困的艺术家、激发创作者的创作热情、形成统一的艺术市场等方面发挥作用。同时要对追续权制度是否会造成艺术品市场的萎缩、是否会与既有的法律原则制度发生冲突、是否会在管理成本上具有可操

* 李岩，辽宁大学法学院教授、博士生导师、法学博士、博士后。

作性等方面进行可行性研究。我国应避免著作权法草案中的授权性立法,将追续权各种事项留给国务院,从而再次发生民间作品保护的立法窘境。

关键词:追续权　立法演进　著作权

一、引言

2012年3月《中华人民共和国著作权法》(以下简称《著作权法》)修改草案颁布后,其中第11条第13项规定了一种新型的著作财产权,即著作追续权。按照建议稿的规定,所谓追续权即美术作品、摄影作品的原件或者作家、作曲家的手稿首次转让后,作者或者其继承人、受遗赠人对该原件或者手稿的每一次转售享有分享收益的权利。虽然追续权制度在法国建立至今已近百年的历史,欧盟的诸多国家也在立法中明确追续权为法定权利,但现实效果与立法者的预期相比相差甚远。美国对于追续权制度的争论始于20世纪40年代,70多年过去后,美国仅有加州、佐治亚州以及波多黎各通过了追续权的立法。其他州以及统一的联邦立法一直在争议声中没有出台,一向以走在立法前端著称的美国在追续权制度面前的缓慢脚步让我们不得不考虑其中的缘由。美国各方面在追续权制度建立的必要性以及可行性上各持己见,针锋相对,大有愈演愈烈之势,这也直接导致了追续权立法在美国并未展开,联邦立法也遥遥无期。我国《著作权法》修改草案第13条最后一款规定,(追续权)具体保护方法由国务院另行规定。这种授权式立法虽然具有灵活的特点,但同时也有推脱问题之嫌,众所周知的民间文学艺术作品的保护就可为证。[1] 本文意在通过对美国追续权制度的立法进程以及理论

〔1〕 我国1990年的《著作权法》第6条就规定民间文学艺术作品的保护由国务院另行规定。2001年修改后的《著作权法》保留了这样一条。但目前为止仍然没有专门的立法对民间文学艺术作品进行保护。

争论的介绍为我国追续权制度的立法提供更为丰满的素材。

二、美国追续权制度的立法进程

（一）加州法典规定追续权之前的阶段

1948年，美国某艺术收藏家买入知名作家格兰特·伍德（Grant Wood）的一幅画作，而后该收藏家将此画转手了四次因而获得了高额利润。满腹悲愤的格兰特·伍德见状后声称，日后其作品的每一次转售，都应当确保其获得转售利润的5%。这就使追续权制度在美国首次成为一个热点话题。然而，该事件的影响并未延续很久。直到20世纪60年代，美国两篇法学评论首次提出了构建追续权制度的提议。[1] 劳森伯格-史库尔（Rauschenberg-Sculls）事件是美国追续权运动中类似神话般的事件，也成为20世纪60年代以来的历史性里程碑之一。1973年索斯比拍卖行对罗伯特·史库尔（Robert Scull）收藏作品的拍卖不仅因为220万美元成交额破纪录，更因为引起了非常激烈的冲突著名。罗伯特·劳森伯格（Robert Rauschenberg）的作品在多年前卖给史库尔时只有960美元，而拍卖时却达到85,000美元，当时劳森伯格也在拍卖现场，他走到史库尔面前苦笑着说："我累死累活都是为了你今天赚的全部利润，你至少应该让这场拍卖中的每位艺术家免费坐一周的出租车。"[2] 劳森伯格这样说主要是源于史库尔本应该按照百分比把拍卖获得的利润给予他这位原作创作人。但是美国并没有关于追续权的规定，虽然在20世纪20年代追续权在法国就已经得到了法律上的确认。事件

---

〔1〕 See Diane B. Schulder, "Art Proceeds Act: A Study of the Droit de Suite and a Proposed Enactment for the United States", *Northwestern University Law Review* 61, 1966－67, p. 19; Rita E. Hauser, The French Droit de Suite: "The Problem of Protection for the Underprivileged Artist Under the Copyright Law", 11 Copyright Law Symposium, American Society of Composers Authors and Publishers, 1962, pp. 13－14.

〔2〕 Jeffrey C. Wu, Art Resale Rights and The Art Resale Market: A Follow-up Study, *Journal of the Copyright Society of the U. S. A*, 1999, pp. 531, 538.

发生之后,劳森伯格为了艺术家的利益开始推进追续权运动。通过双方之间的激烈的交锋,该事件成功地将公众的视线转移到艺术品市场交易看上去不公平现象的关注上。这一案件之后,美国议会和俄亥俄州与加利福尼亚州立法机关都相继引入了追续权法案,但是最终只有加利福尼亚把追续权制度上升到立法。加州法典关于追续权制度的规定将美国追续权引入了立法时代,至此争论也正式拉开了序幕。

(二)加州法典规定追续权之后阶段

加利福尼亚州众议员艾伦·西耶蒂(Alan Sieroty)于1975年首次将追续权制度引入立法提案,但遗憾的是很快遭到了否定。次年,地方长官埃德蒙·G.布朗(Edmund G. Brown)再次将追续权制度引入加利福尼亚州立法。虽然追续权制度就此已经引发了太多的口舌之争,但是令人惊奇的是,囊括了追续权制度的加利福尼亚州法案最终在少部分反对的声音下通过了。

加利福尼亚州法案于1977年1月1日起生效,法案写明:任何艺术品的卖家,若将该作品以超过1000美元的价格售出,则须给予艺术作品创作者5%的转售利润;如果卖主不能在90天内确定艺术作品原创作者的下落,那么转售利润将转移到加利福尼亚州艺术协会;若在7年内仍不能确定艺术作品创作者的下落,艺术协会则有权将这些转售利润用于购买公共艺术作品。出卖人或者其代理人为艺术家根据这条规定需支付的款项免受出卖人或者代理人的债权人的追诉。这一法案仅仅适用于加利福尼亚本州居民或者发生在本州的交易;艺术作品创作者必须是美国公民或者在加利福尼亚州居住满2年;艺术作品创作者须在转售之日起3年内或者自实际知悉该交易之日起1年内主张损害赔偿或是合理的代理费用;艺术作品创作者有权利指派他人负责收集转售利润,但是绝对不允许放弃;艺术作品创作者死后的20年里,艺术品创作者的继承人有权获得转售利润。

该法案还同时规定了排除追续权适用的范围:(1)授予艺术家美术作品产权时的最初价格;(2)总价不超过1000美元的艺术品转售;(3)艺术家死亡超过20年的作品转售;(4)比最初买受时总价低的转售;(5)一个艺术品和另外一个艺术品交换,或者以现金和其他财产组合方式交换,市场公平价格不超过1000美元;(6)艺术家将艺术品首次卖给艺术品商10年之内,艺术品商将作品转售给买受人,除非转售都是在艺术品商之间进行的;(7)彩色玻璃艺术品一直被添附在不动产上,作为不动产一部分的出售。

加利福尼亚法案颁布之后,首先引发了艺术商霍华德·莫尔斯伯格(Howard Morseburg)的质疑。他声称该法案亵渎了美国宪法的正当程序和合同法条款,与此同时,莫尔斯伯格辩称,根据联邦法律优先原则,1909年联邦版权法案对该法案有优先权。第九巡回上诉法院审理了莫尔斯伯格的案件,基于美国最高法院审查的涉及联邦立法优先权原则的知识产权案件的相关判例决议,第九巡回法院认为,1909年联邦法案并没有明确表明禁止州一级设立追续权制度的相关立法,而且,虽然美国联邦版权法并不允许州级立法相关规定破坏作品出售或转让的专有权,但这也并非意味着禁止。故在本案中法院认为加利福尼亚法案并不违宪,而且该法案对正当程序与合同条款不存在任何亵渎之情形。[1] 然而,1976年版权法案的文本之规定较1909年版权法案则要明确得多,故是否加利福尼亚州追续权制度能够经得起现行版权法的推敲还存在很大的疑问。

加利福尼亚州建立追续权制度的反响是混合性的,褒贬不一。

---

[1] United States Court of Appeals, Ninth Circuit, Howard Morseburg v. Balyon. 621 Federal. 2d, 1980.

很大部分因为这一法律制度的确立往往涉及很多冗繁的问题。如一些商人并不配合支付艺术作品创作者一定比例的转售利润,而且如何寻找到艺术作品创作者并把利润交付到其手中亦是相当大的难题。1986 年,海湾地区艺术家律师联盟(Bay Area Lawyers for the arts,BALA)发起了一项调查,32% 的回应者称虽然法律赋予了艺术作品创作者以追续权,但艺术商仍会拒绝提供买者的姓名和住址或是转售的价格。艺术家律师皮特·卡伦(Peter Karlen)在提交到版权委员会的一个评论[1]中指出,艺术作品创作者并不能够获得他们应得的转售利润,因为艺术商们认为追续权是完全可以通过一定手段逃避的。他在评论中也称很多画廊拒绝与艺术作品创作者签订与追续权制度相关的书面协议,而且即使艺术作品创作者与画廊签署了书面合同,后期的转售利润的收取也必须依赖于艺术商所提供的关于转售交易的信息来完成,而这些艺术商往往数月乃至数年都不会依章办事。

正如赋予作曲家公开展览权有利于激发作曲家的创造力一样,加利福尼亚州追续权制度的支持者认为追续权制度使大多数的艺术作品创作者获益并激发了他们的生产力。虽然目前这一制度的实施现状并不乐观,BALA 已有研究表明加利福尼亚州艺术作品创造者已经得益于追续权制度,获得了巨额的转售利润。在法国同样的研究也表明,自 1920 年以来,法国已有相当一部分的艺术作品创作者亦从追续权制度中受益。[2]

自 1976 年以来,美国另外两个州也先后制定了追续权条款。佐

〔1〕 Carol Sky, Report of the Register of Copyrights Concerning Droit de Suite, *Copyright Society*, 1993, p. 317.

〔2〕 Alma Robinson, BALA Surveys Artists and Galleries on Resale Royalties, BALA-Gram, Nov./Dec. 1986, p. 1, Reprinted in Visual Artists Rights Act of 1987: Hearing on S. 1619 Before the Subcomm. on Patents, Copyrights, and Trademarks of the Senate Comm. on the Judiciary, 100th Congress, 1st Sess. 1987, p. 2.

治亚州将追续权制度作为其 ASB 项目的一部分,根据该州法律规定,在除了建筑物以外的任何艺术品的转售中,艺术商都应当支付艺术作品创作者一定比例的转售利润。[1] 1988 年,波多黎各也通过了一项精神权利法令,该法令亦规定了追续权制度条款,明确了艺术商应当从艺术作品的转售中所实现的利润中支付 5% 的转售利润给予艺术作品创作者。[2] 而在纽约州的立法提案则被否决了。[3]

(三)联邦层面的立法尝试

在 20 世纪 70 年代晚期,与州立法的步调相一致,美国议会亦试图将追续权制度上升到联邦法律规定,意在修订 1976 年版权法案使之囊括追续权条款。加利福尼亚州众议员亨利·韦克斯曼(Henry Waxman)提出了 1978 年视觉艺术家剩余权利法案(the Visual Artists Residual Rights Act of 1978)。后来众议员托马斯·唐尼(Thomas Downey)、参议员爱德华·肯尼迪(Edward Kennedy)、马萨诸塞州众议员爱德华·马基(Edward Markey)先后提出了法案后续版本 VARA(The Visual Artists Rights Act)。肯尼迪与马基等所提出的法案指出,应当响应伯尔尼公约第六章条款之规定,即保证视觉艺术家的精神权利。除此之外该法案还明确,若艺术作品的转售价格超过购买价格的 150%,视觉艺术家则有权获得 7% 的转售利润。然而 1989 年在该提案被重提之时,艺术商、画廊所有者、拍卖行等群体进行了强烈的反对。为此当时美国版权局进行了一项关于追续权立法可行性的调查,结论就是在当时不具有立法可行性,反对采纳追续权制度。1990 年 VARA 最终虽然得以通过,但追续权条款却未能得到保留。

---

[1] Georgia. Code Ann. s 91 -507(c)(Michie 1991).

[2] Puerto Rico Civil Code,1991,1401(h).

[3] "Caslon Analytics profile droit de suite[EB/OL]",Accessed July 4,2012. http://www.caslon.com.au/droitprofile5.htm.

在1993年的一份报告中指出,由于缺乏有说服力的确切经验证据,导致当局没有创设联邦追续权是非常明智的行为。[1] 报告中还提出了很多追续权的替代性办法,但是也拟定了追续权的范本。在示范立法中为绘画、10个或者少于10个副本的雕塑作品或者用于展览的照片等设定了3% ~5%的不可剥夺的追续权。而且只适用于公开拍卖,但是没有最低的门槛限制。追续权在艺术家死后可以持续50年,适用对象上是美国公民或者外国艺术家所属国和美国有互惠协议的人。但目前为止,美国仍然没有在联邦层面上通过追续权的立法,这和理论界以及艺术品市场方面对于追续权制度的必要性以及价值功能认识的差异有着直接的关系。

(四)欧盟指令颁布后对美国追续权立法的影响

在经过5年漫长的谈判与协调后,《关于艺术作品原作作者追续权的指令》终于在2001年7月通过,并于2006年1月1日在欧盟各成员国开始实施。

欧盟之所以建立追续权制度,主要原因基于以下几点:首先,欧盟意在强调欧盟视觉艺术作者所处的特殊境遇,为了平衡绘画作品和雕塑作品及其他创作作品艺术家的这种尴尬处境,欧盟意图赋予艺术作者二手市场以适当的角色,希望这些艺术家能够在原件脱离自己所有之后仍能够得益。其次,因欧盟的长远目标是整个市场的和谐,欧盟希望追续权制度的建立能够协调欧盟各成员国的艺术市场。再次,因为欧盟期望欧洲共同体的构建,欧盟认为没有实行追续权制度的国家相对于以设立这样制度的国家来讲,有着极为不公平的竞争优势。欧盟希望创造艺术市场的公平竞争的权利。最后,欧盟希望建立一个和谐的法律机制来规制追续权来确保现当代艺

---

〔1〕 Jeffrey C. Wu, Art Resale Rights and The Art Resale Market: A Follow-up Study, *Journal of the Copyright Society of the U. S. A*, Summer, 1999, pp. 531, 538.

术市场的正常运作。[1]

欧盟指令中规定追续权是不可剥夺和转让的。追续权适用于：欧盟成员国以及外国规定追续权适用于欧盟成员国的国家。追续权也给成员国提供了选择可以适用于那些长期居住在成员国，而且本国法律没有规定追续权的人。在欧盟指令规定下追续权延长至艺术家生前以及死后70年，可以传给他的继承人或其指定的人。在适用范围上规定适用于艺术品的原件，对于原件的理解为“书面艺术”或者“造型艺术”。限量版的原作也包括在内。所有的转售行为或者二次出售行为都包括在内，除非有下列例外情况：(1)没有专业艺术市场辅助的私人买卖行为；(2)以私人身份对没有营利目的且对公众开放的博物馆进行的买卖。成员国在下列情况下也可以选择排除追续权的适用：艺术画廊直接从艺术家手中购买且从最初购买到转卖不超过3年，价格不超过1万欧元。所有的转售费用都由卖家支付，支付数量按照总售价的比例计算，但总价必须超过最低价格的限制。一旦出售价格超过了最低价格，追续费用是按照比例计算的，价格越高，比例越低。然而，追续费用最高不超过12,500欧元。

欧盟指令的通过影响巨大，这不仅意味着各成员国要依据指令相应地修改本国的追续权立法，同时也给美国立法带来了震动。美国和欧盟是世界艺术市场的主要参与者，将追续权制度上升为美国联邦法律就好比欧盟建立统一的追续权制度一样，对世界范围内艺术市场的统一性是至关重要的。如果艺术市场凝结为一个整体，那么择地行诉之类的分歧将会不复存在，艺术作品创作者也会在其作品的转售中获得更充分的利益保护。实际上，在上文提到的VARA制定之时版权局针对追续权的调查认为立法不具有可行性时，就曾

---

[1] Jennifer J. Wirsching, The Time is Now: The Need for Federal Resale Royalty Legislation in Light of The European Union Directive, 35 *Southwestern University Law Review*, 2006, pp. 431, 447.

经指出“如果欧盟在一体化进程中容纳追续权,美国也应该重新考虑追续权立法”。[1] 一位评论家也认为,如果要和发达国家步调一致,美国可能会采纳追续权制度。[2] 诸多学者也呼吁美国应该考虑联邦层面对追续权立法,2001 年欧盟的指令已经改变了国际艺术品市场,美国应该顺势而动。

事实上,总是被追续权的反对者作为欧盟和英国艺术市场份额流失的目的地加以引证的美国和瑞士,其政府却暗示,它们已开始主动考虑,一旦欧盟实施追续权,它们也将在其法律之中对其加以引入。[3] 在对欧盟针对该项权利拖延已久的辩论充满兴趣的美国艺术界,其反应具有启发作用。美国版权局已经对欧盟地区艺术家对美国引进追续权的呼吁有所回应,表示美国将紧随欧盟之后引入该权利(正如欧盟将版权保护由艺术家死后 50 年延长至 70 年时美国所做的那样)。[4]

三、美国追续权制度建立的必要性讨论

美国对于追续权制度的理论之争可谓百花齐放、百家争鸣。从 20 世纪 60 年代,美国两篇法学评论首次提出了构建追续权制度的

[1] Jennifer J. Wirsching, The Time is Now: The Need for Federal Resale Royalty Legislation in Light of The European Union Directive, 35 *Southwestern University Law Review*, 2006, pp. 431, 447.

[2] Edward J. Damich, Moral Rights Protection and Resale Royalties for Visual Art in the United States: Development and Current Status, 12 *Cardozo Arts & Entertainment law journal*, 1994, pp. 387, 389, 390.

[3] EVA Position on the Council Common Position on the Directive to Harmonize the Resale Right within Europe,转引自姚忻:《试论美术作品的追续权》,西北政法大学 2003 年硕士学位论文。

[4] Lydiate, Henry, "Copyright&resale right", Art Monthly, November 2011,转引自姚忻:《试论美术作品的追续权》,西北政法大学 2003 年硕士学位论文。

提议[1]以来,约有20多篇论文直接追续权制度的立法必要性进行了针锋相对的论战。各篇论文针对追续权制度的必要性研究主要集中于以下几个方面的探讨:

(一)追续权制度是否违背了法律上的公平理念

传统观念认为,艺术作品原件与其他创作领域有着完全不同的特殊性质,艺术品原件被认为是"独一无二且再好的复制品也无法企及的最完美体现",[2]因此是"完整艺术享受"的唯一源泉。这也解释了为什么艺术商和收藏家都会对艺术品原件如此珍视。而据对艺术作品原件所存在的内在价值进行合理的推理,每一次所有权的转让都会给予新的所有人以完美的视觉享受,都是一种对该作品再次的开发利用,这种开发也只能在转售中得以实现。艺术作品不同于书刊、戏剧、歌曲、音乐和图片,其极限的价值就是一个独一无二的原件,他们在售出之时即已经完全被剥夺了随后参与其作品任何经济性使用的权利。因此,追续权制度的批评家们仅仅认为艺术作品的转让是一种有形物品所有权的转让,而忽视了在版权制度下艺术作品创作者应享有与其他创作者所拥有的同等意义上对作品的开发利用权,这很显然是错误的。

追续权的原意在于艺术作品创作者有权分享作品在转售中所呈现的价值。之所以给予艺术作品创作者以追续权,并非是基于作品本身,而是基于对作品的使用。比如当某音乐作品在广播里被播放,基于广播者对这一作品的使用,广播者需要支付给作者以报酬。

---

〔1〕 Diane B. Schulder, Art Proceeds Act: A Study of the Droit de Suite and a Proposed Enactment for the United States, 61 Northwestern University Law Review, 1966 – 67, p. 19; Rita E. Hauser, The French Droit de Suite: The Problem of Protection for the Underprivileged Artist Under the Copyright Law, 11 Copyright Law Symposium, American Society of Composers Authors and Publishers, 1962, pp. 13 – 14.

〔2〕 Paul Katzenberger, The Droit de Suite in Copyright Law, 4 *International Review of Industy. Property& Copyright Law*, 1973, p. 368.

所以,当艺术品被卖出,其价格的一部分基于他人对这一艺术品的欣赏。同样地,就像同一部电影在不同时间里会有不同的观众一样,每一场电影的观众都需要凭票观影。当艺术品被转售后,这一艺术品便有了新的欣赏者,所以为了公平起见,相应地也要支付一定的报酬。

有人认为艺术作品创作者不能够以艺术商受损为代价来换取个人利益,所以追续权理论是有违公平原则的。除此之外,剥夺艺术商本该有的完全所有权,取而代之的却是给予艺术作品创作者以分享利润的权利,也是不公平的。[1]

实际上追续权制度是由艺术的特殊属性决定的,况且艺术作品的创作和随后的艺术作品增值的结果之间具有直接的因果关系,这种现象在其他类型的财产中是不存在的。追续权的原始依据就在于艺术作品创作者和其作品之间的人身性的连接,这也就意味着艺术品并非单纯的经济财产,它亦是艺术作品创作者人身性质的体现。恰恰是追续权制度,才保证了艺术作品创作者与艺术商之间公平。艺术作品创作者应当与其他创作型作者拥有同样的经济机会与报酬,艺术品创作者也应同其他创作型作者一样得到持续的、不间断的因他人对作品的每次使用而获得的相应报酬。作曲者享有广播权,剧作家享有表演权,这不得不发人深思,为什么艺术家就要被剥夺同样种类的权利呢?1976 年版权法的确是赋予了艺术作品以公开展览权,这一权利的意义在于宣示了艺术作品是经常被利用和开发的。然而这个权利却因首次销售原则在作品被出卖之时即告消灭。因此,艺术作品的卖家就可以肆无忌惮地、无须支付任何的报酬地对该作品进行公开展示,但这种情况是绝对不可能发生在

〔1〕 Christine L. Chinni., Droit D'Auteur Versus the Economics of Copyright: Implications for American Law of Accession to the Berne Convention, 14 *Western New England Law Review*, 1992, pp. 145, 153 -4.

音乐作品上的。

在西方，艺术作品被比喻为灰姑娘，有着自己独特的美丽，然而却屈从于控制它的人持续的不间断且不公平的利用。[1] 艺术品创作者不能够像其他作家或作曲家一样从其作品增值中获益，因此简单赋予艺术品创作者复制权和表演权是无意义的。艺术品固有的性质使其不可能在传统意义上被表演或复制，况且根据首次销售原则，作品在首次销售之后创作者即丧失作品的展览权，这很显然对艺术创作者而言是极为不公平的。追续权同其他经济权利一样，是以版权法规则为根基的。作者在其作品的每次商业开发中都有分享利益的权利。追续权并非一个特种权利，它本质上更类似于美国版权法长期认可的强制许可制度，作品的每次再销售都要缴纳一定的版税。而追续权制度必定是结束这种不公平待遇的必由之路。

（二）追续权是否会发挥对“贫困线上的艺术家”的补偿作用

追续权制度最早建立于法国，法国之所以会建立追续权制度是为了补偿那些“贫困线上的艺术家”[2]。依照其理论，很多艺术家在创作初期节衣缩食，生活窘迫不堪，被迫低价出卖自己的作品，而在作品多次转手后，艺术品商人却大获利益，如不因此对作家予以补偿与理不合。法国作家米勒的孙女被迫在巴黎街头卖花，而米勒的一副《晚祷》从最初的1200法郎卖出，价格飙涨至100万法郎。美国追续权制度的支持者则认为，不论视觉艺术家在今天拥有怎样的经济地位，而今的艺术收藏家和艺术商仍旧在这些艺术作品创作者身上赚取巨额转售利润，享受着别人的创作果实，投资者仍旧直接

---

〔1〕 Zechariah Chafee Jr., Reflections on the Law of Copyright: I. 45 *Columbia Law Review*, 1945, p. 503.

〔2〕 Diane B. Schulder, Art Proceeds Act: A Study of the Droit De Suite and a Proposed Enactment for the United States, 61 *NorthwesternUniversity Law Review* 19, 22 n, 1966, p. 13.

地从艺术作品创作者那里发财致富。[1] 若将艺术作品创作者应得的利润限制在首次交易上，而其他人却源源不断地从艺术家所创作的作品上赢得无穷利润，这未免太过不公平，利益平衡的理念无从考量。

而反对者则提出，追续权制度建立的必要性在当时那个年代还可以说得过去，但在如今完全可以不复存在了，我们不能够用上个世纪的思维来考察历史的今天。如果真的存在艺术家穷困潦倒的状况，那这也是他个人理想选择的结果，他本人应当意识到这一点并为此承担相应的后果，因此，并没有什么穷困潦倒之说，亦没有迫切需要视觉艺术家追续权之理。[2] 这一概念并未起到造福那些"贫困线上的艺术家"之作用，而相反却无端苛责了那些具有卓识远见的投资者。

（三）追续权是否会发挥对艺术品创作者的激发作用

版权法的意图在于激发和鼓励创造性，追续权的建立也必然会激发艺术品创作者的积极性与创作灵感。在创作艺术作品的成本日益走高的今天，赋予艺术创作者以分享转售利益的权利必然会激发艺术品创作者的创造力。对此，赞同者几乎都从该角度进行了大量的论述。

而美国有反对者认为，即使在规定了追续权制度的加利福尼亚州，追续权制度的效能也并不是很大，并没有起到其所期望的鼓励艺术创作的作用，而且这种转售提成的实现未免太过遥远且具有不确定性，所以断言这一制度是不切实际的，并且追续权制度也不应

[1] BNA's Patent Trademark & Copyright Journal. No. 859, December 10, 1987 (*Henry T. Hopkins of Los Angeles*, before the Senate Subcommittee on Patents, Copyrights and Trademarks in December 1987), p. 125.

[2] William A. Carleton, Copyright Royalties for Visual Artists: A Display-Based Alternative to the Droit de Suite, 76 *Cornell Law Review*, 1991, pp. 537 - 538.

该上升到联邦立法。[1]

然而支持者称，即便退一大步来讲，这种对未来利益的承诺总不会是艺术作品创作者创造力的抑制因素，若用这样短浅的目光和此种狭隘方式去考量权利存在的合理性，那么古往今来的智者为我们芸芸众生争取的每一项权利，都无存在的必要了。而且，即使在加利福尼亚州确实没有起到鼓励艺术创作的作用，也并不意味着这项立法是没有效用的，追续权制度的运行的确有待于成熟，应当用长远的目光考察一项新的制度，况且，完全可以通过对该州的立法进行修订和完善来解决这一问题。

反对者亦称美国议会之所以把追续权纳入联邦立法的考虑范围，完全是艺术品创作者背后律师们游说的结果，而并非艺术作品创作者群体的意愿。他们认为之所以肯尼迪参议员把追续权制度提出来，也是受这些律师的游说，所以艺术市场甚至艺术作品创作者事实上根本不需要此种权利，这项权利的新设完全无期望的立法效能可言。然而，作为回应，支持者称仅仅因为代表特殊利益的群体给立法机关施加了压力就认为这个提案是无根据且不合理的，这种想法未免太过天真。需要注意的是，游说者在国家立法进程中扮演了很重要的角色，这一点是毋庸置疑的，很多的权利得以上升为立法，与游说者的功劳也是分不开的。而且，一个特殊利益群体既然得以形成，这恰恰是需要引起立法机关特别关注的一种信号。[2]

(四)追续权是否是形成世界统一的艺术市场的需要

有人称，追续权制度的设立将会给艺术市场造成损害，艺术市场很可能会转移到未实行追续权制度的司法管辖区，在1977年加利

---

〔1〕 Neil F. Siegel, The Resale Royalty Provisions of the Visual Artists Rights Act: Their History and Theory, 93 *DICK Law Review*, 1988, pp. 1, 2.

〔2〕 Neil F. Siegel, The Resale Royalty Provisions of the Visual Artists Rights Act: Their History and Theory, 93 *DICK Law Review*, 1988, pp. 1, 2.

福尼亚州追续权制度设立之后,当地市场便出现了即时的衰退。[1]法国巴黎,曾是世界艺术市场的中心,也失去了艺术市场上的领先地位。而美国除了加利福尼亚地区之外尚不存在追续权制度,目前在世界艺术市场上位居至关重要的地位。很显然,司法管辖区的转移使得追续权制度对艺术市场产生了一定程度的损害。

但是,绝对不能因为这种短暂性的市场波动而否认追续权制度存在的价值,艺术作品创作者没有义务做唯一的牺牲品,他们的正当权利需要法律予以保证。我们恰恰应当用更为长远的目光,用更为缜密的逻辑思维去思考两全其美的办法。因此,确有必要建立统一的艺术市场,这样不仅会保证整个艺术市场的繁荣态势,亦能实现艺术品创作者的正当权利。

(五)追续权是否存在充足的艺术品转售市场

目前为止,有两位美国学者从数据的角度对于艺术品转售市场进行了分析,客观地分析了美国艺术品市场对于追续权的需求性。最早进行研究的是汤姆·R. 坎普(Tom. R. Camp)[2],他选取了索斯比拍卖行从1973年10月到1977年12月之间的拍卖数据。而杰弗里·C. 吴(Jeffrey C. Wu)[3],则在坎普研究的基础上选取了从1994年1月到1998年3月之间的索斯比拍卖行的拍卖数据。数据分析主要从以下几个方面进行:多少艺术家有非常重要的美国转售市场;转售费用应该怎样倾斜性分配;是否存在年轻的贫困的艺术家;艺术家死后是否作品得到了青睐;多少国外艺术家会从美国的追续权中获益。如表1是吴的调查表格之一,反映了10年间索斯比拍卖行中所涉及的美国本土艺术家和外国艺术家的相关数据情况。

---

[1] Kenneth P. Norwick & Jerry Simon Chasen, *The Right of Authors, Artisits, and other creative people*, Southern Ill University Press, 1992, p. 48.

[2] 发表文章时,该作者为比弗利山庄的一名律师。

[3] 发表文章时,该作者为斯坦福大学法学院和商学院的J. D和M. B. A的候选人。

表1　美国艺术品转售市场数据分析

类别	坎普研究	吴的研究	分析结果
美国艺术家	191人	357人	艺术家增多了
外国艺术家	82人	99人	仅有一点增多
观察中的艺术家	715人	9121人	增加了,更有活力
拍卖行	1	大约200人	市场扩大
包括的艺术品	价格高于500美元的原作、独一无二作品	包括价格高于1000美元的印刷品、照片	包括更广的艺术品形式

通过一系列的数据分析,吴得出结论:美国现代艺术的二手市场是非常小的,只有很小一部分的现代艺术家能够看到他们的个别作品被转卖。现代作品的二手市场虽然存在但是却严重朝着几个公认的艺术家扭曲倾斜。价格上最低门槛较高的追续权设定只会对最成功的几位现代艺术家有利而不是大多数人。相反的价格上最低门槛较低的追续权设定可能会影响大部分的艺术家,但是在影响程度上也是微不足道的。像文中最初提到的劳森伯格－史库尔事件里的艺术品在几年前卖出,而当时作家相对来说并不知名的案件实在是少之又少。大多数的艺术品被转卖特别是以高价格转卖一般都是在艺术家的生命尽头,也就是艺术家艺术上的名气较为公认的时候。另外美国艺术品二手市场的分布在本土艺术家和国外艺术家上是平分秋色的。[1]

(六)追续权是立法原意的体现

美国宪法中涉及版权法的条款是这样规定的:"在有限的时间里确保作品的专有权,促进有用艺术的发展和进步。"[2]因此,若在

---

〔1〕 Jeffrey C. Wu, Art Resale Rights and The Art Resale Market: A Follow-up Study, *Journal of the Copyright Society of the U. S. A*, Summer 1999, pp. 531, 538.

〔2〕 U. S. Constitution. Art. I, Section 8, Clause 8.

版权法中增加追续权条款,给予艺术作品创作者以转售利益的分配,会更好地体现美国宪法的原意,也能更好地促进艺术文化的发展。上述条款是查尔斯·平克尼(Charles Pinckney)和詹姆斯·麦迪逊(James Madison)负责起草,[1] 1787年9月17日,这一条款由参加制宪会议的代表采纳并签字。这里有必要强调的是,起草者在条款中有意避开了“版权”一词,这也就意味着美国宪法允许议会在未来的立法中将版权法保护的范围在宪法所设定的主旨基础上予以扩张。

这一条文并未引起任何争议,在会上与申请批准过程中没有引发任何争论。美国宪法原意的权威来源——联邦党人文集,包括了麦迪逊亲笔的这样一段文字:“这种权利的效能将不存在任何质疑,因为公共产品要与个体的需求充分一致。”[2]

所以,赋予艺术家追续权恰恰符合了版权法的原意:通过给予艺术创作者们经济激励使他们创作更多的艺术作品,以此更能“在有限的时间里确保作品的专有权,促进艺术的发展和进步”。

(七)追续权制度是伯尔尼公约需要

1948年,伯尔尼公约成员国于布鲁塞尔会谈,他们最后一项修订的权利便是追续权,缔约国同意追续权并不是公约的最低要求。只有作者得到所属国家立法允许,作者方可主张追续权条款。虽是伯尔尼公约的一项选择条款,然而如今已经几十个国家相继建立了追续权制度。1988年10月31日,里根总统签署了伯尔尼公约实施法案,要求美国1989年3月1日后开始遵守并实施伯尔尼条款。在这之前,伯尔尼公约第6条第2款有关精神权利的规定的存在一直是阻止美国签署公约的一大障碍,但是当议会指出,伯尔尼公约的

[1] Karl Fenning, The Origin of the Patent and Copyright Clause of the Constitution, 17 *Geogia Law Journal*, 1929, p. 109.

[2] James Madison, *The Federalist No.* 43. Independent Journal, 1788.

特点在于只有在本国国内存在可以实行的立法时,该规定方可发生真正的效力,所以美国一改往日的不情愿而签署了伯尔尼公约。

美国是世界上最大的版权作品出口商之一,每年都会产生数以亿计的贸易顺差额,所以,美国也一直致力于对其作品的保护,加入了伯尔尼公约,亦签署了关税贸易总协定。一百多年以来,伯尔尼公约一直为国际版权系统提供了广泛且详尽的保护,所以在解决关于版权的贸易争端时,伯尔尼公约也为关税贸易总协定提供了有益的指引。所以,伯尔尼公约和关税贸易总协定为知识产权提供了有力的国际保护。讽刺的是,美国作为伯尔尼公约签署国,却很难使本国版权法与公约保持一致。

伯尔尼公约已有一百多年的历史并保持这样一种趋势:对作者的保护力度逐步增强,对版权所有者的保护逐步统一,对艺术作品创作者的精神权利保护亦稳步增强。我们无法预知将来伯尔尼公约是否会把追续权条款作为硬性条款,但是美国确有必要遵守公约这一"未来的强制性条款",因根据美国宪法第六章规定:宪法本身、联邦政府制定的法律以及签订的条约在全国范围内具有最高权威。[1]

美国现已经成为国际共同体的一部分,也意识到了艺术作品创作者精神权利,更确切地说是追续权制度存在的必要性,美国应该认识到其本国版权出口需要这项权利,有必要把自己放在一个领先者的位置为本国版权争取国际保护,而不是隔岸观望欧洲共同体能否建立一个统一的追续权制度。议会应当认识到从长远上看,美国对艺术作品创作者的现有保护并未合理且恰当的遵守伯尔尼公约,美国议会有必要对版权法修订,使追续权包括在版权法之内,如此一来,才能完全地与伯尔尼公约相得益彰,更好地与伯尔尼公约的

---

〔1〕 U. S. Constitution. Art VI, Clause 2.

精髓达到一致状态。

四、美国追续权制度建立的可行性之争

(一)追续权的大陆法系法源是否与美国的英美法系相容

追续权制度的反对者认为,因为追续权制度起源于法国,而且法国与美国分属不同的法系,所以追续权制度与美国的版权法是不相容的。[1] 然而若仔细研究美国版权法和法国著作权法的历史发展,就会发现两者存在共同的法律根基,即自然法。法国注重精神权利即是受到自然法理论的深厚影响,可以说根植于自然法。而美国最高法院对英国某典型版权案件的误读导致了一直认定这样一个错误的结论,即英美版权法下的版权仅仅来源于法律的授予。[2] 事实上,英美版权制度下的版权建立在正当理由和抽象道德之上,是一种自然的、永久性的权利,这同样符合自然法的基本精神。

美国版权法的内在根基是自然法,只有认识到这一点,才会调和美国版权法和大陆法系著作权法之间外层意义上的矛盾,同时也可作为美国建立追续权制度的一项有力论据。

自然法是柏拉图和亚里士多德倡导的一种古老的法律理论,柏拉图认为法律很自然地趋向于发现“完美法律的理想形式”,亚里士多德区分了自然正义和传统正义。早期的自然法主要的中心在于解决什么是道德和为所有人类所用的抽象原则。罗马律师和雄辩家西塞罗,为罗马法引进了万民法的概念,这很可能也影响了罗马法早期评论员盖尤斯,他认为自然法来源于人的理性,为民法奠定了无神论的哲学根基。12 世纪,托马斯阿奎那和其他基督教哲人再

---

〔1〕 Elliott C. Alderman, Resale Royalties in the United States for Fine Visual Artists: An Alien Concept, 40 *Journal of the Copyright Society*, 1993, p. 267.

〔2〕 Gary Kauffman, Exposing the Suspicious Foundation of Society's Primacy in Copyright Law: Five Accidents, 10 *Columbia Journal of law and the Arts*, 1985, p. 381.

次主张古典自然权利理论，自那时起，信奉自然法理论的人和支持实证主义法典的人们才产生了冲突，前者依托于理性和良心来认识普遍的基本真理，后者则将应受处罚的人们固定在社会关系中并且由国家强制执行。[1]

从法国精神权利的传统和美国实证主义版权法的传统的哲学差异中，是不难看出相似之处的。虽然美国版权法被普遍认为是一种纯粹的实证主义产物，有充分证据证明美国版权法与法国版权法一样基于自然法理论。英国法官早期即运用罗马的版权理论来确定普通法版权的预先存在性，并最终将其以法典的形式确立下来并为法院所采用；美国的开创者生活在高度宣扬自然权利的时代，正是基于自然权利和自然法律原则而编纂了独立宣言和宪法；除此之外，自然法为国际性的版权法共识提供了法理基础，由此伯尔尼公约才得在整个世界范围蔓延开来。因此，通过对英美版权法历史的考察，我们认为两者之间存在共同的自然法根基，故此追续权制度与法国为代表的著作权法和以英美为代表的版权法是可以相容的，以美国与法国分属不同法系为由而否定美国追续权制度存在的合理性是没有理论依据的。

(二)追续权制度是否会造成艺术品市场萎缩

美国追续权制度的反对者指出，追续权的受益者并非是所有的艺术作品创作者群体，这一制度可能仅仅会给小部分的艺术作品创作者带来福利，因为大多数的艺术作品创作者唯一的收入来源是艺术市场，而追续权的设立可能会使艺术商们望而却步，这些艺术商便很可能会转移到没有此种限制的艺术市场，从而使本国艺术市场不堪一击，进而大多数的艺术品创作者的利益很可能失去保证。因

---

[1] George Whitecross Paton, *A Textbook of Jurisprudence*, Oxford University Press, 4th ed, 1972, p. 99.

此,转售提成的存在,使受利益驱使的收藏家们不再愿意去购买尚不知名的艺术家的作品,并且将趋向于向没有追续权存在的市场转移。[1] 换句话说,追续权的设立会给视觉艺术市场带来激冷效应,所以收藏家出于谨慎则会考虑到未来缴纳转售提成的可能性,极有可能在首次交易中以更低的价格从艺术品创作者那里购买其作品。所以在首次交易中,那些本在谈判地位上就很弱势的不知名的艺术家就很可能会被迫接受这种低价交易。

作为回应,追续权制度的支持者称,法国、德国与比利时的追续权制度的建立比其他国家都要早,而在其制度运行的经验上应当比其他任何国家都具有发言权,有调查表明追续权制度的建立,并没有使首次销售的价格降低,转售利润一直平稳增长。[2] 另外法国也表示,其市场占有率与其他没有实行追续权制度的国家仍是可以试比高下的。因此,必须认识到艺术市场具有一定承受性,仅仅因收藏家和艺术商利润的部分流失,并不必然导致艺术市场萧条的结果,这只是随着一个国家政治上的变革而发生的表象上的改变。[3]

应当承认这样一点:追续权制度的确立不可能使艺术品转售市场销声匿迹。只要在艺术买卖市场上有利可图,买卖和转售将会一直持续下去。尽管收藏家和艺术商要缴纳一定的转售提成给艺术作品创作者,但总的来看始终是赢利的,尽管利润率会有所减少,但并非所剩无几。明确了这一点,可以知道利润率的降低即便会引起一些收藏家和艺术商的不满,但并不会阻止他们购买艺术品的脚步。艺术商也可能会转移艺术市场去寻求更多的财富,但是,只要是有利可图的地方,就会有人填补空缺,艺术市场不会因此而萧条下去。

---

〔1〕 Neil F. Siegel, The Resale Royalty Provisions of the Visual Artists Rights Act: Their History and Theory, 93 *DICK Law Review*, 1988, pp. 1, 2.

〔2〕 Ibid..

〔3〕 Ibid..

（三）追续权制度是否与既有的法律原则制度冲突

在美国，追续权制度的反对者认为，追续权制度与其传统概念中的转售交易原则背道而驰。[1] 这种强迫性质的利益分担侵犯了对价原则，换句话说，私有财产的传统规则不允许任何版权的垄断。某件物品一旦售出，很自然地这件物品已经归其所有权人所有，随着所有权的转移，与这一物品有关的权利已全部归所有权人。还有人提出疑问，艺术品与股票有何不同？如果一个人买了股票并且股票大涨，那么很自然地这部分增值应该归持股人所有。那么同理，如果一个人购买了一件艺术品，这件艺术品随后升值，那么他完全有理由占有全部的利润增值。[2]

支持者则认为，与其他创作型作家不同的是，艺术品创作者只得出卖一个有形资产，而其他创作型作家却可以销售自己的展览权、生产权等无形权利，所以艺术作品创作者一旦将作品卖出，负载在这作品上其他的可供开发的权利，一并归买受人所有。[3] 应当注意，广阔的生存空间里存在多种类型的财产，不能等同视之。绝对的所有权观念在著作权法的范围内亦是不合理的。所以即便是艺术品被卖出，其自身所凝结的精神权利依然保留在原作者的人格之中，这种精神权利是具有延续性的，即便是作品与作者已经分离了很久，这种精神权利依旧保留在原作者那里，故这种转售提成权也是情理之中了。

---

〔1〕 Diane B. Schulder, Art Proceeds Act: A Study of the Droit De Suite and a Proposed Enactment for the United States, *Northwesterrn University Law Review*. 19,22 n. 1966(13),p.61.

〔2〕 Horaceb. Ball, *The Law of Copyright and Literary Property*, M. Bender & company incorporated, 1944, p. 260.

〔3〕 Rita E. Hauser, The French Droit de Suite: The Problem of Protection for the Underprivileged Artist Under the Copyright Law, *In Copyright Law Symposium* 1, *American Society of Composers, Authors &Publishers. Copyright Law Symposium Series No.* 11, 1962, p. 13.

反对者进一步提出，可以通过契约而非法律严格规定的方式来确定这种转售提成的有无，也即艺术作品创作者可以寻求一种契约性的保护。[1] 但是有支持者称持这一观点的人忽视了以下几点：(1)契约具有自我约束性；(2)随着时间的推移，想要跟踪其作品的去向并非易事，收取转售提成更是难上加难；(3)一些不知名的艺术家在交易谈判中往往不如那些知名人士一样自信十足，他们在契约前期交涉中处于弱势地位。在这种合同下，艺术品创作者们往往缺乏足够的交涉能力来促使买主签订合同。[2]

还有反对者认为可以将这种转售提成权设定在公开展览的前提下，持这种立场的人认为，若买受人有公开展览作品的行为，那么就要收取相应的转售提成。但如支持者所言，这种观点并不是没有其优点，但是也忽视了那部分选择不公开展览其已购买作品的买受人，这无形中也催生了更多的隐蔽型交易。[3]

(四)追续权制度是否在管理成本上具有可操作性

支持者认为，法律制度也存在“亏本”现象，不乏成本高但是仍存在巨大效用且不可舍弃的制度。追续权制度的实施成本可能相对高一些，但这并不能否定建立这一制度的需求，而且政府也有能力通过税收等其他资助手段来支持这一制度的运行。[4]

反对者认为，追续权制度的运行需要一个完善的管理机制，这需要进行作品登记、作品销售状况实时监控、收集并分配转售利润。设立这样一个机构的花销很显然会大大超过分配给艺术作品创作

---

[1] Ann L. Straw, A Proposal for National Uniform Art-Proceeds Legislation, 53 *Industrial Law Journal*, 1978, pp. 129, 134.

[2] Ibid..

[3] William A. Carleton, Copyright Royalties for Visual Artists: A Display-Based Alternative to the Droit de Suite, 76 Cornell Law Review, 1991, pp. 537 - 538.

[4] Neil F. Siegel, The Resale Royalty Provisions of the Visual Artists Rights Act: Their History and Theory, 93 *DICK Law Review*, 1988, pp. 1, 2.

者的利润,所以从经济学角度上来看,追续权制度的实现是一个亏本的买卖,不具有实际可操作性。[1]

五、简短的总结

权利平衡是版权制度设计的指南,追续权制度的建立,是公平价值的考量也是权利平衡原则的考量,不应当不公平地限制艺术品创作者对其作品经济性开发的权利。大陆法系的著作权法制度与美国版权法制度都存在共同的根源即自然法,艺术品创作者与艺术作品之间亦存在一个持续的、不容割裂的关系,保护这种联系,建立美国联邦地位上的统一追续权制度是最佳的选择。

虽然现在"在贫困线上的艺术家"已经少之甚少,但是艺术作品创作者群体也应当得到追续权制度的保护。而年轻的艺术家往往在与艺术商交涉过程中虽处于不利地位,视觉艺术作品创作者作为一个整体相较于其他文学或艺术作者也居于明显不利的地位。追续权制度符合美国版权法的根本目标,艺术品创作者的正当权利不容忽视,保护视觉艺术作品创作者的追续权刻不容缓。通过赋予艺术作品创作者以追续权,给予艺术作品创作者经济权利的认可,将会鼓励创作者的积极性,激发艺术作品创作者的创作精神,从而能更好地体现版权法的原意,使艺术产业得到可持续发展。因此,建立追续权制度是保护美国艺术产业文化与遗产的必由之路。

从美国追续权制度的立法进程以及理论上对于立法必要性及可行性的针锋相对的介绍为我国追续权的立法提出了一些思考:

第一,美国对追续权理论基础的研究也为我国立法提出了一个理论性的任务:要对追续权制度的理论基础进行进一步的研究。追

---

〔1〕 Neil F. Siegel, The Resale Royalty Provisions of the Visual Artists Rights Act: Their History and Theory, 93 *DICK Law Review*, 1988, pp. 1, 2.

续权制度亦在实现法律的公平理念，然而在将转售所得部分收入归为原件所有人时，对作品买受人是否公平，如果不实现追续权制度，转售收入全部归转售人所有，对原件所有人又是否公平。从既有研究看并没有人进行论述。

第二，要调查追续权制度设立的最初目的，即“贫困的艺术家”这种情况在中国是否仍然存在。如果现在的艺术家无论年龄如何都已经摆脱了贫困的境遇，是否还有必要建立这样一种制度，如果要建立，则真正的制度基础在于什么。

第三，要调研我国是否存在充足的艺术品转售市场。要通过数据调查我国艺术品市场的现状，有多少现代艺术家存在二手市场，现代艺术家的作品在艺术品市场的转售率如何，非中国的艺术家的作品在中国的艺术品市场转售作品的比率是多少。通过上述的数据调查，可以为我国追续权制度的立法提供现实的具象的法律依据，更具有说服力。

第四，要调查艺术品创作者的立法意愿。立法者的立法定位要做到利益平衡就要研究追续权制度的设立是否符合艺术作品创作者的意愿，这等于直接决定了追续权制度出台后能否会发挥对艺术品创作者的激发作用。要研究追续权制度一旦设立，是否会对我国艺术品市场造成损害，以及是否会因此导致原在中国交易的艺术品转移到未实行该制度的国家。

第五，要研究追续权设立之后的管理成本问题。美国对于追续权制度的管理配套机制的争论也对我国立法有着现实的价值。我国著作权法草案中的授权性立法等于将问题搁置留待国务院解决。这种暂时逃避的立法方式经实践证明不能发挥作用。所以在制度设计上要考虑如何对作品进行登记、如何对作品销售状况实时监控、收集并分配转售利润。只有在制度设计上达到预期的目标价值才是成功的立法。

论惩罚性赔偿在知识产权损害赔偿责任中的适用

杜甲华　崔　畅[*]

摘　要:2014 年 5 月修改后施行的《中华人民共和国商标法》第六十三条增加了对情节严重且主观存在恶意的商标侵权行为予以惩罚性赔偿的规定,但现行《中华人民共和国著作权法》及《中华人民共和国专利法》并未对惩罚性赔偿作出明确规定,且在我国的学术界、实务界对于惩罚性赔偿的适用条件、参考因素、赔偿额度等基本问题仍存有争议。尤其是在知识产权侵权赔偿中,是否全面适用以及如何适用惩罚性赔偿的立法不够明确、具体,理论研究尚欠系统深入,以致司法实务中法官在具体适用惩罚性赔偿时困难重重,影响裁判的效率和结果。因此,深入、系统地考察商标权、专利

* 杜甲华,辽宁大学法学院教授、硕士生导师;崔畅,铁岭市中级人民法院助理法官,辽宁大学法学院民商法学博士研究生。

权、著作权等知识产权领域侵权惩罚性损害赔偿制度，剖析其正当性与合理性，为我国知识产权保护的立法和司法提供理论依据，实属必要。本文提出应在专利权和著作权侵权领域扩大对该制度的适用，明确构成要件，以及确定赔偿金时应考虑的因素和具体的计算方式。

关键词：知识产权　惩罚性损害赔偿　赔偿金

惩罚性赔偿是英美法系国家在侵权行为法中普遍设立的一种制度，多数学者认为现代意义上的惩罚性赔偿制度是由英国普通法上的惩罚性判例发展而形成的。但对其具体含义则表述不一：如王卫国教授认为，“在普通法系，‘惩罚性赔偿’指的是为惩罚他方当事人而判给一方当事人的赔偿金。这通常是法院在某些情况下（例如欺诈）于补偿性赔偿金之外适用的”。[1] 王利明教授则认为，“所谓惩罚性赔偿，是指由法院所作出的赔偿数额超出了实际损失数额的赔偿，它具有补偿受害人遭受的损失、惩罚和遏制不法行为等多重功能”。[2] 综合上述观点，笔者认为：“惩罚性赔偿是指在民事诉讼中，法院为惩罚和遏制加害人的不法行为，而判决加害人向受害人支付的超过实际损失的赔偿金。”[3]

惩罚性赔偿制度作为一项重要的民事制度在20世纪90年代就已引入我国民事立法中，对社会上大量存在的欺诈消费者、恶意违约违法、弱势群体权利屡受践踏的行为，起到了惩罚和遏制的作用。但在知识产权侵权事件多发的今天，为尽快落实国务院2015年12月22

〔1〕 王卫国：《中国消费者保护法上的欺诈行为与惩罚性赔偿》，载《法学》1998年第3期。

〔2〕 王利明：《惩罚性赔偿研究》，载《中国社会科学》2000年第4期。

〔3〕 杜甲华：《我国建立惩罚性赔偿制度之理论障碍批判》，载《社会科学辑刊》2009年第5期。

日印发的《关于新形势下加快知识产权强国建设的若干意见》[1]的规定，保障国务院开展打击侵犯知识产权专项行动的完成，惩罚性赔偿制度理应顺应形势在知识产权侵权领域发挥其重要作用。

一、我国知识产权惩罚性赔偿制度之现状分析

早在1993年的《中华人民共和国消费者权益保护法》（以下简称《消费者权益保护法》）中就对惩罚性赔偿作出了规定，[2]之后在其他法律法规、司法解释中也陆续规定了该制度，惩罚性赔偿制度已经成为我国一项重要的民事法律制度。然而在知识产权侵权领域，它仍然是一个新问题。2013年《中华人民共和国商标法》（以下简称《商标法》）第三次修改时增加了惩罚性赔偿的规定，[3]这是我国首次在知识产权立法中对该制度作出的明确规定。但在惩罚性赔偿的适用条件、适用范围以及赔偿金的确定等方面的规定还存在不足，需要我们予以揭示进而完善。

（一）现行知识产权损害赔偿制度面临的困境

1. 补偿性赔偿制度具有局限性

我国的民事侵权损害赔偿原则奉行的是大陆法系国家的补偿性损害赔偿原则，也称全部补偿或填平性原则或掏空性原则。“补

---

〔1〕 意见明确，深入实施国家知识产权战略，深化知识产权重点领域改革，有效促进知识产权创造运用，实行更加严格的知识产权保护，促进新技术、新产业、新业态蓬勃发展，提升产业国际化发展水平，保障和激励大众创业、万众创新。……加大知识产权侵权行为惩治力度，完善行政执法和司法保护两条途径优势互补、有机衔接的知识产权保护模式。……将故意侵犯知识产权纳入企业和个人信用记录……构建公平竞争、公平监管的创新创业和营商环境。

〔2〕《消费者权益保护法》第49条规定：经营者提供商品或者服务有欺诈行为的，应当按照消费者的要求增加赔偿其受到的损失，增加赔偿的金额为消费者购买商品的价款或者接受服务的费用的一倍。

〔3〕《商标法》第63条第1款规定：侵犯商标专用权的赔偿数额，按照权利人因被侵权所受到的实际损失确定；实际损失难以确定的，可以按照侵权人因侵权所获得的利益确定；权利人的损失或者侵权人获得的利益难以确定的，参照该商标许可使用费的倍数合理确定。对恶意侵犯商标专用权，情节严重的，可以在按照上述方法确定数额的一倍以上三倍以下确定赔偿数额。赔偿数额应当包括权利人为制止侵权行为所支付的合理开支。

偿性赔偿原则是指不管侵权人有无恶意,有无受到刑事责任或行政处罚,都以受害人现实亏损确定损害赔偿金。”[1]其具体数额的确定可按照权利人所受的实际损失、侵权人因侵权所获得的利益、许可使用费的倍数合理确定。我国《中华人民共和国专利法》(以下简称《专利法》)第65条、2014年修改前的《商标法》第56条、《中华人民共和国著作权法》(以下简称《著作权法》)第49条、最高人民法院颁行的《关于侵犯商标专用权如何计算损失赔偿额和侵权期间问题的批复》、最高人民法院印发的《关于审理专利纠纷案件若干问题的解答》中均明确了该原则的适用。补偿性损害赔偿原则的适用虽然对受害人的损失进行了某种程度上的弥补,打击了侵权行为,但由于其自身的局限性使受害人的损失不能获得全面填补,侵权行为也不能得到有效控制。对此笔者以在我国具有典型意义的知识产权赔偿案即“武汉晶源公司诉日本富士化水株式会社和华阳电业公司侵犯发明专利权案”来论述单一适用补偿性赔偿制度的局限性。

武汉晶源环境工程有限公司自主研发了一项纯海水烟气脱硫减排技术,该项技术是我国实用火电脱硫工艺独有的发明专利,在世界火电脱硫领域具有重要的影响。1995年,国家专利局接到了武汉晶源公司的申请,经过审查程序后授予武汉晶源公司该项技术的专利权。1997年,华阳电业有限公司购买了日本富士化水工业株式会社的产品,经过一段时间使用后出现环保不能达到排放要求的状况,工程难以继续施工。项目濒于破产的华阳电业公司随即召开会议,并在情急之下选择武汉晶源公司的脱硫减排工艺,之后工程顺利进行。然而建成后华阳电业公司为规避专利使用费,否认

[1] 张俊杰:《论知识产权惩罚性赔偿制度之合理性——惩罚性赔偿适用辨析》,载《法制与社会》2009年第11期。

脱硫技术为武汉晶源公司自主研发,谎称是其所购买日本株式会社的技术。无奈之下,2001 年武汉晶源公司起诉两企业,8 年后最高人民法院判决富士化水株式会社和华阳电业公司两个企业承担责任,支付武汉晶源公司现实亏损 5061.24 万元,华阳电业公司按使用年限支付专利许可费[1]。本案是最高人民法院第一次派出五名法官审理的案件,5061 万元的赔偿看似使受害方得到了损失的弥补,然而受害方面对的现状却是赢了官司丢了市场。其主要表现是:

第一,受害方的损失没有得到全面补偿。一方面,本次案件涉及我国自主研发的纯海水烟气减排发明,此项发明是我国在该领域独有的发明专利,因为两企业侵犯专利权,一度在市场上造成我国没有独立自主的火电脱硫技术的影响,直接导致了该行业完全依赖外国相关技术,武汉晶源公司的自主发明失去了用武之地,也随之失去了盈利,该损失是无法估量的。另一方面,武汉晶源公司旷日持久寸步难行的诉讼之路导致公司耗费大量时间、人力、物力和财力,维权成本非常之高。然而这些付出在补偿性赔偿制度下却得不到应有的弥补,损失不可计算。

第二,对侵权人缺乏足够威慑力。该案从起诉到审结已超过 8 年,由于执行困难,华阳电业公司依旧无偿使用该项发明并从中继续获利;而武汉晶源公司却在持久的诉讼后仅享有 5 年的专利权,专利价值微乎其微。从该案中我们可以清楚地看到,武汉晶源公司虽然赢得了官司,但却在市场、成本等方面损失惨重,而这种现象在知识产权案件中却不足为奇。究其原因是补偿性损害赔偿制度的漏洞给侵权人以可乘之机,纵容了侵权人多次侵权、反复侵权。在补

〔1〕 参见福建省高级人民法院(2001)闽知初字第 4 号、最高人民法院(2008)民三终字第 8 号民事判决书。

偿性损害赔偿制度下,侵权人如果不被发现或者没有相关证据证明其侵权行为,就可以恣意地使用知识产权并获得高额的利润,即使一旦行为被发现,侵权人往往仅承担支付知识产权许可费或者返还盈利的后果。并且即便如此,权利人在漫长的维权过程中也丧失了本可以实现的更大的利益。更何况随着侵权手段的多样化和侵权行为的隐蔽性,受害人在实践中通常很难发现侵权行为的存在,故出现侵权人抱着侥幸心理反复多次侵权的现象亦不足为奇。

2. 公法上的惩罚具有不充分性

在我国,对知识产权的保护不局限于民法这一私法领域,刑法和行政法等公法领域也对其进行调控。如我国刑法就以单节列出了知识产权领域的犯罪条款,如规定了“假冒注册商标罪”“销售假冒注册商标的商品罪”“非法制造、销售非法制造的注册商标标识罪”“假冒专利罪”“侵犯著作权罪”“销售侵权复制品罪”和“侵犯商业秘密罪”等的犯罪构成及刑罚,并且通过颁行有关知识产权刑事案件的司法解释进行具体规定。而在行政法领域,现行知识产权相关立法赋予了知识产权局、版权局、商标局等管理机构一定的监督管理权,这些机构能够加强知识产权指导,维护市场公平秩序,调解纠纷,查处侵权,对知识产权侵权行为进行行政处罚。刑法、行政法等公法对知识产权的保护与民法的保护形成了完整的知识产权保护体系,但实践中公法上的救济作用并没有得到有效发挥。

就其实践操作成效而言,纵使知识产权侵权行为能够达致公法责任的威慑范围,也并不代表该行为必然会受到公法的惩戒。例如,某人销售了假冒注册商标的商品,很显然该行为会带来严重的侵权后果,但是在对其进行行政处罚时,由于对销售的商品是否为假冒他人注册商标的商品进行认定非常烦琐,现行的抽样检测法会导致漏网之鱼的存在。可见,公法上惩罚的执行具有不充分性。另外,就我国现阶段对公权力没有相关的督促管理机制,难免会发生公权力滥用和工作怠慢的情况，不利于权利的保护。

(二)修改的《商标法》虽引入了惩罚性赔偿但仍存在问题

2014 年 5 月施行的《商标法》开知识产权损害赔偿之先河，确立了惩罚性损害赔偿制度。在此之前，我国对知识产权侵权损害赔偿是依受害人所受损失、加害人所获利益、许可费的倍数和法定赔偿金这几种方式确定责任，即适用补偿性赔偿原则。然而修改后的《商标法》虽确立了惩罚性赔偿制度，但就知识产权侵权损害赔偿的整体制度而言，抑或对商标法的规定而言，仍存在诸多问题。具体归纳为：

1. 惩罚性赔偿的适用范围过窄

新修订的《商标法》确立了惩罚性赔偿制度的适用，但《专利法》《著作权法》还未对此进行规定，虽有草案但尚不具有法律效力。而在专利权领域，随着中国经济的不断发展，自主发明、外观设计、实用新型专利数量持续增加，但随着互联网技术和物流行业的发展，侵犯专利权的案件大幅攀升。然而案件增多的同时司法效果却并不理想，精神损害赔偿缺失、计算方式单一、滥用法定赔偿等都已成为案件审判中的顽疾，未受其利先受其害的现象也较为普遍。并且恶意侵权、多次侵权等影响恶劣的侵权现象也颇常见，这些问题都严重影响了专利权人行使权利，同时也破坏了市场的公平秩序，阻碍了科学技术的进步。同样，在著作权领域，盗版现象在日常生活中也很普遍，有些人甚至以购买便宜的盗版产品为乐。虽然现行专利法和著作权法对侵权行为所承担的责任作出了规定，但赔偿金额过低，尚不足以杜绝此类事件的频繁发生。在 2012 年知识产权保护满意度调查中显示，公众对知识产权的满意度为 63.69 分，在不满意的选项中，受访者对知识产权侵权赔付少，维权成本过大抱怨最多，占据 48%。如韩寒、麦家等 20 多位作家发现自己的作品在不知情的情况下被苹果公司的 APP 所用，随即起诉到法院索要 556 万元的赔偿额,但最终法院判决苹果公司败诉并承担43万元的赔偿金。作家们虽然胜诉,但其诉求的金额与最终的判决却大相径庭。这说明当前知识产权案件存在赔偿金额过少,权利人甚至贴钱维权等严重问题。故而,将惩罚性赔偿制度用于著作权和专利权侵权案件,以惩罚性赔偿制度的惩罚遏制功能解决知识产权侵权面临的困境符合立法政策要求和现实需要。

2. 惩罚性赔偿的适用条件不够明确

理论上认为,侵害知识产权的行为属于我国《侵权责任法》规定的一般侵权行为,其责任构成要件为加害人主观过错(包括故意和过失)、侵权行为、损害事实和因果关系四要件。而惩罚性赔偿制度的特殊之处就在于构成要件中需要侵权人主观上的故意和侵权情节或损害后果的严重,这是与适用补偿性赔偿原则所不同之处。对此修改后的《商标法》第63条规定:“对恶意侵犯商标专用权,情节严重的,可以在按照上述方法确定数额的一倍以上三倍以下确定赔偿数额。”根据该规定可知,适用惩罚性赔偿的条件是侵权人对侵犯商标专用权存在“恶意”和侵犯商标专用权行为的“情节严重”。但是,对于“恶意”“情节严重”如何界定,需要考虑的因素有哪些,惩罚性赔偿的申请人及申请时间如何确定等这些问题在商标法中并未有任何规定,而这些也恰恰是司法实务中的难点与焦点问题,尚需立法进一步明确。

当然此问题也涉及整个惩罚性赔偿制度体系。就我国现状而言,《侵权责任法》第47条虽规定了惩罚性赔偿制度,[1]然而该规定只适用于产品责任且非常抽象;而《消费者权益保护法》对惩罚性赔

---

[1] 《侵权责任法》第47条规定:明知产品存在缺陷仍然生产、销售,造成他人死亡或者健康严重损害的,被侵权人有权请求相应的惩罚性赔偿。

偿的规定也仅限于商品的经营者。[1] 因此目前我国对惩罚性赔偿的规定还是单行法各自为政,没有统一的指导思想和指导原则,这样难免会造成适用的混乱和对法律体系统一性和完整性的破坏。因此对惩罚性赔偿的适用条件还需相关立法加以协调和明确。

3. 惩罚性赔偿金的计算方式不合理

笔者认为对于惩罚性赔偿金确定的合理与否,直接关系该制度目的能否达成,以及该制度的功能是否得以实现,因此惩罚性赔偿金的确定是该制度的关键内容。而对于惩罚性赔偿金的计算方式,理论上有不同的观点。有观点认为应当设立一个赔偿额上限,以免造成过度赔偿;有观点则主张在补偿性赔偿的基础上按照一定比例确定;也有观点提出应在立法上确定固定的金额。按照相关法律的规定,惩罚性赔偿金基本都是以补偿性赔偿的一定倍数确定惩罚性赔偿金的数额,但这种方式没有考虑相关因素,包括侵权人的经济能力、侵权行为的严重与否、造成的损害后果如何等,不尽合理,有待进一步完善。

二、知识产权损害赔偿中全面适用惩罚性赔偿之论证

(一)惩罚性赔偿不适用性之否定

虽然惩罚性赔偿制度已经在《商标法》中得到确认,但是对该制度的质疑却并未停止,其争议主要有两点:其一,该制度是否会混淆民事、刑事责任;其二,是否会存在受害人不当得利。笔者认为这些质疑是缺乏合理性支撑的。惩罚性赔偿制度在知识产权损害赔偿

---

〔1〕《消费者权益保护法》第55条规定:“经营者提供商品或者服务有欺诈行为的,应当按照消费者的要求增加赔偿其受到的损失,增加赔偿的金额为消费者购买商品的价款或者接受服务的费用的三倍;增加赔偿的金额不足五百元的,为五百元。法律另有规定的,依照其规定。经营者明知商品或者服务存在缺陷,仍然向消费者提供,造成消费者或者其他受害人死亡或者健康严重损害的,受害人有权要求经营者依照本法第四十九条、第五十一条等法律规定赔偿损失,并有权要求所受损失二倍以下的惩罚性赔偿。”

中的引入和扩大适用范围势在必行。

1.惩罚性赔偿制度不会造成民刑责任的混淆

在法学界,似乎有一个公认的常识即是,民事责任是以弥补损失为目的,刑事责任则是以制裁和惩罚犯罪人为目的。“刑事责任意在惩罚被告人,预防类似的犯罪行为,维护社会的和谐稳定;民事责任旨在填补损害,平衡当事人利益。”[1]那么据此是否即可认定惩罚性赔偿责任中最为重要的惩罚功能当属刑事责任的范畴?抑或又因惩罚性赔偿责任是由受害人自己主动向法院提起,而非由公诉机关提起诉讼,且受害人是惩罚性赔偿金的接受者,因此又可将惩罚性赔偿归为民事责任?对此,笔者认为正是由于这样的分析方式导致惩罚性赔偿的性质在学界和实务界饱受争议,似乎引起了民、刑责任的混淆,甚至借题发挥提议拒绝引入该制度。

在此,有必要对民、刑两个法律部门区分的方法是什么和“惩罚”这个法律用语在法律规范中的含义进行分析。民法和刑法最重要的区别即为它们的调整对象存在差异,民法是调整平等民事主体之间关系的,而刑法是规定犯罪和刑罚的。在法律制度中人们常把“惩罚”当作目的而不是手段,但事实上,惩罚与补偿一样都是在权利本位的社会中调整平等主体利益关系的手段。至于我们通常理解的民事责任一般是通过补偿救济受到侵害的私人权利、刑事责任是通过惩罚来恢复被犯罪行为破坏的社会秩序,则是片面的。由于我国是人民民主专政国家,无论是民事制度还是刑事制度,也无论民、刑制度差异几何,它们的初心与归宿都是一样的,即权利保障。因此无论惩罚还是补偿,都不过是保障权利的工具、手段、门径罢了,并不能作为区分民、刑之标准。因此只要能够为权利保障事业作出贡献,只要在法律底线之上,都可设计之、施行之。

---

〔1〕 陈瑶:《惩罚性赔偿责任之可保性分析》,山东大学2009年博士学位论文。

在厘清上述问题之后，再就惩罚性赔偿制度的属性进行探究。惩罚性赔偿制度的价值意义即为完成侵权人与被侵权人之间的利益协调，使被侵权人的现实亏损得到弥补。所以，惩罚性赔偿责任与那些着眼大局意图维护社会稳定的公法责任不同，它具有私法的属性，是完全的私法责任，因而惩罚性赔偿制度也属于私法领域。但该制度具有区别于其他民事制度的特点，即具有震慑作用。总之，惩罚性赔偿制度不会造成民刑责任的混杂与碰撞，是纯粹的民事制度，与其他民事制度相比只是方式手段略显不同，其价值目的在于维护当事人的合法权益，平衡当事人之间的利益。但它并不是只对被侵权人给予亏损弥补，而是通过对侵权人予以惩罚从而维护被侵权人的利益。而此点也恰是民事责任与刑事责任的明显不同。

2. 惩罚性赔偿不会产生受害人的不当得利

“惩罚性赔偿适用的结果必然是使受害人获得超过其实际损失的赔偿额，而这笔赔偿额由受害人受领在当前的惩罚性赔偿制度框架下得不到正当性解释，因此，不论是在英美法系国家，还是大陆法系国家，受害人获得的超过实际损害的赔偿额都被视为‘不当得利’或‘意外之财’，而这也成为摒弃惩罚性赔偿制度的学者抨击惩罚性赔偿制度的有力依据。”[1]但是，正如任何制度的背后都有其存在的意义一样，我们不能仅仅看到“不当得利”或“意外之财”本身，而应追本溯源，寻找惩罚性赔偿制度的价值与目的，使所谓的不当得利变成应得之财。惩罚性赔偿制度的目的和意义在于它能克服全部补偿原则在保障受害人权利方面存在的威慑力不足的局限。这种局限的发生，主要原因是在补偿性原则的应用过程中，忽略了对侵权行为人行为的考量，致使其保障受害人权利的功能被严重削弱。“所以惩罚性赔偿制度就是要根据加害人的行为对加害人施以惩

[1] 李洁：《惩罚性赔偿制度研究》，武汉大学民商法学2013年博士学位论文。

罚,以克服侵权损害赔偿填补原则威慑力不足的缺陷,从而实现对受害人权利的充分保障。由此可知,受害人获得超过实际损害的惩罚性赔偿金的正当性在于惩罚性赔偿制度是为实现受害人与加害人之间纠正公平的制度,是为保障受害人的权利,而非保障他人权利,与他人无涉。"[1]

(二)惩罚性赔偿制度适用的正当性

1. 知识产权的特点决定其应适用惩罚性赔偿制度

"知识产权相比民法上的其他权利主要具有无形性、非排他性、可复制性等特点",[2]而恰恰是知识产权的这些特点使知识产权极易被侵犯。

与一般的财产权利不同,知识产权是无形财产权,而作为其客体的知识产品包括智力创造成果或者工商业标记等均具有无形性的特点,即知识产品不能被人们在事实上占有或控制;同时知识产品却又极易被多人同时使用,故知识产权也不具有一般财产所有权的排他性,存在先天的自我保护不足。再者,由于知识产品具有可复制性,说明知识产品具有传播性,而传播性正是知识产权作为一项权利存在的价值和意义,其体现的知识被社会广泛汲取接受,在一定程度影响着我们的日常生活水平。尤其是在传播行业迅速发展的今天,人们对知识产品的共占共享已呈普遍化、扩大化趋势。综上,由于知识产权所具有的特殊性,使知识产权易受侵犯,权利的保护手段相比民法上的其他权利处于弱势地位。现阶段,知识产权保护原则主要为补偿性赔偿原则,即赔偿受害人的实际损失或没收侵权人的非法所得。在补偿性赔偿原则下,由于举证难、赔付少等问题使受害人在侵权行为发生时往往只能坐以待毙,维权路途困难

---

[1] 李洁:《惩罚性赔偿制度研究》,武汉大学 2013 年博士学位论文。

[2] 曾青未、段友君:《论知识产权垄断及其法律规制》,载《云南大学学报》2011 年第 4 期。

重重,而侵权人却能由此获得高额利润甚至变本加厉。基于此,惩罚性赔偿制度的引入对于"弱势"的知识产权而言势在必行,它一方面通过惩罚的手段对侵权行为进行遏制,使侵权人名誉尽损且血本无归,诱导其选择社会最优的行为;另一方面也使受害人的损失能够得到有效弥补,提高受害人的维权积极性,进而形成对侵犯知识产权行为的严厉打击。

2. 惩罚性赔偿制度能够解决当前知识产权损害赔偿面临的困境

如前所述,当前我国知识产权损害赔偿还存在诸多问题,迫使我们对知识产权损害赔偿制度进行变革,而惩罚性赔偿制度正是变革中关键的一步。

我们知道,补偿性赔偿制度在弥补被侵权人亏损、对侵权行为进行威慑方面存在局限性,原因在于其关注点集中在被侵权人一方,而忽视了侵权人一方。相比之下,惩罚性赔偿制度的关注点集中在侵权人一方,如若侵权人实施侵权行为时主观上是故意的甚至抱有恶意时,按照该制度要求,除应当支付的实际赔偿金之外,侵权人还须另外支付赔偿金。惩罚性赔偿不同于旨在弥补亏损的全部补偿原则,它不是按被侵权人的实际损失确定损害赔偿额,而是根据被侵权人的对立面即侵权人的主观恶性和行为的方式、手段、造成的结果等计算损害赔偿额。因此,就侵权损害赔偿的构造而言,以往对于侵权人行为关注的缺少,恰好由惩罚性赔偿制度予以弥补,从而解决了全部补偿原则在预防侵权行为方面的不足。

综上,在损害赔偿责任的追究机制当中,补偿性赔偿适用补偿之办法,惩罚性赔偿则适用惩罚之门径,并兼具超额补偿之特性。承认惩罚、承认超额赔偿,两方并举,恰好使得惩罚性赔偿机制弥补了补偿性赔偿机制之局限。

3. 侵权责任法的基本理念为惩罚性赔偿制度适用提供了法理基础

古希腊哲学家亚里士多德在《尼各马可伦理学》中曾提出关于正义的理论,他将正义分为普通正义和个别正义,而个别正义中包括矫正正义和分配正义。矫正正义将公民一视同仁,谁受到侵害,谁就获得赔偿,其注重损害的禁止和损失的填补;分配正义即是对社会资源的分配,认为对不同的人要进行不同对待,对相同的人要予以相同态度。[1] 矫正正义作为重要的哲学观点一直是传统侵权责任法的法理根基,也是其哲学的起点。矫正正义下的传统侵权责任法要求在侵权行为发生后,由侵权人对受害人的损失进行填补,以恢复被侵权前的状态。然而随着产业革命的进行,一些垄断企业的产生导致社会资源分配严重失衡,垄断企业利用自身优势占据市场。并且随着产业革命的进行,一些性质恶劣、情节严重的侵权事件不断发生,各种形式的侵权行为不断出现,此时如果只填补受害人的损失而不对其进行惩罚遏制,只会纵容此类行为的发生,特别是会纵容那些抱着侥幸心理的侵权人再次实施侵权行为,从而形成恶性循环,破坏市场的公平秩序。社会形势的转变迫使包括侵权责任法在内的民法的中心理念从"个人本位"转向"社会本位",由单纯追求形式正义、抽象平等转化为追求实质正义和真正的平等。对于侵权责任法来说,其在矫正正义的要求下也要兼顾分配正义,在处理侵权责任案件时不仅要着重于受害人所受损失,也开始考虑对该侵权行为以及之后类似行为的遏制与预防,思考其对社会的影响。惩罚性赔偿制度正是顺应时代背景转变而产生,符合侵权责任法中心理念的变化。知识产权惩罚性赔偿制度所具有的惩罚、遏制的功能,既满足了矫正正义下对受害人损失的填补,又符合分配正义下

[1] 刘春:《知识产权法》,法律出版社 2003 年版,第 92 页。

追求的实质正义;既考虑受害人的利益,又兼顾社会的公共利益。因此,它是现代侵权责任法"社会本位"理念下的最佳选择。

三、我国知识产权惩罚性赔偿制度的具体适用

惩罚性赔偿制度是一把"双刃剑",一方面可以填补受害人的损失,对侵权人起到惩罚遏制的作用;另一方面可能影响知识产权在市场上的应用,不利于社会经济发展特别是可能对企业产生负面的影响。[1] 因此,如何审慎适用该制度,协调好其与补偿性赔偿制度的关系,是亟须解决的重要问题。

(一)扩大惩罚性赔偿制度的适用范围

惩罚性赔偿制度来源于普通法法系国家,是该法系独特的救济措施,它在填补损失的基础上更强调对不法行为的惩罚与遏制,以预防其再次发生。而大陆法系国家在赔偿方面提倡的是"填补实际损失"理念,它以被侵权人在侵权案件中实际损失为赔偿标准,不考虑其他与侵权行为有关的因素。如《德国民法典》中明确规定对于赔偿数额的确定要去除道德性和刑事性,但对于知识产权侵权案件德国却规定了"不得从错误行为中获利"这一赔偿标准,这无疑是承认了这一赔偿标准的"抑制性"作用,同时也是"强化法律运行的有效的社会心理工具"。[2] 德国法作为大陆法系国家的典型代表,能够率先突破传统思想的束缚,针对知识产权侵权自身特点,提出"不得从错误行为中获利"这一赔偿标准,承认了这一具有普通法系特点的制度,值得同样身为大陆法系国家的我国借鉴与学习,同时这也顺应了当今两大法系互通有无、相互交融的趋势。鉴于美国、英

---

〔1〕 胡海容、雷云:《知识产权侵权适用惩罚性赔偿的是与非——从法经济学角度解读》,载《知识产权》2011 年第 2 期。

〔2〕 舒媛:《知识产权侵权惩罚性损害赔偿制度研究》,载《武汉大学学报》2014 年第 3 期。

国、德国等具有代表性的国家都无一例外地承认了知识产权惩罚性赔偿制度，笔者认为我国应突破传统法律理念的束缚，在知识产权领域全面规定惩罚性赔偿制度。虽然2014年5月1日施行的新《商标法》首次规定了惩罚性赔偿制度，标志着我国在商标侵权赔偿领域对惩罚性赔偿的正式引入，但《著作权法》《专利法》尚未引入该制度，而从我国当前法律实践情况来看，惩罚性赔偿制度在知识产权领域适用亦是大势所趋。故而，笔者建议应当加快相关立法的修改进程，以期将惩罚性赔偿制度尽早全面作用于我国知识产权保护领域，进一步维护权利人的合法权益，对不法行为进行惩戒与遏制，从而创造良好的创新环境。

（二）严格掌握惩罚性赔偿的适用条件

笔者通过对有关国家惩罚性赔偿制度适用条件的考察后发现，适用该制度时既要考虑主观因素，也要考虑客观结果。即主观上要存在侵权的故意、应受谴责性以及侵权行为人的动机目的；在客观方面则要考虑情节严重与否或是否造成严重的损害后果等。具体分析如下：

1. 侵权人主观存在故意

在侵权责任中，一般以过错为归责原则，即侵权人承担侵权责任需存在主观上的过错。而侵权法上的过错，包括故意与过失。目前，关于知识产权领域惩罚性赔偿的立法，多数国家均采取审慎的态度，将主观过错要件规定为故意。其原因主要是考虑到惩罚性赔偿有别于普通民事责任中以恢复受害人权益完满状态为目的和标准的补偿性赔偿，其跨越了民事责任的“填补性”，进而追求颇具公法味道的“惩罚性”，因此惩罚性赔偿在“责任程度上的严重性决定了其在主观归责上应适用更为严格的标准”[1]。这一点已为我国其

---

〔1〕 梁晓琳：《知识产权惩罚性赔偿制度研究》，大连海事大学2014年硕士学位论文。

他领域中对惩罚性赔偿的立法与司法实务的适用所证明。[1] 故知识产权惩罚性赔偿的主观过错形式应界定为故意。

然而,如何认定"故意"则是司法实践中的难题。一般认为法官在审判知识产权侵权案件,认定"故意"时应参考以下因素:(1)加害人是否知道某一知识产权的存在;(2)案件审理中加害人的反应;(3)加害人实施的加害行为经过的时间;(4)加害人的主观目的;(5)加害人有无刻意隐瞒加害行为;(6)加害人有无重复侵权;(7)在知晓某一知识产权的存在后有无停止加害行为;(8)在第一次被判定侵犯知识产权后有无实施和第一次侵犯知识产权近似的行为。[2]

2. 侵权情节严重或损害后果严重

惩罚性赔偿制度针对的对象是实施了反社会行为的侵权人,是针对那些难以受到行政处罚或尚未达到承担刑事责任的行为,并且只有在行为人主观过错较为严重时,惩罚性赔偿才作为补充、替代手段加以适用。该制度不能应用于一般的轻微案件,而只能针对手段方式恶劣的案件。因为这些严重的侵权行为具有可谴责性,超出了一般大众的容忍范围,严重侵犯了受害人的知识产权,对市场秩序和创新环境都产生不利的影响,因此有必要通过高额的惩罚性赔偿金来惩治侵权者,以预防此类行为的发生,也对其他潜在的侵权人产生威慑的作用。所谓"情节严重"是我国现行《商标法》第 67 条第 1 款中对适用惩罚性赔偿客观要件的规定,但该条款的规定较为概括抽象,难以适用于当下复杂、专业的知识产权纠纷案件,且目前又无具体实施条例可循,因此现行法缺乏可操作性。对此笔者认为应将侵权行为具有"恶劣性"作为考量的因素,即该侵权行为在道德

---

〔1〕 我国已在现行的《消费者权益保护法》《侵权责任法》和《食品安全法》中设置了惩罚性赔偿条款,在相关领域建立惩罚性赔偿制度。

〔2〕 魏欣:《惩罚性赔偿在我国知识产权保护体系中的适用问题研究》,华东政法大学 2012 年硕士学位论文。

层面具有的可谴责性,需达到超出普通公众可以忍受的一般限度的程度,方可适用惩罚性赔偿。所谓“损害后果严重”,是指被侵权人因侵权行为遭受严重的损失,这里的损失主要是经济损失,但也有可能是知识产权客体本身的无形损害。

总之,惩罚性赔偿制度虽具有重要的作用,但却不能适用于所有的侵权案件。在大多数侵权案件中,以被侵权人的现实损失作为考虑的补偿性原则依旧是适用的基础原则。只有在达到侵权人主观故意且情节严重、损害后果严重才能适用。换言之该制度应是有限度的审慎的运用。[1] 因此法官在具体案件中,可自由裁量,但必须予以一定的限制,只有对严重的侵权行为才审慎地适用惩罚性赔偿制度,不得随意滥用职权,导致侵权人过度损害。

(三)惩罚性赔偿金的计算方式

在修改的《商标法》出台之后,理论上关于惩罚性赔偿数额的计算方式主要有两种观点:一种以中国人民大学罗莉副教授为代表,其主张应借鉴法定赔偿金制度,为惩罚性赔偿设定上限,她对以补偿性损害为基础的比例计算持反对态度,认为该赔偿大多以知识产权性质、知名程度为依据,而不是更多地考虑侵权人的主观恶意,这与惩罚性赔偿的本质相违背,并且可能造成侵权人的天价赔偿,因此,惩罚性赔偿金的确定应抛开被侵权人现实亏损,而只考虑侵权人的故意,在法律规定的上限赔偿额内由案件承办人进行自由裁量;[2] 另一种是以中南财经大学曹新明教授为代表,其支持《商标法》所规定的在补偿性赔偿的基础上按照一定比例确定惩罚性赔偿额。他们认为由于惩罚性赔偿的目的是适度威胁,在填补基础上按比例处罚恰好既能起到预防震慑的作用又不至于让加害人受到过

〔1〕 李彦芳:《惩罚性赔偿与中国的侵权立法——兼谈现代侵权法的功能定位》,载《社会科学家》2009 年第 1 期。

〔2〕 罗莉:《论惩罚性赔偿在知识产权法中的引进与实施》,载《法学》2014 年第 4 期。

于严厉的惩处,以削减或防止在将来重复出现侵权的可能性。

对此,笔者认为我国可以采用比例计算的方法,即在全面赔偿的基础上按比例推算惩罚性赔偿额。其原因在于:首先,惩罚性赔偿的目的在于处罚遏制,但是不能只为追求惩罚而忽视适度和利益平衡原则。应当在全面赔偿受害人损失的基础上按比例计算赔偿额,并规定一定的赔偿区间。如此才既能避免出现赔偿额畸轻或畸高的现象,平衡侵权人和受害人之间的利益关系,又能对侵权行为达到一定的预防惩罚的目的。其次,侵权人的主观恶意虽然是确定惩罚性赔偿金需要考虑的因素,但主观恶意毕竟是主观方面,而非客观的实际损失或非法获利等能够直接转换为具体数额的因素,因此主观恶意虽是惩罚遏制的原因,却也只能作为一个重要的考虑因素而不能仅成为决定惩罚金额的依据。

当然,法官在适用按比例计算的方式时,不能按照自己意志任意发挥自由裁量权,而是要严格依照侵权具体情况从多方面考虑,在确定惩罚性赔偿金时还应该考虑更多的实际因素,如被告的主观恶意程度、原告受害的性质与程度、侵权造成的损失后果、被告的财务情况、被告遭受其他处罚的情况、当地的经济水平等。

四、结　语

现阶段惩罚性赔偿制度虽然已被成功引入我国法律中,但在司法实践中适用的效果却不佳,笔者查询了北大法宝和各个地区法院网公开的司法判决,未发现一例商标侵权案件适用惩罚性赔偿制度。相反,看到对补偿性赔偿的适用仍然屡见不鲜。笔者认为我们可以借助指导案例的作用,选取那些社会广泛关注的具有典型意义的适用惩罚性赔偿制度的案件作为指导案例,使惩罚性赔偿制度能够被法官认同,并在司法实践中推广适用,从而使惩罚性赔偿制度这一舶来之物在中国的司法实践中落地生根,真正发挥价值作用。

孤儿作品利用法律制度研究

柳巨垚*

摘　要:孤儿作品是指享有著作权但其权利人无法被找到的作品。由于著作权的长期自动保护原则以及网络传播媒介的发展等原因使得孤儿作品在国内外大量出现,并在实践中产生了很多问题如潜在使用人因承担责任过大而会放弃对孤儿作品的利用,最终导致公共领域的规模缩小,不利于知识的传播。建立合理的孤儿作品利用和保护制度不仅符合著作权保护的目的要求,同时也会提高知识产品的社会使用率,创造更多的价值。要解决孤儿作品问题首先明确对"合理勤勉搜寻"的界定,再者要解决权利人复出后的解决措施,目前各国对孤儿作品的利用主要有登记许可模式与侵权抗辩模式两大类,但是都不能完全解决孤儿作品难题。国际条约及我国对孤儿作品规定几乎是空白

* 柳巨垚,北京大成(上海)律师事务所律师,辽宁大学法学院 2012 届法律硕士(非法学)毕业生。

状态。应将逆权侵占运用到知识产权领域，建立一种针对孤儿作品的抗辩理论，让潜在使用者在勤勉搜寻3年未找到作者或权利人的情况下使用孤儿作品，并让因此而被利用的孤儿作品在10年无人主张权利的情况下进入共有领域。这种理论能在一定程度上解决大部分孤儿作品问题，同时不会带来目前解决机制所产生的诸如垄断等种种问题。

关键词：孤儿作品　逆权侵占　自由流转

孤儿作品是指享有著作权但无法确定权利所有者的作品。因为著作权采取的是自动保护原则，而且保护的时间特别长，所以孤儿作品的数量是非常大的。美国国会图书馆曾启动一个"美国往事"计划（American Memory Project），[1]其中一个名为汉娜阿伦特选集（Hannah Arendt Collection）的项目针对其收集的作品作了一个抽样调查，在被抽样的7000个作品中，有1932个没有完成的著作权信息。国会图书馆的工作人员用了2年时间来调查这些孤儿作品以及类似性质材料的权利人，以便在获得其授权后将这些作品材料上传到网站上。[2]最终有436部作品的权利人被成功地找到，在这部分作品中图书馆获得了其中422部作品的使用许可，只有14部作品的权利人拒绝给予授权。然而，尽管经过了勤勉的搜寻，仍然有1496个作品的权利人没有被找到。结果，这些作品因为缺少授权许可，最终没有被传到国会图书馆的网页上。对于孤儿作品来说，潜在的使用者如出版商、博物馆、制片商等希望再版展览或者使用到一个孤儿作品的时候，可能会因为侵权遭到大额的罚款或者在进行

[1] Library of Congress, "*American Memory Project*", Accessed Sep. 5, 2010. http://memory.loc.gov/ammen/about/index.html.

[2] Library of congress, "comments of the library of congress in response to the copyright office notice of inquiry *orphan works* (2005)", Accessed June 24, 2005. http://www.copyright.gov/orphan/comments/OW0630-LOC.pdf.

了大量的前期投资后遭到法院的禁令。而大部分的孤儿作品的作者,要么不存在,要么根本不会出来反对使用者。这就是孤儿作品问题,目前引起了世界范围的广泛关注。美国、欧盟各国相继出台相关立法政策,社会各界也广泛参与讨论,提出立法意见,试图解决这一问题。

我国现行的版权法中没有“孤儿作品”这个概念,也没有规范该问题的相关法律条文,但是现实中却存在了大量的孤儿作品,就这一情况,本文分析了世界范围内解决这一问题的立法实践和理论学说,尝试对孤儿作品问题做一个梳理。

一、孤儿作品的界定

(一)孤儿作品的概念

1. 孤儿作品名字的由来及其含义

孤儿作品这个名词源自英文“orphan works”,“孤儿”是指失去爹娘的孩子,这个概念运用到著作权上,则特指那些仍然在版权保护期间内,但是其权利人当前无法被找到,且经过善意的勤勉搜寻也未找到其版权人的作品。[1] 虽然,孤儿作品在我国立法中没有被明确定义。我国理论界有学者认为,在我国立法框架内孤儿作品可分为三类:真正的孤儿作品,表见性的孤儿作品和伪称的孤儿作品。“真正的孤儿作品”是指作品的权利人绝对地不存在,使用人通过大量合理、勤勉的寻找,甚至经过法律程序途径仍然无法确定权利人的作品。“表见的作品”是指使用人通过大量合理、勤勉的寻找无法确定权利人,但是其权利人确实存在,并随时可能出现的作品。“伪

[1] See U. S. COPYRIGHT OFFICE, introductory letter from Orin Hatch and Patrick Leahy, U. S. Senators, to Marybeth Peters, Register of Copyrights, U. S. Copyright Office, (Jan. 5, 2005) available at https://www. copyright. gov/orphan - report - full. pdf, last visited May, 1, 2011.

称的孤儿作品”指的是使用者并未通过大量合理、勤勉的寻找以确认权利人的情况下，自称被使用作品为孤儿作品的这一类作品。对于“真正的孤儿作品”和“伪称的孤儿作品”，前者应当依法进入公有领域或者将其著作权归于国家或集体组织，后者则是借孤儿作品之名逃避侵权责任的侵犯著作权的行为，这两类作品的权利归属明确，讨论的必要性不大。[1] “表见的孤儿作品”由于其权利的不稳定性、对应法律规范的缺失，因而是讨论的重点领域，本文所论述的孤儿作品就指的是这类“表见的孤儿作品”。

2. 孤儿作品的特点

一部版权作品被界定为孤儿作品需具备以下三个特点：(1)作品在著作权法的保护期间内；(2)该作品的权利所有者信息不明确或明确而无法被找到；(3)潜在的使用者无法获得使用该作品的许可。[2]

第一，孤儿作品要在法律规定的著作权保护期间内。《中华人民共和国著作权法》(以下简称《著作权法》)第21条规定：“公民的作品，其发表权、本法第十条第一款第(五)项至第(十七)项规定的权利的保护期为作者终生及其死亡后五十年，截止于作者死亡后第五十年的12月31日；如果是合作作品，截止于最后死亡的作者死亡后第五十年的12月31日。”这也与我国加入的《保护文学和艺术作品伯尔尼公约》(以下简称《伯尔尼公约》)第7条第1款规定的：“本公约给予保护的期限为作者有生之年加死亡后50年内”相符。[3] 国际公约和各国法律都给予了著作权一个相对较长的保护期限，这在保护权利

[1] 周艳敏、宋慧献：《版权制度下的“孤儿作品”问题》，载《出版发行研究》2009年第6期。

[2] Ai Qianwen, *Study of Legal Issues on Exploitation of Orphan Works*, Thesis for the M. A. Degree in Law College of Politics & Law Central China Normal University.

[3] Berne Convention for the Protection of Literary and Artistic Works, revised July 24, 1971, 25 U. S. T. S. 221, Accessed Sept. 9, 1986. http://wipo.int/treatise/en/ip/berne/pdf/trtodoces_wo001.pdf.

人利益的同时,却也使得孤儿作品产生的可能性增加。

第二,自著作权制度实施以来,并没有一个完善的针对所有版权作品所有者信息的统计管理系统。当然建立这样的一个系统也是难以实现的,面对每年数量庞大的出版物,就算在如今数字信息技术发达的网络社会,实现作品权利人信息的集中管理都是个大难题,更不用说人类进入信息化时代以前,这就导致各大图书馆中有相当一部分作品的因权利人信息不明确而成为孤儿作品。美国卡耐基梅隆大学就其馆藏作品获得数字化许可的可行性作过一项调查研究。〔1〕抽样数据显示,有11%的版权作品因为版权归属于第三方,使统计难度过大而无法纳入研究范围。〔2〕在余下的作品中,研究人员无法找到其中22%的著作权所有者。〔3〕该数据同样显示出,出版年代越久远的作品,其版权人信息越难以查找,而这些书却更可能不会再版,也就是版权人通过再版赢利的可能性要更小,而且这些书的学术参考价值也相对较小。〔4〕另外,在研究者成功找到的版权人中,有36%的版权人没有对其作品的数字化许可进行回复,这部分版权人的出版物中大约有79%已经停止再版发行。〔5〕即使那些对许可进行回复的版权人中,有相当一部人对其所享有的版权种类并不明确,有的甚至对其发行的作品没有任何记录。由此可见,相当大的一部分版权作品的权利人信息并不明确或者查找难度过大,使得这部分作品也被纳入孤儿作品的范围之内。〔6〕

---

〔1〕 See Comment of the Carnegie Mellon Univ. Libraries, *In re Orphan Works*, No. 537 (Mar. 22, 2005) [hereinafter Carnegie Mellon Initial Comment], Accessed May. 1, 2010. http://www.copyright.gov/orphan/comments/OW0537 – CarnegieMellon.pdf.

〔2〕 See U. S. COPYRIGHT OFFICE, surpra not 12 (introductory letter from Orin Hatch and Patrick Leahy, U. S. Senators, to Marybeth Peters, Register of Copyrights, U. S. Copyright Office, Jun, 5, 2005.

〔3〕 Ibid.

〔4〕 Ibid..

〔5〕 Ibid..

〔6〕 Ibid..

第三,版权保护的一个首要原则是得到授权使用一个版权作品有且只有获得其权利人或者作者的授权。潜在的使用者需要版权作品的时候需要得到权利人的授权,但由于各种不确定因素的存在,潜在的使用者们对于自己有意向使用的某些版权作品,不能查找或者联系到版权人,从而无法获得授权许可而使用。这个版权领域日益普遍的问题所涉及的这部分版权作品,就是本文所要讨论的孤儿作品。

(二)孤儿作品形成的原因

版权作品变成孤儿作品有很多原因,包括但不限于以下几种:(1)版权作品上并没有提供完整的版权人信息;(2)没有完整的关于著作权归属转让或者没有完整的关于版权人自身情况发生变化的信息;(3)查找版权人存在困难。[1] 在我国国情和《著作权法》的框架下,孤儿作品还会基于如下的原因产生:

1. 著作权的原始取得原则

著作权的保护是自动、长期、稳定的保护。我国《著作权法》第11条第2款规定:创作作品的公民是作者。除了法律特别规定或合同特别约定的情形,创作作品的自然人即作品的著作权人。《伯尔尼公约》规定:作者自作品创作完成之时就自动取得著作权,而无需履行加注版权标记和登记手续。[2] 目前,世界上绝大多数国家的著作权法都采用了著作权的自动取得制度,我国也是如此。虽然早些年,有些国家的版权法采用版权登记制度,如果要在这些国家获得版权法的保护,作者需要履行登记手续,如美国1976年以前的版权制度。但是在过去的一个世纪,版权保护一直处于扩张状态,越来

---

[1] See Library Of Congress, supra note 4, at 4.

[2] 《伯尔尼公约》第5条第2款规定享受和形式这类权利不需要任何手续,也不管作品起源国是否存在有关保护的规定。因此,除本公约条款以外,只有向之提出保护要求的国家的法律方得规定保护范围及作者提供的保护其权利的补救方法。

越多的交易,越来越没有固定形式,这就要求摒弃登记手续,所以在目前的版权制度下,作者不用去版权局登记,就能自动地获得知识产权的保护。也就是作品从"固定到任何有形表达媒介"那刻起,就获得了知识产权保护,而登记的作用只是为了归档而已,这就使得作者获得知识产权保护从本质上变得更加容易。

为了让国内立法更加能与国际接轨而采用的著作权的原始取得制度,一方面虽然让著作权获得长期的保护更加容易,但是另一方面也使得公共领域的作品数量减少,同时还产生了大量的孤儿作品,而且数量之大,大到都可以用"孤儿作品问题"来形容了。[1] 美国大法官布雷耶(Stephen G. Breyer)就该问题发表过见解,他提到:我们需要注意,在这同时,存在共有领域的知识产权就减少了,延长过旧作品的产权保护,则可能使寻找定位作者的成本变得更大。[2]

2. 传统文化的影响

"窃书不能算偷"这句耳熟能详的话虽然是鲁迅笔下孔乙己的经典语录,但也似乎能在一定层面上体现出大部分中国人心中对书籍的观念,即传统文化并不重视保护著作权。在我国,虽然印刷事实要比西方开始的时间早上三个世纪,但是由于我们传统文化的影响,一部分是因为我们的文化所强调的是传承过往,另一部分是因为对外界新事物的怀疑,这两种态度都不鼓励我们重视知识产权的制度。有西方学者甚至认为"中国并不可能存在著作权法",[3] 其理

〔1〕 Ryan Andrews, *Contracting Out of The Orphan Works Problem: How The Google Book Search Settlement Serves as a Problem And Why It Should Matter to Policy Makers*, 19 S. Cal Interdisc. LJ. 97 2009 -2010.

〔2〕 See generally Eldred v. Ashcroft, 537 U. S. P186 -250.

〔3〕 Willian P. Alford, "Don't Stop Thinking About... Yesterday: Why There Was No Indigenous Counterpart to Intelltual Property Law in Imperial China", 7 *Journal of Chinese Law* 3, 29 -32(1993)。Alford 还提到,有限的识字水平和缺乏使大规模商业创新成为可能的公司实体,也是阻碍创设知识产权法的因素。这些因素减少了复制的需求,增加了成本,使得著作权法愈加显得没有必要。

由是中国人识字水平有限和缺乏大规模以商业创新为主的公司实体,这是阻碍我国创设知识产权并将其严格实施的因素。这些因素减少了复制的需求,增加了成本,使得著作权法愈加显得没有必要。但在西方社会,自文艺复兴以后欧洲的文化对新生事物更加容易接受,在那时候书报盛行,并在此之后延续了很长时间,这表明创造既让人恐慌,又被人珍视,他们的观念中,慷慨地授予作者权利而鼓励文学产生,这是一项深思熟虑的政策。

正是由于中西方文化对当代知识产权制度的认识程度以及人们对制度的认同感存在差异,所以导致了版权作品的不同命运。但是我国经济高速发展,要求我们必须实现高度的国际化,这就要求我国相关的法律制度也需要与国际接轨,在世界贸易组织(WTO)的《与贸易有关的知识产权协议》(TRIPs)的要求下,我国2001年的《著作权法》可以被认为是国际化需求下出现的一部现代版权法。立法层面虽然已经相当现代化,但是社会日常生活中,包括许多职业作家在内的广大作者并不是特别重视自己的著作权,其中主要原因还是书籍出版行业并不是一个高利润的行业,作家也不会通过自己书的出版发行而获得丰厚的利益。著名小说家韩寒都抱怨道,虽然身为作家但是其主要收入还是来源于自己作为车手参加赛车比赛获得的奖金。在学术界,从硕士研究生到博士研究生,甚至有些高校教员,每年大量地发表论文、出版书籍,其原因可能只是为了毕业或者完成教学任务,而不能向西方国家的学者一样可以从自己出版的书籍中获得相当丰厚的报酬,这一点从中国书籍的价格和美国书籍的价格就可以看出来。而且,国内的版权法没有美国版权法下高额赔偿的制度,所以版权人也不可能通过侵权诉讼,获得高额的经济赔偿。相反,同样是著作权法规范的电影出版行业,由于其丰厚的利润回报度,业界人员就对其所享有的著作权相当关注,有时甚至过度紧张,如几年前,有人滑稽模仿(或者叫作转换性使用)电影《无极》创作了视频《一个馒头引发的血案》,引起了社会就其是否侵犯著作权的高度关注。

总之,我国文化有着文化传承共享的思想,目前书籍的价格相对低廉,版权人也不会通过版权侵权诉讼获得高额赔偿等一些因素决定了版权人对其出版物的版权重视不高,这也是孤儿作品大量出现,并且社会对该问题关注度也较低的一个原因。

3. 网络传播技术的发展

马克思在他的《资本论》中提到:"每当工业和商业的发展创造出新的交往形式……法便不得不承认他们获得财产的新方式。"[1]我们的版权法总是随着传播技术的革命产生而发展,从印刷术、电子版权到现在的网络版权。可以说,几乎每一次涉及版权的新技术出现,例如印刷技术、广播技术、摄影技术、影印技术、录音录像技术、数字技术的出现,总会给版权制度带来冲击,使原有的利益平衡被打破,最终导致版权法不断作出自我调整。

2002 年,谷歌公司提出了一个数字图书馆计划,试图完成一个宏伟的计划——数字化世界上所有的图书。[2] 这项计划几乎遭到所有版权界人士的反对,先后达成的两个和解计划都被法院否决,其主要问题就是担心谷歌对孤儿作品的垄断,同时也将孤儿作品问题聚焦到人们的视野之中,引起了世界范围内的广泛讨论。

我国作为互联网大国,互联网事业迅猛发展,统计数据显示,我国网民数量已经突破 5 亿人次,微博用户数量突破 3 亿人次,互联网已经成为国人日常生活不可或缺的一部分,也成为人们传播和获取信息的主要途径。一些文学作品,如大家熟悉的《东北往事二十年》

[1] 《马克思恩格斯全集》(第 5 卷),人民出版社 1985 年版,第 72 页。

[2] See History of Google Books, http://www.google.com/googlebooks/history.html. In November of 2005 Google changed the name of *Google Print* to its current name, Google Book Search. Posting of Jen Grant to GoogleBlog, Accessed Nov. 17, 2005, http://googleblog.blogspot.com/2005/11/judging-book-search-by-its-cover.html.

《明朝那些事儿》都是以网络小说的形式在网络上首先发行,随后再以纸质图书的形式出版发行。时事评论,这类实效性的文章更是倾向于利用网络形式传播。学者、教授等学术界人士也纷纷开微博,分享自己的学术观点。这些发表在网络上的文章,由于互联网传播媒介的原因,常常会在瞬间就被转载传播很多次,而其作者的写作目的也更可能仅是分享自己的观点、记载自己的生活,而不是借此获得经济利益,例如在QQ空间里写下一篇日志的人当然不会刻意关注自己对该日志的著作权问题。转载等简单地基于互联网媒介的复制行为常常让网络作品在被转载多次后无法查找其最终来源成为孤儿作品,并且数量规模相当庞大。

二、孤儿作品利用的必要性

(一)孤儿作品在实践中存在的问题

1. 潜在使用人的责任过大

孤儿作品问题在国际范围内持续升温,得到人们的关注,其中一个原因是潜在的使用者可能会因侵权面临高额的损害赔偿或者法院的禁令,而且没有办法降低使用成本。以美国版权法为例,法律规定对每一件侵权作品,法院将会给予从750美元到30,000美元的损害赔偿,[1]对故意侵权的案件,处罚的金额高达150,000美元以上,另外法院判处的禁令也会让已经投产的投资人遭受到毁灭性的打击。[2] 潜在的使用者决定对孤儿作品加以利用,比如某读书网站决定将一部作品扫描后放在网络上提供读者在线阅读,从网站角度来说可能是为了经济利益,比如广告收入、付费阅读等,即便如此,网站的这种行为也会增加公共利益,让知识产品在更好的平台

[1] 17 U.S.C § 504(c) (2006).
[2] 17 U.S.C § 502 (2006).

上共享利用。可是网站作为潜在的使用者,会因此承担侵权诉讼的风险,或者需要花费大量的成本去寻找孤儿作品的版权人,而且网站也没有任何理由让广大的用户来分担这部分成本,一个理性的投资商,是不会选择冒如此巨大的风险或分担过高的寻找版权人的成本,这最终将导致使用者放弃对孤儿作品的使用,这对知识的传播来说是没有任何好处的,也违背了版权法保护著作权的立法目的。

2. 公共领域的范围日益缩小

大量的书籍、音乐、图片和电影作品因"版权所有"并未进入共有领域。同时,很多作品未能得到版权所有者的商业开发,部分版权所有者甚至不知道其作品受到了版权保护。更重要的原因是版权保护期限过长,致使数亿万计的作品退出了共有领域。仍以美国版权法的修订为例,美国 1976 年之前的版权法对版权保护期限是 28 年,另外还有 28 年的刷新期限,就是版权人在第一个 28 年过后的 3 年内需要向版权机构缴纳 1 美元就能享有下一个 28 年的保护期限,若版权人没有缴纳,则作品进入共有领域。[1] 而 1978 年的版权法案规定著作权的保护期限为作者死后 50 年,与《伯尔尼公约》中的规定相一致,而 1988 年的美国 Sonny Bonny 版权法案,更提议将保护期限延长到作者死后 70 年,但只适用于 1978 年以后产生的作品。[2] 1978 年以前的作品,在第一个 28 年保护期限内的仍然需要申请更新期限,但是 1992 年以后的,刷新保护期就不需要申请了,采用自动更新。1978 年美国版权法还规定,1978 年以前的作品,都享有一个 75 年的保护期限,在 1998 年

[1] Copyright Renewal Act of 1992, title I of the Copyright Amendment Act of 1992, Pub. L No. 102 - 307, 106 Stat. 264 (1992) (amending 17 U. S. C. §304 to add an automatic renew term).

[2] Pub. L. 94 - 553, § 302 (a), 90 Stat. 2541 (1976); Pub. L. 105 - 298, 122 Stat. 2827, 1998.

以后延长到了95年,职务作品则从出版之日起95年或从创作之日起120年。[1] 可见一些原本会存在于公共领域的作品,因法律的修订退出了公共领域。我国这样的发展中国家同样存在公共领域缩小的问题,如视频网站优酷网,网站创设初期人们可以轻松地在该网站上观看大量影视作品,但自从该网站2010年12月在美国创业板、纳斯达克上市后,大量的版权信息不明的影视作品从网站上被移除,近年来一种新的"视频指纹识别技术"被该网站应用后,网站上的免费视频资源则变得更为稀少了。可见知识产权相关法律和网络信息相关的硬性规定以及最新识别技术的发展,致使产业界对于版权不清晰的版权作品不会加以利用,缩小了公共领域范围。

3. 不利于促进知识的共享

知识的创造是一个不断积累的过程。一个作者,一个科学家,或者一个发明家,因为站在前人的肩膀上而变得更加有创造力。如果一个人不能从其他人的作品中得到启发,创造知识产权的过程将变得毫无效率。[2] 社会需要让公众可以接触和共享知识文化产品,通过借鉴增加创造的输入来提高社会的效率。在科技进步、人文事业发展的过程中,知识产品的共享起到尤为关键的作用。公共政策的制定者站在社会进步事业的领导者地位,一定要在鼓励人们创造的同时,保证知识被共享和最大范围地利用。如果版权为了保障版权人的利益,而削弱了知识被共享的程度,人们创造出知识财富的动力也很可能会来自人类对自然的爱好或者来自对贡献社会的渴望,抑或建立在诸如"热爱学习""对他人有益""工作道德"等文化

---

〔1〕 Pub. L. 94 - 553, § 302 (a), 90 Stat. 2541 (1976); Pub. L. 105 - 298, 122 Stat. 2827, 1998.

〔2〕 Stanley M. Besen, *New Technologies and Intellectual Property: An Economic Analysis*, Santa Monica, CA: Rand, 1987, p. 44.

价值的基础上。[1] 也就是说有一部分作者可能愿意将自己的知识产品免费提供给社会享用。而在大量的孤儿作品中,这类作品的比例一定不占少数。即使在我们面对孤儿作品的时候,不能把作者的漠视当成对自己著作权的放弃,但是我们也断然不能将孤儿作品打入“冷宫”,[2]仅仅因为找不到版权人而放弃对其使用,将原本可共享的人类公共财富毫无意义地封存起来。因此,出台解决孤儿作品问题的法律迫在眉睫。

(二)法学视角下孤儿作品利用的必要性

著作权制度作为知识产权制度的一部分,也是属于财产法的一部分,但是区别于物权法这种自古罗马以来就存在的财产法制度。著作权制度直到1709年英国的《安娜女王法》后才出现,随后确立了近代意义的著作权思想,可见版权制度这种人为创造出来的制度是带有某些政治目的的。[3]

自然权利主义关注的是作者个人的权利,认为“创造智力作品的所有人类都应有保护他们的精神和经济利益以及包括对他们作品的所有形式的使用的特别权利。”[4]并认为作者的权利不是由法律赋予的,而是存在于人类的法律意识观念之中。欧洲大陆国家多受这种思想的影响,包括《伯尔尼公约》也以这种思想为核心,强调对作者权利的保护。但是这种思想在当前的网络技术环境下受到了严峻的挑战,因为有更广泛的大众参与到了作者创作中,使得作

〔1〕 W. Curtiss Priest, *The Character of Information: Characteristics and Properties of Information Related to Issues Concerning Intellectual Priperty*, Washington, DC: Office of Technology Assessment, 1985, p. 60.

〔2〕 [荷]斯米尔斯、斯海恩德尔:《抛弃版权:文化产业的未来》,刘金海译,知识产权出版社2010年版,第23页。

〔3〕 [美]F. A. 哈耶克:《致命的自负》,胡晋华等译,中国社会科学出版社2000年版,第45页。

〔4〕 Lucie M. C. R. Guibault, “Copyright Limitations and Contracts: An Analysis of The Contractual Overridability of Limitations on Copyright”, In Hague, Kluwer Law Internation, 2002, pp. 8 -12.

者的精神权利包括署名权、修改权、保护作品完整权与人们对作品的衍生创作之间的关系更加紧张。现在更多国家的版权制度更多地体现使用功利主义的思想,认为版权制度的主要目的在于通过鼓励新作品的创作和社会传播还促进社会公众利益,从而尽可能地给更多人带来益处。也就是给予作品版权保护、鼓励和保护个体作者只是为实现公共福利的最大化的一种最优途径,给予作者回报是第二层次的价值追求。[1]

无论哪种理论下的著作权法律制度都没有针对孤儿作品的立法,也就是说各国的著作权法同等地保护孤儿作品和版权人存在的作品,造成法律阻止了公众去利用那些作者已经很多年没有主张过权利的作品。我国的著作权法中也没有规定公众有权利使用孤儿作品的条款,所以当前很有必要通过立法来弥补这个空白,让公众有一个适当的渠道,合法地使用孤儿作品。

(三)经济学视角下孤儿作品利用的必要性

著作权作为知识产权,是一种观点、信息商品,它与物权法意义上的物质商品有着本质的区别。知识产权这种信息的特征是,每个希望利用它的人都能占有它的全部,不会因为他人的占有、使用而存在缺陷。一个学生接受了老师传授的知识,但是老师自己的知识不会因为传授给学生而减少。当代的经济学家称为“公共商品”,这类商品允许消费者联合在一起互不竞争地消费,“就像他借了我的火而点亮了自己的蜡烛,他得到了光但并没有熄灭我的光”。公共商品的明显特征是它们的非排斥性本质,也就是说,一旦一个公共商品出现,要排除不付费的消费者对他的使用是不可能的或者花费巨大的。经济学家认为,当理性的消费者有机会不付钱而接触这些

---

〔1〕 Lucie M. C. R. Guibault, Copyright Limitations and Contracts : An Analysis of the Contractual Overridability of Limitations on Copyright, in Hague, Kluwer Law Internation, 2002, pp. 7 –8.

公共商品的时候,会搭“顺风车”。[1] 如何排除消费者不付费而使用公共产品,这是需要考虑的问题。从传统上来看,纸质书籍、电影、广播电视等都可以很容易地做到这一点。虽然图书馆之类的公共阅览机构存在,出版社可以出版书籍,卖给读者,从而排除一部分不付费使用著作权的读者。电影可以在电影院放映,而收取观众电影票,从而排除“搭便车”问题。广播电视可以通过向观众收取使用费的方式来排除,随着技术的发展,更是可以通过数字电视的模式,开通付费收取观众使用费,来排除不付费使用的群体,从而维护这类著作权使用的效率性。但是,从这些方式策略来看,真正产生作用、具有排他性而得以履行的根本原因,不是法律的作用,而是有形资产(如电影院土地、建筑、内饰等)和传播技术(电影放映技术、数字电视机顶盒技术等)的一种作用。诚然版权法是解决暂有问题的基础,为产业界的各个环节部门之间的制作、发行和扭转、最终市场化销售之间的合同提供保障。法律通过民事诉讼上的侵权赔偿和刑事犯罪刑罚惩罚来防止印刷品的盗版复制和影视作品的非授权性放映。从这个角度来看,版权法对于产业界来说有着系统上的不可或缺的必要性。它从法律层面对非授权的盗版行为给予制止,来加强排他性的权能。版权法保障产业领域内的各个环节可以方便地转让版权作品,同时对非法使用版权作品的人进行惩罚,只要发行者可以通过监督版权作品的使用从而拿到一定的补偿,这个系统就能够非常有效地运行下去。但是,如前面分析过的,随着网络信息技术的发展,人们通过个人电脑登录网站就能轻松获得海量电子书,免费下载高清的最新电影,观看网络电视转播的电视节目的时候,这种排他性的效果就会大打折扣,因为网络这种新技术使得版

〔1〕 [美]贝蒂格:《版权文化:知识产权的政治经济学》,沈国麟、韩绍伟译,清华大学出版社2009年版,第76页。

权作品这种信息传播的渠道扩大到相当大的范围,这就使“搭便车”的人潜在数量扩大而且也更加方便,使得排他性的控制愈加困难。

既然保护知识产权、排除非授权的无偿使用不管从技术手段上还是从法律层面都存在可操作性差、成本大的问题,那能不能将版权制度彻底抛弃,回归到原始的状态呢?有一部分经济学家确实持有这种观点,它们认为这样可以将大型企业文化拆大化小,会创造出公平竞争的市场环境,可以使公共领域再次复兴。持有这种观点的团体在各个国家都相继出现,如2006年在瑞典出现了一个新的党派,它由一群不满当时版权制度的人组成,取名“盗版党”,起初规模不大,也没有在议会中取得任何席位。但是在2006年瑞典大选期间,因为政府取缔了一个“Pirate Bay”(海盗湾)的免费音乐交流网站,而这个网站在瑞典有广大的群众基础,此事件便在群众中引起了轩然大波,“盗版党”也借此造势,吸引了很多党员加入,从而进入人们的视野。[1] 但是由于世界各国的经济发展水平不一,规则和制度的决定权又在各国政府手中,到底适用什么样的版权制度,不是纯粹的法学理论上的问题,还涉及一个国家的经济、国际政治等因素。放弃版权这种呼吁,在知识产权产出高的发达国家显然得不到认可,但是在广大发展中国家,因为群众并没有更多的钱去购买知识产品,似乎又存在可能。但是经济学家认为,最终没有选择彻底放弃版权的这种制度的原因并不是在于效率问题,而是因为“版权保护被取消后的一种不确定性”,[2] 从另一个角度说即使当前的知识产权不能有效地运作,但也并不能保证抛弃版权这种制度是完全

---

〔1〕 [荷]斯米尔斯、[荷]斯海恩德尔:《抛弃版权:文化产业的未来》,刘金海译,知识产权出版社2010年版,第23页。

〔2〕 Stephen Breyer, The Uneasy Case For Copyright: A Study of Copyright in Books, Photocopies, and Computer Programs, *Harvard Law Review* 84:2, 1970, p. 322.

没有缺陷的。[1]

既然放弃版权保护并不可取,作为孤儿作品,能不能得到与非孤儿作品同等之法律保护呢?这么做显然是不合理的,在无论私有或者存在公共领域都很难保证其效率性的前提下,法律的作用应该是在权利所有者的利益和公共利益之间找到一个平衡。对于那些放弃追求自己利益的权利所有人,法律则应该放宽对这类作品的使用限制,从而使公共利益最大化,提升公共产权的使用效率。简言之,就是需要针对孤儿作品特殊化,为潜在的使用者提供合理的法律程序来使用这部分作品。

三、孤儿作品利用的立法模式

(一)对孤儿作品利用的不同主张

1. 合理勤勉的寻找

潜在使用者意欲使用孤儿作品,合理勤勉的搜索是前提条件,但到底怎样的搜索才算得上是合理勤勉,这需要一个标准。关于这个标准,目前没有定论,总结起来大致有如下几点:如潜在使用者是否寻找了作品上的作者信息,并且利用这些信息去寻找定位并联系作者。如果作品上有明确的作者信息,但使用者没有按照信息去寻找作者,就不能被认为是已经尽到了合理勤勉搜索的义务。使用者同样可以去版权局的登记或者备案信息中去寻找作者信息。再如版权人是否就使用的作品在一定级别的官方媒体上发布公告,表明自己利用孤儿作品的愿望来寻找作者。[2]

值得欣喜的是,对于潜在使用者来说,各种新的科技的发展为

---

〔1〕 Stanley M. Besen, *New Technologies and Intellectual Property: An Economic Analysis*, Santa Monica, CA: Rand, 1987, p. 60.

〔2〕 Ai Qianwen, *Study of Legal Issues on Exploitation of Orphan Works*, Thesis for the M. A. Degree in Law College of Politics & Law Central China Normal University, p. 33.

搜索提供了有用的工具。第一种是网络数据库,如各大学术期刊数据库,这些数据库将大量的文献收集起来,提供给大家搜索查阅。第二种是共同创作环境网站,如大家熟知的维基百科。这样的网站包含大量的条目,从数学到历史,就如同一本巨大的百科全书一样,但是维基百科这样的共同创作环境网站又有其不同于百科全书的地方——它的互动性,每位用户都可以编辑或者创建新的条目。另外一种就是社交网络网站,如 Face Book、人人网、新浪微博等,它允许用户自己建立主页,并分享自己的照片、爱好、观点等。孤儿作品的潜在使用者可以使用这些新技术去定位作品的权利人,从而保证达到合理的勤勉搜索标准。对潜在使用者和权利所有者来说,一旦技术手段被包含在了合理勤勉寻找的标准之中,就为双方增加了互相联系上的可能性,这也是合理勤勉搜索要实现的最终目标。

2. 权利人复出后的合理补偿

在孤儿作品被使用以后,权利人一旦复出并主张其权利时,孤儿作品的使用者应当承担对权利人的补偿,支付其合理数额的使用费并尊重作者的权利,如署名权、修改权和保护作品完整权。具体的补偿数额应该按照"侵权行为开始之前,一个有购买欲的购买者,和一个有销售欲的权利人,所能达成的价格"来认定,[1]并且对营利性使用和非营利性的使用区别对待。当然,由于是孤儿作品的缘故,我们不能要求将法定的赔偿额适用于孤儿作品。但是在权利人复出之后,新的使用则不能再按照合理补偿原则,而要按照普通的侵权行为来认定归责。

3. 对禁令救济的限制

孤儿作品的权利人复出以后可以申请法院的禁令,要求使用者立即停止使用作品,但是这种禁令在有些情况下是不应当被使用

---

〔1〕 Orphan Works Act §2.

的,如使用者转换使用、演绎、吸收或者整合被侵权作品,创造出一个新的演绎作品,这时只要向权利所有者提供一个合理的补偿即可。[1] 另外,当使用者前期投资过大的前提下,也应当站在利益平衡的角度不去使用禁令。例如,某出版商将一部孤儿作品再版发行了1万册,只销售了1000册,这时权利人出现并主张其权利时候,应该因使用者的前期投资而考虑允许其继续销售作品,只需从销售收入中给予版权人合理的补偿即可。

(二)孤儿作品的利用的现行模式

1. 登记许可模式

为了加大著作权的保护力度,适应国际条约的要求,大部分国家采取的著作权的自动保护制度。但是这种制度使得孤儿作品问题加剧,导致各方利益产生了不平衡的因素。虽然采用著作权的登记模式有悖于《伯尔尼公约》,但是仅仅针对孤儿作品采用此模式,有一定的可行性。

其中一类登记许可模式是由美国学者劳伦斯·莱辛(Lawrence Lessing)教授提出的,他建议作品完成获得著作权后50年,作者需要向政府缴纳1美元来获得以后的保护,若3年还未缴纳,则作品进入共有领域。[2] 这个模式的好处在于,起初的50年著作权保护符合《伯尔尼公约》的自动保护要求,而且作品在50年后有条件的进入共有领域。其缺点是50年后有条件保护模式本质上仍然有悖于《伯尔尼公约》的精神,而且在第一个50年内没有解决孤儿作品问题。另外,有学者还提出将第一段保护期限缩短,比如缩短到10年,具体针对计算机软件这样更新换代较快的版权作品,以保证其更高

〔1〕 Orphan Works Act §2.

〔2〕 Lawrence Lessing, *Free Culture: How Big Media Uses Techology and Law to Loch Down Culture and Control Creativity*, New York, Penguin Press, 2004, p. 249.

的利用效率。[1] 无论如何,采用续费的登记许可模式,无疑可以促进作品的利用率,提高公共利益,但是由于其本质上违背《伯尔尼公约》的自动保护原则,其可行性仍然值得探讨。

另一种登记许可模式是谷歌公司与美国出版者协会针对美国国内孤儿作品问题达成的谷歌图书和解协议(Google Book Search Settlement)中所提出的建立一个版权登记处(Book Right Registry)来解决孤儿作品问题的方式。2008 年 10 月 28 日,谷歌跟作者、出版商就谷歌图书馆计划中使用的著作权的两个相关诉讼达成了协议。协议同意谷歌使用选择性退出模式(opt-out)建立数据库和搜索引擎的前提下,不需要得到作者或者出版商的明确授权即可使用孤儿作品。协议要求谷歌支付 1.25 亿美元,其中 0.345 亿美元用来建立版权登记处,该系统建立的目的就是充当一个中介,让版权所有者来确定自己是不是从使用者那里得到了报酬。[2] 作用类似于美国的作曲家、作家、出版者协会(American Society of Compose, Authors and Publishers)。

这种图书登记处的最大优点在于其在实践中的作用,它可能会

---

〔1〕 William E. Landes and Richard A. Posner, Indefintely Renwable Copyright, 70 U. *Chi. L. Rev.* 471, 517. 2003. A similar proposal was made by Lawrence Lessing, who suggested a copyright term of five years, renewable fifteen times. See Lawrence Lessing, The Fulure of Ideas: The Fate of the Commons in a Connected Word, 2001, p. 251.

〔2〕 See Proposed Settlemt, Authors Guid v Google Inc., No. 05 CV 8136 (S. D. N. Y filed Oct. 28, 2008), availabe at http:// www. googlebooksettlement. com/r/view _ settlement _ agreement [hereinafter Settlement]. This settlemnt agrement would also settle the related publisher Lawsuit, McGraw-Hill Cos. V. Google, Inc., No. 05 CV 8881 (S. D. N. Y. complaint field Oct. 19, 2005). Just prior to publication of this Note, the fairness hearing scheduled for Octber 7 2009 was delayed, at the request of the plaintiffs, to allow thime for the parties to negotiate modifications to the settlement agreement. See Tom Krazit, Google Books Hearing Officially Delayed, Accessed, Sept. 24. 2009. http://news cnet. com/8301 - 30684_3 - 103612320265. html. This request was made shortly after the U. S. Depart of Justice filed a Statement of Interest with the court describing its views regarding the proposed settlement of justice filed a Statement of Interest with the court describing its views regarding the Proposed Class Settlement, Authors Guild v. Google Inc., No. 05 CV 8136 (S. D. N. Y filed sept. 18 2009), Accessed Oct. 10, 2010. http://thepublicndex. org/doce/letters/usa/pdf.

发展成为非常成功的集体权利管理组织,从而使电子书市场的交易成本极大地降低,另外谷歌还会以孤儿作品的授权为题给予一个精确的价值评估,同时最大限度地促进对作品的开发利用。但是图书版权登记处存在一个垄断性问题,可能会使登记处来给图书定价,从而榨取使用者的利润,从而导致最终由读者来承受高昂的价格。另外,协议给予了谷歌"最惠"条款,使得谷歌公司有可能成为可以高效快速解决孤儿作品高昂交易成本问题的唯一的一家公司,这也遭到谷歌的竞争对手们的强烈反对。该协议分别在2009年11月和2011年3月修改过两次,但目前还是被纽约州南区联邦地方法院驳回,理由是"不全面、不合理、不公平"。[1]

上述两种主要的登记许可模式,都能在一定程度上解决一部分孤儿作品问题,但是都有其各自的缺点,无论是违反《伯尔尼公约》还是存在垄断性问题,这些都是不可忽视的,因此该模式在解决孤儿作品问题的时候作为一个辅助性解决机制或许更加适宜。

2. 侵权抗辩模式

版权法给予著作权保护,如同其他知识产权一样,版权法同样规定了著作权使用的例外和限制,如合理使用法定许可和强制使用等。这些法定抗辩事由可以让人们在未得到权利人授权的情况下使用版权作品,这是法律平衡利益的体现。权利人通过证明自己存在法定的抗辩理由而不承担侵权责任。孤儿作品中的一部分可以通过这些侵权抗辩理由被加以利用。

首先提到的是合理使用原则。以英国、加拿大为代表的普通法系国家和以德国、法国为代表的欧洲大陆法系国家在合理使用的概念上虽然极不相同,但是也算殊途同归,都概括了版权法的限制的

---

〔1〕 CNET 新闻对于法官拒绝此和解协议的报道。Greg Sandoval, "Judge in Google Books case says no ruling Thursady", Accessed Feb. 18, 2010. http://news.cnet.com/8310-31001_3-10455667-261.html.

例外归责,并以明文列举的方式详细列明了各种版权例外情形。具体来说,美国法律在衡量合理使用时候采用四要素模式,分别是:(1)使用的目的和性质,如是否为商业性使用或转换性使用;(2)版权作品的性质,如是否非描述事实的作品或虚构的作品,是否是尚未出版的作品;(3)被使用作品的数量和质量;(4)该使用对市场的影响。〔1〕 英国的判例发展出如下几个在衡量合理使用时的要素:(1)被使用作品的性质;〔2〕(2)取得作品的途径;〔3〕(3)被使用作品的数量;〔4〕(4)使用的目的;〔5〕(5)对市场的影响;〔6〕(6)是否存在其他选择。〔7〕 我国《著作权法》第22条也列举了12种版权例外的情形,与欧洲大陆法系国家类似。合理使用原则使得潜在使用者可以不经过权利人授权,不支付使用费,只需在尊重作者著作人身权的前提下使用版权作品。这确实解决了一小部分孤儿作品问题,但是这部分孤儿作品本身就是合理使用原则设计的目的。另外,由于合理使用的抗辩原则是一种事后补救模式,因此受到法院裁判的影响,并且存在基于个案审查带来的本身诉讼成本。

其次是著作权的法定许可和强制许可制度。法定许可制度是指依据法律规定不需要获得他人授权即可使用他人作品,但需支付

---

〔1〕 参见美国《版权法》(2000)第17条U. S. C §107 (2000)。

〔2〕 若某作品尚未发表,则该因素的认定不利于被告。参见 *Hyde Park Residence Ltd. V Yelland*,[2000]EWCA Civ 37,[2000]3 W. L. R. 215。

〔3〕 若某人窃取或违反保密协议获取作品,则该等使用较难被认为具有合理性。参见 *Beloff v. Pressdram Ltd.* (1972),[1973]1 ALL E. R. 241 at 264。

〔4〕 该因素的判断与美国所采用的方式相似。换言之,总体上来说使用的数量越少,则越容易构成合理使用。然而,法院也可能认定复制整部作品的行为也是合理的。

〔5〕 该因素考虑的是该等使用是出于商业性目的、转换性目的抑或是利他性目的。参见 Newaspaper Licensing Agency Ltd. v. Marks & Spencer PLC,[1999]R. P. C 536,[1999]E. M. L. R 369 (C. A.);Hyde Park Residence Ltd. v. Yelland,[2000]EWCA Civ 37,[2000]3 W. L. R. 215., at para 36; Pro sieben Media AG v. Carlton U. K. Television Ltd. (1998),[2000]E. C. D. R. 110。

〔6〕 若该作品可代替原作,则较难成立公平交易。

〔7〕 若该交易存在其他选择,则较难达成公平交易。

一定费用的制度。强制许可与法定许可类似,但有一个前置程序,使用人需先向权利人申请使用,被拒绝后向国家有关部门申请强制使用,并且支付权利人使用费的制度。法定许可即立法规定对孤儿作品可以加以利用,但是其问题在于如何界定孤儿作品,这是孤儿作品的根本问题,而法定许可制度在没有解决这个问题的前提下被提出,必然是舍本求末,将导致权利的滥用,损害作者正当权利。强制许可模式要求建立一个授权机关来办理许可,其优点是程序简单,颁发使用许可前存在审查也与《伯尔尼公约》的要求保持一致。其缺点在于对前置赔偿额度的确立存在难题。

综上,侵权抗辩模式能解决一定范围内的孤儿作品问题,也能满足《伯尔尼公约》自动保护精神的要求,但是其缺点在于本身的诉讼成本高昂,以及司法审判带来的不确定性等。这种模式用于解决孤儿作品问题,也不能十全十美。

四、我国孤儿作品利用的立法现状

(一)我国参加的国际条约

我国在 1992 年 10 月 15 日成为《伯尔尼公约》的成员国,公约要求成员国履行公约义务,即在著作权方面采取原始取得原则,这是孤儿作品为什么会在我国大量存在的原因。同时,我国也是 WTO 的成员国,所以我国要履行 TRIPs 的要求,而 TRIPs 中的要求基本与《伯尔尼公约》中的基本规定相同。我国加入的这些国际公约或协议,制定年代过早,所以其中没有涉及解决孤儿作品这个比较新的问题的条款,但无论如何国内法在解决孤儿作品问题时需要在这些条约的框架内进行。

(二)国内法中的规定

1. 1991 年《著作权实施条例》中的报酬转递机制

我国旧的《著作权法实施条例》(1991 年颁布)第 49 条针对法

定许可中的权利人地址不明确的情况作出如下规定,"……使用他人已发表的作品,应向著作权人支付报酬,著作权人或者著作权人地址不明的,应在一个月内将报酬寄送国家版权局制定的机构,由该机构转递著作权人"。该规定虽然没有明确说明针对孤儿作品,仅仅是一种著作权的法定许可模式下的一些问题的处理办法,但是它确实与孤儿作品的解决机制存在一定的相同之处,对解决孤儿作品问题有一定的参考价值。但是,国家版权局在 2001 年《著作权法》修订后,缩小了法定许可的范围,并在 2004 年发出通知,取消了报酬转递机制,其原因不得而知。[1]

2. 现行《著作权法》与《著作权实施条例》中的规定

如上所述,新《著作权法》与《著作权实施条例》取消了原来的薪酬转递机制,同时缩小了法定许可的范围。同时针对作者身份不明的作品作出了一些规定。《著作权法实施条例》(2002 年颁布)第 13 条规定:"作者身份不明的作品,由作品原件的所有人行使除署名权以外的著作权。作者身份确定以后,由作者或其继承人行使著作权"。根据该款规定,在作者身份不明的情况下,由原件持有人行使著作权,这样的规定在一定程度上鼓励了对版权作品的应用,但是在如今的网络信息发达的年代,数字化作品(如论文的电子稿)的原件与复制件已经无法区别,所以该条款已经无法应对当下的孤儿作品问题。

3. 我国《著作权法》中著作权的限制制度

我国《著作权法》第 22 条规定了对著作权合理使用制度及其使用范围;第 23 条、第 33 条、第 40 条、第 44 条规定了四种法定许可使用制度;目前没有著作权强制许可制度的规定。这些制度的利弊可

〔1〕《国家版权局关于同意中国版权保护中心停止法定许可著作权使用报酬收转的批复》,国权〔2004〕5 号。

以纳入本文第三部分关于侵权抗辩模式中的分析,在此不作赘述。

五、我国孤儿作品利用的立法建议

(一)立法态度

通过上述分析,孤儿作品作为一种处在特殊状态的版权作品,其规模庞大,并且无合理的途径开发利用,法律应当给予其足够的重视。一方面法律要保护版权人的利益,另一方面要平衡社会公众的利益,所以需要尽快出台针对孤儿作品问题的立法。但是,孤儿作品问题涉及的因素太多,很难找到一个各方利益的切合点,并且各种立法模式都有其优缺点,没有一种模式能够尽善尽美地解决该问题。通过研究该问题,笔者在此只能提出一个独特的观点,尝试给众多的解决机制一些补充,希望能起到被借鉴参考的作用,尝试针对孤儿作品的利用建立一种新的抗辩权,下面将展开该抗辩权的具体内容。

(二)新抗辩权理论的建立

1. 逆权侵占在知识产权领域的使用

逆权侵占(adverse possession)[1]这个普通法上的概念,也叫逆占有、对立占有、相反占有、时效占有,与真正所有人的权利不一致的对不动产的占有。即占有人本不享有合法占有权,却如同所有人一样对不动产实施事实上的、持续性的、公开的与明显的占有,并意图排除包括真正所有人在内的其他一切人的权利。这一占有状态可能为自始存在的,例如非法侵入(trapass)他人土地并据为己有;也可能是后来构成的,例如起初作为合法的承租人占有土地,后来停交租金。逆占有可以生成两个重要的法律后果(1)它使占有人的占有权利如同在其他占有情况下一样受法律保护,排除有人能证明其拥有有限的权利(better title);(2)如果有人保持这一占有状态达到一段法定

---

〔1〕 薛波主编:《元照英美法词典》,法律出版社2003年版,第42页。

时间——在英国法中为12年,若属国王或宗教与慈善机构的土地则为30年;在美国各洲法律中一般为5~20年不等,推定该土地已被授予(grant)占有人。真正的所有人丧失将来要求收回土地的诉权,即使其对上述占有事实并不知晓。对于不动产的实效取得,它存在的目的是推动私有不动产的自由扭转(free transferability),[1]但是在知识产权领域,却没有相关的理论。诚然,对知识产权实行严格的逆权侵占可能会导致不利的结果。但是此原则背后的"自由扭转"却是值得借鉴的价值,完全可以在知识产权领域适用,因为法律需要推动知识产权的自由扭转。

2. 具体内容——构成要件及其效力

针对孤儿作品的抗辩权理论,由两个阶段组成。第一个阶段,是作者不能用这条抗辩事由来抗辩,除非过3年,并在这3年内对版权人"勤勉合理的搜索"。第二个阶段根据个案的不同而不同,如果版权人在10年内出现,当其知道或者应当知道时候,该理论只可以仅仅作为侵权抗辩的一个事由。而如果权利人10年内不出现,则所有人可因此对版权作品正当使用,即产生"专有权"进入公共领域的效果。

在第一个阶段,孤儿作品使用抗辩的构成要具备以下四个要件:(1)进行孤儿作品抗辩的主体只能是已经经过3年勤勉合理搜索的潜在使用者,除此之外的其他人不得使用孤儿作品抗辩权。(2)孤儿作品抗辩的对象应当是作者或者权利人著作权的经济权利的侵权请求,不针对人身权利。(3)孤儿作品抗辩提出的事由必须是潜在使用者有使用孤儿作品的意愿,并经过3年勤勉搜索,但未找到作者或权利人。(4)孤儿作品抗辩必须针对特定的作品。孤儿作品的抗辩只能针对特定作者的特定作品,不能延升到作者或权利人

[1] William B. Stoebuck and Dale A. Whitman, *The Law Of Property* 860, West Academic Publishing;3rd edition,2000,p.860.

的其他未经过3年勤勉合理搜索的版权作品。当满足这些构成要件时候,由此产生的效力是搜寻人获得使用孤儿作品的权利,并且不用向作者或权利人支付报酬,作者或版权人不得阻止搜寻人使用。

在第二阶段,孤儿作品使用抗辩的构成要具备以下四个要件:(1)进行孤儿作品抗辩的主体可以是任何人。(2)孤儿作品抗辩的对象应当是作者或者权利人著作权的经济权利的侵权请求,不针对人身权利。(3)孤儿作品抗辩提出的事由是满足第一阶段被使用的作品,再经过7年,且使用人在7年尽了合理注意的义务时,作者或权利人仍然没有出现。(4)孤儿作品抗辩必须针对特定的作品。孤儿作品的抗辩只能针对特定作者的特定作品,不能延伸到作者或权利人的其他版权作品。当在第二阶段满足这些构成要件时,产生的效力是孤儿作品进入共有领域,即任何人可以使用该作品,且不用向作者或权利人支付报酬。

3. 新辩权理论存在的合理性

新的理论有其优点,首先对于目前的著作权法来说,它满足了自动保护原则。同时跟合理使用一样,需要法院进行个案衡量,看是否具备其使用该抗辩的合理性。最终该理论使孤儿作品的权利人因为缺少对其权利的方式,而使作品得以传播。

这种新的理论包含了很多对孤儿作品的保护。比如它触发了孤儿作品的时钟,对原告著作权上的抗辩这就足够了。(比如侵权行为可能发生在侵权人的家中,以至于权利人根本不可能知道侵权的事情。)但是只要发生在被告的行为经历了一个3年对权利人的搜索之后,这就类似于逆权占有,它要求占有者保持占有状态持续一段时间。在孤儿作品的案例中,被告需要持续寻找3年,才能获得一个使用该抗辩的权利。被告不能只去寻找一个月,然后等上35个月,最后获得抗辩的权利。另外"合理尽职的审查"和从首次侵权开始的10年保护期间,这两点就能够对版权人的权利起到保护作用,保护其权利免受不可逆转的损失。

同时,孤儿作品的抗辩权理论缓和了保护版权人权利时面对的垄断问题。在3年实施到10年审查之前,只是在个案中产生抗辩,但是10年之后,这种抗辩就成为一个合法性抗辩事由,也就是该作品进入共有领域,这个规则也避免了垄断问题。

原来著作权的潜在使用者们如果想利用一个版权作品,只有等待作者死亡后,保护期到期,现在这个"3年"可以给他们提供另一条路。这种类似于逆权侵占要求的持续占有,即必须持续占有该财产直到一个法定的期限。类似地,被告在此期限内不能有侵权行为,但是仍然要搜索权利人,直到3年后才可以使用这个抗辩事由。此外,被告被要求去寻找版权人而且失败,实行了合理的审查义务,尽管这个要求比善意原则要高,但是他不要求被告在搜索中涉及所用到的资源,而且,被告只需要进行一个普通级别的搜寻,正对他所想获得许可使用的书的价值来说,是值得的。从经济学的市场角度来说,这个理论可以聚焦于潜在的市场,当作品的市场价值非常大的时候,被告会在使用抗辩权前,通过投资来寻找版权人以期待占有市场,相反,当该作品的市场几乎不存在的时候,被告也不会花费大量的钱去寻找权利人。

4. 新理论对现行法律的影响

本理论在我国现行的著作权法合理利用列举的条款基础上增加了一条针对孤儿作品的利用抗辩事由,能在一定程度上解决孤儿作品问题。同时,还增加了有条件地使孤儿作品进入共有领域的途径,解决了其他方法可能产生的垄断问题。同时也没有使我国版权法违反《伯尔尼公约》的义务[1]。

---

〔1〕 See Berne Convention Implementation Act, Pub. L. No. 100 - 568, 102 Stat. 2853, 1988.

(三)具体法条之设计

关于本理论的具体法条设计,可以在著作权法第二章第四节"著作权的限制"第22条中增加一款,作为第13款,规定:作者或著作权人身份不明的或无法联系的,经过勤勉搜寻3年仍无法确定作者或著作权人的作品。

同时再在第23条后面增加一条规定:依照本法第22条第13款规定被使用的作品,经过10年,仍然无法确定作者或著作权人的,任何人可以不经著作权人许可,不向其支付报酬,但不得侵犯著作权人依照本法享有的其他权利。

六、结 语

孤儿作品的问题至今没有盖棺定论。但是我们可以明确的是,随着一个多世纪以来的对大部分著作权问题的讨论,孤儿作品问题相对来说是个小问题,随着数字时代的到来,延伸版权领域,世界的主流趋势要求立法与司法反思整个著作权制度。在目前的著作权立法下,作品已经大部分甚至全部受到著作权法的保护。期待本文提出的观点,作为众多解决孤儿作品问题的一个补充,可以对孤儿作品司法制度的建设作出贡献。

转化性使用法律问题研究

马英俊*

摘　要:我国合理使用制度机械地移植了美国合理使用中的"四要素标准",从而忽视了转化性使用在合理使用认定中的地位。因此,没有认识到转化性使用存在的正当性,并且对于转化性使用没有一个统一的判断标准。转化性使用是指一个二次使用原作的行为增加了原作的价值或创造出原作所不具有的新的信息、新的艺术美感、新的视野或新的理解。转化性使用与合理使用密不可分但又有千差万别,一个使用行为转化程度越高越有可能构成合理使用,但这也并不代表对合理使用的认定不需要考量合理使用的另外三项构成要素。转化性使用理论的理论根基在于:第一,作品本质——传播性以及有益于外部性的特征是转化性使用得以存在的正当性理论基础;第二,对于使用

* 马英俊,辽宁大学法学院2017届民商法学硕士毕业生。

行为的研究是转化与否的界分。在此基础之上,以转化性使用的基本概念与转化性使用的理论根基为分类标准比以文学艺术作品的门类为分类标准更具有开放性与可操作性。因此,将转化性使用分为内容转化性使用、目的转化性使用和内容与目的相结合的转化性使用。内容转化性使用这一类别常常被忽视,更有甚者将属于内容转化性使用的案件直接适用目的转化性使用的标准来认定或是加入自己的认定标准。内容转化性使用需要解决的中心问题是需要对原作哪些内容、多少内容进行转化,并需要判断转化出了多少新的内容,在此问题的研究上得出了内容转化性使用的判断标准,即需要考查原作的内容是否具有可分性,从而划分出更小的元素来辨识其是否是"二次使用行为"所必不可少的。目的转化性使用最集中的问题在于判断文章的目的时应从谁的视角出发才是正确的路径,普通民众的合理感知才是正确的路径。从而得出一个具有层次性的判断目的转化性使用标准:先分析原作与新作的基础性目的,如果基础性目的是相同的再深入考量作品的附加性目的,通过这个层次性的判断标准解决目的转化性使用的适用。在内容与目的相结合的转化性使用这一类别中,主要解决的是内容与目的这两个方面在判断顺序上容易发生争议的问题。由于文章的目的首先会呈现在读者的眼前,并且对于内容转化性使用在辨别的时候也是先考察文章的基础性目的与附加性目的,所以以遵照客观事实的态度,在认定内容与目的相结合的转化性使用时,先要判断其是否构成目的转化性使用,之后再考察是否构成内容转化性使用。

关键词:转化性使用　合理使用　内容　目的

一、转化性使用在我国适用中存在的问题

美国著作权法将转化性使用作为合理使用第一要素的判断标准的做法已经在我国的司法实践中得以尝试。虽然在尝试之中产

生了较强的说服力,但是转化性使用存在的理论基础以及对转化性使用的认定还是处于模糊的状态。

(一)我国合理使用制度对"因素主义"立法模式的尝试

我国在司法实践之中已经开始慢慢地尝试新的合理使用的判断标准,引入的就是美国著作权法所使用的"因素主义"的认定方法。"因素主义"下的合理使用制度并不像我国立法中所采取的完全列举的方式,"因素主义"立法模式对合理使用有一个统一的判断标准,即构成合理使用需要满足以下四个要素:(1)使用的目的和性质;(2)著作权作品的性质;(3)所使用部分的质与量以及与原作品的关系;(4)在新作中的使用对原作的市场的影响。[1]

1."四要素标准"的机械适用

我国在司法实践之中已经开始跃跃欲试地适用"四要素标准"来判断合理使用,并且在理论界已经开始倡导将"四要素标准"引入到我国的著作权法之中。2011 年 12 月 16 日,最高人民法院出台了《最高人民法院关于充分发挥知识产权审判职能作用推动社会主义文化大发展大繁荣和促进经济自主协调发展若干问题的意见》(以下简称《意见》),《意见》第 8 条规定:"妥当运用著作权的限制和例外规定,正确判定被诉侵权行为的合法性,促进商业和技术创新,充分保障人民基本文化权益",[2]"考虑作品使用行为的性质和目的、被使用作品的性质、被使用部分的数量和质量、使用对作品潜在市

[1] 美国《著作权法》第 107 条的规定:"(1) the purpose of the copyrighted work; (2) the nature of the copyrighted work; (3) the amount and substantiality of the portion used in relation to the copyrighted work as a whole; (4) the effect of the use upon the potential market for or value of the copyrighted work."

[2] 《最高人民法院关于充分发挥知识产权审判职能作用推动社会主义文化大发展大繁荣和促进经济自主协调发展若干问题的意见》第 8 条规定:"妥当运用著作权的限制和例外规定,正确判定被诉侵权行为的合法性,促进商业和技术创新,充分保障人民基本文化权益。……考虑作品使用行为的性质和目的、被使用作品的性质、被使用部分的数量和质量、使用对作品潜在市场或价值的影响等因素,如果该使用行为既不与作品的正常使用相冲突,也不至于不合理地损害作者的正当利益,可以认定为合理使用。"

场或价值的影响等因素，如果该使用行为既不与作品的正常使用相冲突，也不至于不合理地损害作者的正当利益，可以认定为合理使用”。[1] 这一规定其实融合了美国著作权法规定的合理使用的“四要素判断标准”和《伯尔尼公约》中所提出来的“三步检验标准”。

在《意见》的指导下，“四要素标准”首次被写入到合理使用的判决书中。在北京书生公司诉上海玄霆侵犯著作权纠纷上诉案[2]中，书生公司在其“读吧”网站的搜索结果中复制了涉案作品的简介、集、章序号和名称，对此行为是否构成侵权，法院认为，“应当综合考虑使用作品内容的数量、目的、性质以及是否对权利人造成实质损害等因素进行判断”。对于使用的目的、作品的性质、使用的数量、对作品市场影响四个方面，法院逐个分析认为，书生公司在搜索结果中“仅提供了涉案作品的较为简短的简介、集、章目录，所提供的信息仅为最低限度的整体框架”，其目的在于“为用户区分不同的搜索结果提供方便”，考虑到这一使用量在整个作品中“所占比例极小”，“没有对涉案作品的市场价值造成不利影响，也不会对涉案作品的发行和传播构成威胁”。最终，法院认为，书生公司的这种使用行为构成合理使用，无须征得著作权人的许可，未构成对权利人著作权的侵犯。

从“北京书生案”中可以看出，我国法院已经将美国合理使用的“四要素标准”直接适用到案件审理之中。但是，我国在适用美国

---

〔1〕《最高人民法院关于充分发挥知识产权审判职能作用推动社会主义文化大发展大繁荣和促进经济自主协调发展若干问题的意见》第 8 条规定：“妥当运用著作权的限制和例外规定，正确判定被诉侵权行为的合法性，促进商业和技术创新，充分保障人民基本文化权益。……考虑作品使用行为的性质和目的、被使用作品的性质、被使用部分的数量和质量、使用对作品潜在市场或价值的影响等因素，如果该使用行为既不与作品的正常使用相冲突，也不至于不合理地损害作者的正当利益，可以认定为合理使用。”

〔2〕 北京市第一中级人民法院民事判决书（2012）一中民终字第 4035 号。

"四要素标准"时只看到了美国著作权法法条中规定的这四个要素,但是"四要素标准"在美国司法实践中的主流观点认为,在判断第一要素"使用的性质和目的"之时,应运用勒威尔(Leval)法官在其文章《合理使用的认定标准》(Toward a Fair Use Standard)中明确指出的"转化性使用"的判断标准。

2. 转化性使用在学界与实践中引起关注

2006年胡弋拍摄的《一个馒头引发的血案》引起了学术界对"滑稽模仿"作品的研究,这也正是转化性使用规则在我国的发端。王迁教授在其文章中指出,"讽刺模仿"是对原作特殊形式的评论,为达到讽刺评论的目的,需要对原作进行大量使用,但是其使用原作的目的是出于"评论",具有"转化性"。"转化性使用"并非是为了单纯地再现原作本身的文学艺术价值,或实现其内在功能或目的,而是通过"转化性使用",可以产生促进文学艺术发展的著作权法宗旨的作用。〔1〕学者梁志文认为,"从比较法的角度来说,滑稽模仿、讽刺行为是否属于合理使用,考虑的因素主要集中在作品的性质和创作意图方面",〔2〕"滑稽模仿"作品的"转化性"使其具有了独立性,没有减少对原作的市场需求。〔3〕另外,学者苏力在探讨"戏仿"的合理性时,已经注意到要判断"戏仿或有戏仿因素的作品"更重要的是看"与被戏仿作品是否有替代性",明确提出在司法实践中,不应该仅仅关注使用行为是否有营利目的,更应该关注"替代性",〔4〕而苏力在文中提出的"替代性"其实就是"转化性"。

---

〔1〕 王迁:《论认定"模仿讽刺作品"构成"合理使用"的法律规则——兼评〈一个馒头引发的血案〉涉及的著作权问题》,载《科技与法律》2006年第1期。

〔2〕 梁志文:《论滑稽模仿作品之合法性》,载《电子知识产权》2006年第4期。

〔3〕 梁志文:《作品不是禁忌——评〈一个馒头引发的血案〉引发的著作权纠纷》,载《比较法研究》2007年第1期。

〔4〕 苏力:《戏仿作品的法律保护和限制——从〈一个馒头引发的血案〉切入》,载《中国法学》2006年第3期。

李雨峰、张体锐法官认为,滑稽模仿要符合著作权法的立法宗旨需要满足三个条件:(1)挪用了他人作品中的独创性表达;(2)以原作为批评对象;(3)目的是调侃、批评、颠覆原作。[1] "滑稽模仿"一般指对被借用作品的嘲弄,被借用作品既是滑稽模仿的武器,也是滑稽模仿的目标。[2] 这两位法官对"滑稽模仿"做出了总结性的评价,认为只要符合上述的三个条件就能构成转化性使用。

詹毅律师在其文章《论网页快照的转化性使用价值——以泛亚诉百度一审判决为视角》通过描述泛亚诉百度案的案情从而介绍了"转化性使用"理论。他认为转化性使用是合理使用第一要素"使用的目的和性质"的判断标准。使用行为越具有"转化性",对原作市场的替代作用就会越小。[3]

在王某诉北京谷翔信息技术有限公司、谷歌公司侵犯著作权一案[4]中,法院在判决书中利用合理使用的四要素对本案进行了分析,并首次运用了转化性使用理论分析"使用的性质和目的",最终认定谷歌公司的此种行为已经构成对原作的转化性使用,不会对其作品的正常使用造成影响,亦不会不合理地损害原告的合法利益。

(二)我国在界定转化性使用的过程中产生的问题

"转化性使用"对于我国著作权领域来说还是一个新生的概念,对其研究的理论也多是局限在对"滑稽模仿"与"网页快照"这两类案件的讨论之中。学者们多是借用"转化性使用"的理论将这两类案件归入合理使用的范畴,但这样也忽视了"转化性使用"理论的博大精深。

1. 未认识到转化性使用存在的正当性

仅借用"转化性使用"理论将发生的"滑稽模仿"与"网页快照"

---

〔1〕 李雨峰、张体锐:《滑稽模仿引发的著作权问题》,载《人民司法》2011 年第 17 期。

〔2〕 同上。

〔3〕 詹毅:《论网页快照的转化性使用价值——以泛亚诉百度一审判决为视角》,载《法治论丛》2010 年第 2 期。

〔4〕 北京市第一中级人民法院(2011)一中民初字第 1321 号。

类案件归入合理使用的范畴之中,未免太过于大材小用。如果局限在“滑稽模仿”“网页快照”这几个类别下进行研究,那转化性使用的适用范围有变窄的可能性。

我国对于转化性使用的分析还主要停留在“市场中心主义”(market-centered fair use rulings)时期,这也并令人不大惊小怪,因为合理使用的第一要素“使用的性质和目的”在美国著作权法的法条中确实明确规定了“商业性使用还是非商业性使用”,但是“市场中心主义”因为具有一定的局限性,有的使用行为应该是转化性使用而可能会被误认为未构成转化性使用。

我国对于转化性使用的研究多停留在表征现象:是否具有转化性。是否具有转化性需要对作品进行类型化分析才能得出结论而不能笼统地考虑这个问题。对于转化性使用存在的理论根基的认识也多有偏颇,如果仅仅从公共利益来考量其存在的理论根基不能很好地诠释这个问题,还需注重著作权产生的本源——作品和使用行为。

2. 未统一转化性使用的判断标准

如果打算在实践之中很好地适用转化性使用的理论,还是需要对转化性使用进行必要的分类。因为不同类别下的转化性使用其认定标准也是不同的,只有将每个类别在适用中产生的问题分析清楚,才能将转化性使用的判断标准界定清晰。华东政法大学的钟山同学在其硕士论文《美国版权法中的转换性使用研究》中简要提到了对于转化性使用的分类标准,他在论文中将转化性使用分为艺术类作品、文学类作品等,[1]这样的分类方式有一定的合理性,可以明确每类作品的判断标准,可预测性较强,但是这样的分类并不能囊括未来可能发生的新类型的转化性使用,那么转化性使用也将因此

---

[1] 钟山:《美国版权法中的转化性使用研究》,华东政法大学2015年硕士学位论文。

遇到我国合理使用制度所面临的制度僵化不具有灵活性的问题。

因此,笔者书写这篇文章目的在于将转化性使用存在的理论根基辨析清楚,然后对转化性使用以一定的标准进行合理的分类,确定不同类别下的转化性使用的判断标准。

二、转化性使用的概述

转化性使用是美国著作权法上的概念,它是由美国大法官勒威尔在其发表的名为《合理使用的认定标准》一文中提出的。勒威尔法官运用多年实务操作经验具体分析了美国著作权法合理使用的四要素判断标准,并着重强调了第一项判断要素"使用作品的性质和目的"不应仅仅局限于商业性与非商业性的判断之中,而需关注使用的过程是否对作品进行了转化。

(一)转化性使用的确立进程

1976 年美国著作权法引入合理使用的"四要素"判断标准之后至 1990 年之前,虽然确立了合理使用制度,但是美国法院还是倾向于保护具有私人排他性质的著作权而并不考虑著作权法是否能惠及社会的公共性质。在这一阶段对合理使用的理解也仅仅停留在著作权设立之初的目的。但到了 1990 年,勒威尔法官提出"转化性使用"的概念之后,合理使用关注的焦点聚集到著作权法的本质——"作品"上来,"转化性使用"运用到合理使用的认定中逐渐兴盛起来。

1. 转化性使用概念的提出

在"市场中心主义"[1]时期,美国法院倾向于保护具有私人排他性质的著作权而并不考虑著作权法能否惠及社会的公共性质。索

---

〔1〕 Pitino, Jenifer, Has The Transformative Use Test Swung The Pendulum Too Far In Favor Of Secondary Users?, *The Idaho State Bar* 26(1), 2013, p. 2.

尼案(Sony Crop. of American v. Universal City Studio, Inc.)和哈珀案(Harper & Row Publishers, Inc. v. Nation Enterprises)揭示了合理使用在这一时期认定中主要考虑的是合理使用的第四个要素即使用行为对原著作权作品的潜在市场的影响。

在索尼案中,索尼公司制造出了一种型号为 Betamax 的录像机。消费者使用这种型号的录像机,能够录制电视频道所播放的电视节目。在关闭电视或转换频道之后,消费者可通过回放录像机中录制的电视节目,再次欣赏到电视频道已经播出的电视节目。因此,环球电影公司将索尼公司起诉到法院,认为消费者在没有得到著作权人同意的情况下复制其著作权作品,消费者构成著作权侵权,而索尼公司构成的是帮助侵权。

被告索尼公司认为,自己是通过"时间转移"(time-shift)的方式将电视节目在不同的时间段提供给有需求的人观看,并没有侵犯原著作权人的权利,属于合理使用的范畴。但是联邦第九巡回法院执拗于合理使用下的"市场中心主义",他们认为"时间转移"的理论不具有生产性使用(productive use)的性质,因此不构成合理使用。联邦第九巡回法院所阐述的生产性使用是以著作权市场为基础,如果作品对著作权的市场财富具有积极的增加作用才会被认定为属于合理使用的范畴。

在哈珀案中,哈珀出版公司原本已将自己掌握的美国前总统福特的回忆录授权于《时代杂志》进行出版,但《国家杂志》捷足先登将福特总统回忆录中的最具精华的部分在自己的杂志中进行刊登。因此,哈珀出版公司将《国家杂志》告上法庭,认为《国家杂志》侵犯了其享有的著作权。被告主张其使用行为主要是出于新闻报道目的,应受到言论自由的保护,但主审法官奥康纳(O' Cannor)认为,披露受到公众高度关注的信息虽然很可能属于合理使用,但并不代表合理使用就得以盗取他人辛勤投资的作品而不付出任何代价,实际上被告有取代或夺取原告在商业上第一公开出版利益的意图。[1]

不论是索尼案还是哈珀案,法官在判定是否构成合理使用的过程中,主要考察的因素是对原作潜在市场的影响。在"市场中心主义"时期,这种对原著作权作品市场影响的考查方式,忽视了其他三项判定要素。从根本来看,只看重"市场"的认定方式是一种表面化的操作模式,关注的是著作权对市场产生的影响,或者说是公共利益的内容[2]对著作权的影响。不可否认著作权法在考查合理使用的过程中需要考虑对市场的影响,但这种方式却忽略了赖以产生著作权的本质——作品。

勒威尔法官总结其多年的实务经验,精确地洞悉到了"作品"对合理使用认定过程中的不可或缺性。在1990年发表的《合理使用的认定标准》中他明确指出,合理使用的认定要跳出以"市场中心主义"为标准的认定模式,需要关注的是使用作品的过程中是否对原作内容的使用具有转化性。[3] 因此,转化性使用的概念也得以明确。他在文中界定了"二次使用行为"(a secondary use)之所以认定为转化性使用,是因为"二次使用行为"增加了原作的价值或者说是创造出了新的信息、新的艺术美感、新视野或者是新理解。勒威尔法官也列举了不构成转化性使用的情形,例如仅仅对原作的再包装或者另行发表的行为(merely repackages or republishes the original)或者原作的替代品(supersede the objects),这些情形都不被认为是转化性使用。随着美国转化性使用理论的不断发展,以及我国文学上的戏仿作品和学者对转化性使用的研究,转化性使用的统一思想就是,对著作权作品的使用并非传统的使用方式,而是具有高度的内容创造性或目的转化性,抑或是目的与内容同时具有转化性。内

[1] 陈惠敏:《作品改造性使用研究》,西南政法大学2011年硕士学位论文。
[2] 韦景竹:《版权制度中的公共利益研究》,中山大学出版社2011年版,第55~68页。
[3] Leval, Pierre N, Toward a Fair Use Standard, *Harv. L. Rev* 1105, 1990, p. 1110.

容转化性使用是指新作在内容价值上产生了新的元素和思想，促进了社会文化财富的增益；目的转化性使用是指新作具有了新的用途，不再侵占原作的市场，损害原著作权人的利益。

2. 转化性使用的确立

勒威尔法官1990年提出的“转化性使用”的理论一开始并没有引起太多的关注，直到1994年美国联邦最高法院苏托（David Souter）大法官将“转化性使用”的理论运用到坎贝尔案（Campbell v. Acuff-Rose Music, Inc.）中，“转化性使用”才真正得以确立。

坎贝尔案中，有一支名为2 Live Crew的乐队（其中坎贝尔是这支乐队的一名成员）翻唱了奥比森（Roy Orbison）的名为《哦，可爱女人》（Oh, Pretty Woman）的歌曲，2 Live Crew乐队曾经试图寻求阿库夫罗斯唱片公司（Acuff-Rose Music, Inc.）的授权，但没有得到回应。因此歌曲的著作权享有人阿库夫罗斯唱片公司将2 Live Crew乐队告上法庭，认为乐队侵犯了其著作权。

地方法院认为2 Live Crew乐队的翻唱行为是对原作品的戏仿，原歌曲意在描述一名妓女遇到自己的白马王子之后的纯美爱情故事，但通过乐队的改编之后，新产生的歌曲以一种混乱嘈杂的基调展现的却是妓女荒诞的生活状态。因此认为，戏仿后的新歌曲构成转化性使用属于合理使用的范畴。案件到了上诉法院之后，上诉法院推翻了地方法院所认为的合理使用，认为2 Live Crew乐队的翻唱行为是一种商业化的再利用，不属于合理使用的范畴。上诉法院的观点恰恰是“市场中心主义”时期的观点。最后美国联邦最高法院认同了地方法院的判决，并首次将勒威尔法官的“转化性使用”的理论作为裁判的依据。苏托大法官在判决中写道：“对原作品增加新的表达、新的理念或者改变原作的表达方式，通过这种方式来考查作品是否具有或在多大程度上具有转化性。新作品的转化程度越高,越有可能构成合理使用。"[1]

坎贝尔案是转化性使用理论在案件实践中的首秀,并因此也成为转化性使用认定的参照判例。至此,转化性使用的理论得以在理论层面与实践基础之上确立。转化性使用之所以能够取代"市场中心主义",在合理使用的理论中得到很好的发展,笔者认为,是转化性使用理论从著作权的"根"——作品的角度出发而深入转化性使用的讨论结果。

(二)转化性使用与合理使用的界分

美国司法实践在适用"转化性使用"规则的过程中,有法院错误地认定了"转化性使用"与"合理使用"之间的关系,从而产生了一些错误的判决。笔者要在这部分对"转化性使用"与"合理使用"之间的关系进行讨论,厘清它们之间的关系。

"转化性使用"作为合理使用行为性质的判断规则,在合理使用制度中具有重要的地位。但是一个行为构成"转化性使用"后,能否直接认定该行为构成合理使用,是否还需要考虑合理使用其他三项要素?要回答这些问题就要厘清"转化性使用"与"合理使用"之间的关系。

1. 构成转化性使用有利于合理使用的成立

"转化性使用"在合理使用制度中具有重要的地位,"转化性使用"的讨论是认定一个行为是否构成合理使用绕不开的问题。"转化性使用"的认定往往是合理使用四要素判定中的关键,一旦一个行为被认定为是"转化性使用",则将有利于合理使用的成立,其他不利于合理使用行为成立的因素的影响就会减小。

"转化性使用"是合理使用认定的争议焦点。自"坎贝尔"案之

---

[1] Mark Meyer, "Copyright: How did transformative use become fair use?", Accessed Jan. 21, 2016. http://www. photo-mark. com/notes/2013/jul/08/how-did-transformative-use-become-fair/.

后，几乎所有的美国涉及版权合理使用的案件中，法院都会首先围绕被告行为是否具有“转化性”进行论证。学者迈克尔·D. 穆雷(Michael D. Murray)在对美国最高法院以及上诉巡回法院自“坎贝尔”案后的著作权侵权且被告提起合理使用抗辩的近50个案件进行了实证分析，其中有46个案件都讨论到了被告使用行为“转化性”问题。[1] 近年来引起各界关注的Kelly v. Arriba Soft Corp. 案(以下简称Kelly案)、Perfect 10. Inc. v. Amazon. com. Inc. 案(以下简称Perfect 10案)以及the Authors Guild et al. v. Google Inc. 案(以下简称谷歌图书馆案)都重点围绕着合理使用第一要素的“转化性使用”展开讨论。

对于“转化性”作出不同的认定，导致的将是完全不同的判决结果。Kelly案的关键在于讨论制作“缩略图”的行为是否构成“转化性”。第九巡回上诉法院认为Arriba通过互联网提供Kelly原图的缩略图具有与Kelly作品完全不同的功能。原图的目的是供社会公众进行艺术欣赏，Arriba的缩略图是一种搜索工具，因此被告行为具有转化性。谷歌图书馆案自2005年起就一直吸引公众瞩目，谷歌方面一直主张其复制并储存作品且提供片段用于搜索的行为具有转化性，构成合理使用。在2013年11月14日法官丹尼·金(Denny Chin)中认为其行为具有“转化性”，从而构成合理使用。在这些案件中，控辩双方在原作使用行为是否具有“转化性”上发生激烈交锋，不同的法院之间对此观点不同、判决结果也不同。足见“转化性使用”的讨论在合理使用制度中的重要性。

“转化性使用”的成立将有利于合理使用的成立，其他不利于合理使用成立的因素的影响就会降低。在Perfect 10案中，原告

[1] D. Murray, Michael, What is Transformative? An Explanatory Synthesis of the Convergence of Transformation and Predominant Purpose in Copyright Fair Use Law, *Chicago-Kent Journal of Intellectual Property*, 2012, p. 262.

Perfect 10 是一家成人杂志网站，认为谷歌从其图片网站抓取原告图片进行缓存并制作缩略图的行为构成直接侵权，其提供链接的行为构成间接侵权。第九巡回上诉法院直接在其判决中写道："谷歌搜索引擎使用方式具有转化性，其所具有的有益公众的属性超过了其商业性使用和替代原作（谷歌将制作的缩略图卖给手机厂商，地区法院认为此种行为减损了版权人的市场，本来版权人可以通过授权他人以此种方式理由其作品获取收益）的不利影响。"可见，如果使用人行为具有极强的"转化性"，甚至可以抵抗"商业性使用"原作的不利影响。Kelly 案法院继续对合理使用的其他三个要素进行认定，法院认为在第二要素上，被复制作品确实具有很高的创造性，此要素有利于原告。在第三要素上，虽然被告进行了整体复制，但这种复制是信息索引所必需，该要素的认定并不倾向于原被告任何一方。在第四要素上，法院认为所谓"谷歌对原告缩略图市场造成的潜在危害"仅为"假想"，在此点上既不支持原告也不支持被告。可见，在使用人使用行为被认定为构成"转化性"的情况下，第二要素"著作权作品的性质"变得无关紧要，而第三要素往往不会太偏向于哪一方，第四要素则与第一要素息息相关，此时使用行为越具有"转化性"对原作的市场或者是价值产生的影响力越小。综合考量后，会发现"转化性使用"的成立对于合理使用的成立极为有利，足可见"转化性使用"规则在合理使用中的地位和作用。

2. 转化性使用并非构成合理使用的充分要件

既然转化性使用在合理使用中有如上所述的重要作用，必然会有人产生这样一种疑问：是否只要构成了"转化性使用"就能成立合理使用？实际上，并非如此。

构成转化性使用确实对合理使用的成立有利，但这并不能直接推出只要构成转化性使用就必然能构成合理使用。这种推断是将合理使用其他三个要素直接置之脑后。在此强调，转化性使用是合理使用第一要素的判断标准,合理使用判断是需要综合四个要素的,如果过于夸大某个要素,导致的就是极易过于扩大或缩小著作权人的权利保护范围。此处"只要构成转化性使用就能够构成合理使用"这样的观点,夸大了转化性使用在合理使用判断中的作用,其后果是导致著作权边界的不合理缩小。因为当一种行为的转化性很弱的时候,如果不考虑其他三个要素而径直地认定行为构成合理使用,就为一些行为只要稍微沾上转化性就能避开著作权侵权责任打开了一道口子,结果是对著作权人合法利益的极大损害。而上文提到的哈珀案的判决结果也很好地证明了笔者的这种观点。

《国家杂志》被告著作权侵权,而提出的抗辩是,其行为属于新闻报道,可以构成合理使用。笔者认为《国家杂志》的行为可以被认定为具有转化性,因为其行为带有新闻报道的性质,引用回忆录中的部分内容不是为了展示原作品的文学艺术价值。符合有关转化性使用的定义。但最高法院最终认定被告的行为不构成合理使用。

最高法院作出此种判决正是合理使用其他要素综合作用的结果。最高法院认为:"被告主编收到未出版的回忆录中的内容摘要并未获得版权人的许可,其实基于商业炒作的目的刊登了此部分内容,为的是吸引读者眼球。这种行为不能被认定为合理使用。"从判决书的内容来看,法院认定的"被告出于商业炒作目的"是对第一要素的判定,被告行为是一种"商业性使用",但由于被告使用行为的转化性,第一要素并不有利于诉讼的任何一方;原告的回忆录虽然是对事实的叙述,但是并不意味着作者在回忆录上付出的独创性不足,不过在合理使用第二要素上,并不十分有利于原告;"被告使用的是整部作品中最具有价值、最引人注意的一部分"是考量合理使用第三要素"所使用的部分的质与量与原作品的关系",因为使用部分是原作的核心,第三要素不利于被告;"被告使用摘要并未获得版权人的许可,剥夺了原作首次发表所带来的巨大经济利益"表明在第四要素上,被告使用行为已经对原作品的市场价值产生了替代作用。综合考量后,被告行为在具有转化性的情况下,依然被认定为不构成合理使用。这体现了转化性使用依然只是合理使用第一要素的判断规则,并不能凌驾于其他要素之上。转化性使用的成立并非构成合理使用的充分要件。

(三)转化性使用的理论根基

转化性使用是基于对作品的使用,因此,转化性使用的理论根基也应从作品说开来。著作权作为一种支配权并不像所有权一样,它不是借由特定的具有物理属性的实在的物而产生。著作权借由看不见也摸不着的"作品"或独创性的表达而产生。作品的特殊本质才是转化性使用得以存在的理论基础。

著作权控制的是他人的使用行为,这种使用行为是指因著作权而产生的各个参与人在其中的"分配伦理"的问题,[1]使用行为从正面揭示了著作权权利人行使权利的权利范畴。而从另一面来说,著作权控制使用行为也为他人接触、利用著作权作品留下了合理使用的范围,没有发表权制度,公民言论自由在文化领域将毫无实际意义。[2] 对使用行为的讨论,是界分转化性使用与非转化性使用的边界。

1.作品本质:正当性理论的基础

作品是一种看不见摸不着的独创性的表达,作品的非物质性特征又决定了作品具有非竞争性、非稀缺性的特征,因此它符合供无数人同一时间、在同一地域或不同地域内自由使用的条件。换言之,作品的自身特性可以满足共享型自由使用需求。作为可共享的

---

〔1〕 李杨:《著作权法个人使用问题研究——以数字环境为中心》,社会科学文献出版社2014年版,第147页。

〔2〕 吴汉东:《著作权合理使用制度研究》,中国政法大学出版社1996年版,第89页。

自由信息，作品又具有有益外部性与互动性的特征。[1]

有益外部性的特征表现了著作权法的立法宗旨，《中华人民共和国著作权法》的第1条中所规定的，"鼓励有益于社会主义精神文明、物质文明建设的作品的创作与传播，促进社会主义文化和科学事业的发展与繁荣"。当公众欣赏到作者创作的作品之后，通过阅读或者观赏等行为接受或者质疑作品所传达出来的内涵，受众因此增加了对这些内涵的认识，从而转化为自己的创造力，转化性使用也就应运而生了。作品的内涵传递的过程，是作品有益外部性特征的表现，提高了整个社会的知识水平，增加了整个社会的公共利益，也是为社会中大多数人共享的正当利益。[2] 这也正是转化性使用理论符合合理使用的关键所在。

转化性使用的理论顺应了作品有益外部性的特征，具有转化性的"二次使用"并不是公开的简单重复性的再现原作，而是在原作的基础之上通过转换原作的目的，增添新的表达、新的功能等，在原作的基础之上得到升华，创作出一个独立的新的享有著作权的作品，而对于原作的使用也因此落入了合理使用的范畴之中。

所谓创作，就是作曲家糅合了他听过的曲调，剧作家撷取了现实生活和前人剧本的片段，软件设计者借用了其他软件的代码排列逻辑……所有创作主体都是在对固有作品进行改编、转换及重组的基础上从事着创作。[3] 这是对作品的互动性最好的描述，因此，没有前人的肩膀更何谈站在前人的肩膀之上呢？作品的互动性特征为转化性使用的存在提供了理论根基，任何作品的产生不是偶然的。"二次使用"者在借鉴前人作品的基础之上，通过自己对于这些

---

〔1〕 李杨：《著作权法个人使用问题研究——以数字环境为中心》，社会科学文献出版社2014年版，第139页。

〔2〕 韦景竹：《版权制度中的公共利益研究》，中山大学出版社2011年版，第34页。

〔3〕 朱理：《著作权的边界：信息社会著作权的限制与例外研究》，北京大学出版社2011版，第42页。

借鉴信息的重新整合,犹如盖楼一般借鉴的信息可能只是一个地基,而通过“添砖加瓦”的方式却筑造成了全新的作品。

作品的有益外部性与互动性仅能表征转化性使用理论存在的必要性,却不能说明转化性使用中转化与否的界分问题。只有明确使用行为的特性才能明晰转化与否的问题。

2. 使用行为:转化与否的界分

由于著作权产生之初就是为了一定的公共利益,保护著作权人因创作作品所能获得的回报,因此各类著作权的权利内容也表现为对某种使用行为的控制与约束。那么,合理使用不论是四要素模式抑或列举模式,都可以表明使用行为是著作权的切入点。

著作权作为支配权,支配的对象并不是作品而是使用行为。著作权法也不可能把著作权人所有能支配的使用行为统统纳入著作权的权利内容当中,为了促进社会的繁荣、文化的发展,增加公共福祉,合理使用也随即产生。在认定合理使用的过程当中,使用行为也发挥着其巨大的作用。当“二次使用”行为仅仅增加了新的表达、新的含义、新的价值时,还仅仅停留在“量变”的过程之中,只有使用行为将“量变”转化为“质变”,也就是将原作所传达出来的目的意图进行了转变,才能将使用行为认定为具有“转化性”。

转化性使用是四要素认定方法中第一要素所包含的内容,从“使用的性质和目的”来考量,也不难看出对使用行为的研究是界分转化性使用的主要标准。通过使用行为能够评价出一个“二次使用”行为是仅仅为原创作品的复制替代品还是通过增加了新的内容,以更深层次的目的或者是不同的功能改变原作的表达、内涵或者是原作传递出的信息。使用行为的判断机理追问着“二次使用”行为是否或者在多大程度上具有转化性。转化性使用的理论符合著作权法的立法宗旨,转化性使用理论对使用行为提出了一个较高的行为标准,仅仅说明使用行为是必要的并不能论证其合理性。转化与否的关键在于使用行为是否并且在多大程度上具有转化性，更详尽地说，是否改变了原作的主要目的意图，或者是否转变了原作的功能价值，总之转化性使用必须是使用行为与原作能够明显地区别开来。勒威尔法官在实践之中也一直坚持使用行为的界分方法，通过分析“二次使用”哪些是必要的摘录，哪些是单纯的复制来对个案加以分析。

勒威尔法官还对转化性使用的行为作出一定的归类：(1)评论被引用作品；(2)发掘出原作者的实质观点为自己论证事实之用；(3)从原作中总结出有争议的观点，以便对其加以维护或提出反驳；(4)转化性使用理论亦适用于诙谐讽刺、象征符号、美学研究，及无数其他的使用行为。[1]

(四)转化性使用的分类标准

转化性使用的分类标准奠定了整个论述的走向，如果继续采纳以作品本性来划分的转化性使用，在很大程度上会使得转化性使用的概念因此走向“闭合”而非“开放”。笔者在这一部分将从转化性使用的基本概念、转化性使用的理论根基出发对转化性使用进行分类。

1. 以作品本质进行分类的弊端

在转化性使用的分类标准中有这样一种分类标准，即是根据作品的不同特性将转化性使用进行不同的分类。这样的分类标准在上文中也有提及，其缺陷也是显而易见的。美国著作权法专家迈克尔·D. 穆雷在其撰写的文章中整理了自 1994 年“坎贝尔案”到 2012 年所有的关于转化性使用的案件，并划分出了几种转化性使用的类型。[2] 其中包括：(1)对于美术作品、电影、音乐、广播、照片及

---

〔1〕 Leval, Pierre N., Toward a Fair Use Standard, *Harv. L. Rev* 1105, 1990, p. 1110.

〔2〕 D. Murray, Michael, What is Transformative? An Explanatory Synthesis of the Convergence of Transformation and Predominant Purpose in Copyright Fair Use Law, *Chicago-Kent Journal of Intellectual Property*, 2012, pp. 276 -289.

类似艺术作品；(2)对于文学、计算机软件和新闻报道等类似文字作品；(3)模仿讽刺作品……[1]这种分类方法具有很好的可预测性，但是这样的分类方法也同样面临僵化性与不灵活性的问题。如果不能及时预知新类型的作品产生，就可能使得新类型的作品无法纳入转化性使用的范畴之中。

在认定每类作品构成转化性使用的标准中没有一个统一的标准，也就是说每一类别的作品项下都有一个属于自己的转化性使用的认定标准，不利于转化性使用的统一认定。从立法技术上来说，这增加了立法的烦琐性。每个类别的不同标准，从另一个侧面来看多是因为作品本质之间存在有一定的区别，比如作品的存在介质、表现形式等，并没有从转化性使用的基本概念和理论根基出发来分析转化性使用的分类标准。

2. 以转化性使用的基本概念和理论根基进行分类的优点

通过上文研究转化性使用的基本概念和理论根基之后，转化性使用的类别应划分为：

(1)改变了原作的内容，例如改变原作品的色彩搭配或者是将原作肢解为各个碎片然后拼合到一起；

(2)改变了原作的目的意图，例如戏仿作品一样用原作的内容是为了新的目的；

(3)既改变原作的内容又改变原作的目的意图。[2]

这样的分类标准，标准统一，能够得到反复适用，并且能应对新型作品的产生，如目前学界开始注重数据库、人类基因、集成电路图

---

[1] D. Murray, Michael, What is Transformative? An Explanatory Synthesis of the Convergence of Transformation and Predominant Purpose in Copyright Fair Use Law, *Chicago-Kent Journal of Intellectual Property*, 2012, pp. 276 –289.

[2] Sites, Brian, Fair Use And The New Transformative, *Columbia Journal of Law & the Arts* 39, 2016, pp. 519 –520.

等新的作品类型。[1] 这样的分类标准不拘泥于作品的本质,其实每个分类标准也有其涵盖的不同本质的作品,但却不会出现仅以作品本质进行分类所存在的问题和弊端。虽然在判断上需要多学习、多研究,但在司法实践中可操作性较强。综观我们的世界,任何事情都不可能是一劳永逸的。

三、内容转化性使用

内容转化性使用的判断首先要确定原作与新作的目的意图是否相同,如果相同则进入内容转化性使用的判断当中;如果不同,那么就落入目的转化性使用的认定之中。目的转化性由于在美国的著作权法的法条中有相关类别的指引,所以在认定中存在的问题也相对较少,但是内容转化性使用由于实践中往往忽视它的存在,从而产生的问题也较多。

(一)内容转化性使用在实践中存在的问题

由于内容转化性使用常常被认为是目的转化性使用的一种,内容转化性使用一度处于被"冷落"的地位,甚至有学者认为,内容转化性使用已经没有存在的必要性了。这样的观点是值得商榷的。

1. 忽视内容转化性使用的存在

以坎贝尔案确立的转化性使用理论中,将转化性使用理论划分为目的转化性使用与内容转化性使用,丽贝卡·图施奈特教授(Professor Rebecca Tushnet)认为,转化性使用理论中已经搭建起来的理论框架有利于我们解决转化性使用中存在的问题。她在自己的文章中得出了这样的结论,一个"二次使用"的行为如果构成转化性使用就需要与原作相比,具有不同的解释或者是传递出不同的信

---

〔1〕 王景川、胡开忠:《知识产权制度现代化问题研究》,北京大学出版社 2010 年版,第 35 ~85 页。

息。内容转化性使用,可以解释为使用原作者作品中的组成部分或者说是原作中的部分内容,对摘取的原作中的部分内容进行转化,变造出具有新的内涵的“二次使用”作品。[1]

目的转化性使用理论其实在美国《著作权法》第107条的序言中得到了明确的论述。即用作新闻报道、品鉴历史和戏仿原作等方式,这些都在序言之中被认定为合理使用的典型使用方式。通过法条所列举的这些方式也得到了不同的法院在现实侦办案件的过程中的认同和接受。在上文提及的“网页快照”类案件中,原作被完全复制到搜索引擎中的目的是帮助原作能够在浩瀚的网络信息中得到准确的定位,也只有搜索引擎所提供的内容与原作的相似度越高才越能达到此种目的。所以,基于此,目的转化性使用的方式并不能对原作的中心市场以及派生市场产生威胁。因此,目的转化性使用理论,在合理使用的认定过程当中法院对其边界具有清晰的认识,能够很好地辨析出达到何种程度就能构成目的转化性使用。这样清晰的标准,在目的与内容同时具有转化性的认定过程中也没有被混淆。

在近期的诸多论文中,有很多的学者提出要抛弃内容转化性使用理论。他们认为内容转化性使用理论太过于烦琐,不值得理论界花费过多的时间进行研究,并且更有激进的学者指出,内容转化性使用理论对美国著作权法设立的宗旨即促进文化艺术的繁荣并没有太多的帮助。笔者在此并不能认同此类观点,因为有些只包含内容转化性使用的案件也可以构成合理使用,而且其对科学和文化艺术的进步具有重要的价值。就拿拼贴画案类来说,我们假设拼贴画本身不具有任何的商业价值,如若使用了已出版的原作的一部分并加入了自己的修

[1] Tushnet, Rebecca, Content, Purpose, or Both?, *WASH. L. REV* 90, 2015, pp. 869 - 874.

改,使用原作的部分微乎其微,那么这样的使用行为其实是内容的转化并且不会损害原作的市场价值。拼贴画艺术,作为一种艺术流派,具有较高的艺术价值,如果认为拼贴画不构成转化性使用也将会损害这艺术流派的发展。摒弃一类艺术流派的发展,只是为了减少转化性使用在内容是否具有转化性的判断上的模糊性,在这样的原因之下是不利于著作权法所表征的促进文化艺术发展的宗旨的。

从以上论述可以看出,内容具有转化性的裁判案件和著作权法时时会有冲突发生。支持内容转化性使用理论的学者指出,当著作权法促进文化艺术发展的目的与立法的相关规定发生了冲突时,法律应该从该立法宗旨出发做出一定的让步。拼贴画作为一种独特的艺术门类具有自身的很多特征,但如果拼贴画这一艺术门类被整体地认定为是盗版作品或者被别人说成是原作的复制件,那么从著作权法的整体利益的角度出发,拼贴画艺术领域如果不能得到著作权法的强有力的保护的话,如此这般的行为并不能促进各个门类文化艺术的繁荣与发展。基于以上的论述,实践中不应该仅仅因为内容转化性使用理论在适用中出现的种种问题而将其抛弃。尽管基于著作权法的立法宗旨使内容转化性使用理论得以保全,但是内容转化性使用理论要作为合理使用项下的一个判断要素仍需要解决适用中所产生的诸多分歧。

2. 以目的转化性使用的标准来认定

在萨尔茨诉绿日乐队案中,萨尔茨绘制的作品名叫“尖叫图标”(Scream Icon),它描述了一张尖叫的脸,整幅作品表现的是滑冰者的偶像形象和这种街头艺术。另一位艺术家罗杰·斯托布(Roger Staub)运用风化的拍摄手法使用相机拍摄了“尖叫图标”这幅作品,又在拍摄的“复制件”基础之上增加了一个喷着油漆的十字架和一些条纹,改变了之前作品的颜色,并且改变了原作的内涵,表达的是

“宗教的虚伪”(the hypocrisy of religion)的中心含义。[1] 斯托布的这幅作品随后被绿日乐队采纳,在绿日乐队摇滚音乐会上,有一首歌曲《虚无的东方耶稣》(East Jesus Nowhere)使用了斯托布创作的这幅作品作为舞台的背景。斯托布对此作出了解释,他认为他创作的作品很好地诠释了整首歌曲的情绪、音调或者是主题,并且揭示了虚伪的宗教人士为了鼓吹一件事情不惜以宗教之名为暴力之实。绿日乐队 70 多场音乐会都使用了这幅作品,绿日乐队拍摄的 MV 也运用到了这幅作品并获得了音乐 MV 大奖。[2] 第九巡回法庭认为这幅作品属于目的转化性使用,原作并没有表达关于宗教方面的内涵,在此基础之上新创作的作品表达了此内涵,并增加了新的表达、新的含义,传递出了新的信息。

撇开法官的判决,这样的裁判结果是令人费解的。第九巡回法院似乎掩盖了关键的事实,《尖叫图标》就是一幅典型的街头艺术作品,斯托布是在研究了乐队的专辑之后才开始使用涂鸦和街头艺术作为其重要的视觉元素。[3] 如果说绿日乐队的专辑使用的是街头艺术风格,斯托布所创作的作品为了与绿日乐队的专辑风格相吻合,从而运用了街头艺术,那么这两者就应该具有共同的目的意图,即为了专辑与音乐会的娱乐目的。从撇开宗教的讨论来说,斯托布与原作作者萨尔茨的使用目的是相同的,这与美国《著作权法》第 107 条第 1 项判断要素所标明的不同的目的是不相吻合的。自此,《尖叫图标》是一幅街头艺术风格的作品,绿日乐队在专辑中也在运用街头艺术风格,并且斯托布之所以使用街头艺术是为了渲染专辑

〔1〕 Sites, Brian., Fair Use And The New Transformative, *Columbia Journal of Law & the Arts*, 2016(39), pp. 519-520.

〔2〕 《绿日乐队:虚无的东方耶稣》,载 http://my.tv.sohu.com/us/1853318/5543814.shtml,2017 年 2 月 11 日登陆。

〔3〕 Sites, Brian, Fair Use And The New Transformative, *Columbia Journal of Law & the Arts* 39, 2016, pp. 519-520.

的气氛,从这一点来看并没有表达宗教主题,完全是出于娱乐的目的,并不能因此认定为转化性使用。

3. 有的法院加入自己的认定标准

有一个著名的案例,也是学界在讨论转化性使用的标准时经常提及的案例,这就是卡里乌诉普林斯(Cariou v. Prince)案(以下简称卡里乌案)。卡里乌案总体上来说是对转化性使用的标准的界限发生模糊的开端。[1] 卡里乌(Cariou)发表了许多关于自己在牙买加生活期间拍摄的关于拉斯特法理信徒(rastafarians)的人文风景照片。[2] 被告普林斯(Prince)是著名的拼贴画艺术家,他摘取了卡里乌作品中的35张照片,普林斯把这些照片中的某些部分明显地放大或者缩小,在摘取的图片中画出圆形或者是椭圆形直接抠掉,添加了一些裸体女人的图片在其中,并调整作品的整体颜色,最终拼接成为一幅作品。普林斯在一些作品之中通过各种变化使得原作变得非常模糊,不能很好地识别出原作,而有的作品对原作也没有做太多的改变。

卡里乌诉普林斯侵权中,普林斯认为自己的行为是属于合理使用的范围,但是地方法院并没有认同普林斯的抗辩。地方法院认为,一个转化性使用的作品需要对原作在某种方式上进行评论或者是要涉及原作上下文的历史背景抑或是对原作进行评判性的涉及,但是普林斯的作品并没有达到这个标准,因此地方法院认为普林斯的作品不具有转化性。

案件上诉到了第二巡回法院,第二巡回法院并不认同地方法院的观点,他们认为普林斯的作品构成了对原作的转化性使用。第二巡回法院驳斥了地方法院在认定转化性使用时擅自加入的认定标

〔1〕 Wicker, Aaron B., Much Ado About Transformativeness: The Seventh Circuit And Market-Centered Fair Use, *Washington Journal of Law, Technology & Arts* 11, 2016, p. 368.

〔2〕 赵琪彦:《论合理使用中的转化性使用》,华东政法大学2015年硕士学位论文。

准,认为这种认定标准并不包含在《美国著作权法》第 107 条第 1 项要素之中。第二巡回法院认为,只要做到添加了新的表达、新的含义或者传递出了新的信息就可构成转化性使用。第二巡回法院认为,卡里乌的作品运用黑白照片的形式表现的是一片祥和、安宁、沉静的生活状态,而普林斯增加了不同的色彩,对图片中的人物与风景进行了不同程度的缩放,表示出了一种粗俗的、不堪入目的、不和谐的景象。

从卡里乌案中可以看到,地方法院在认定卡里乌案时加入了自己的认定标准,即需要满足对原作加以评论等因素才能构成转化性使用,而第二巡回法院却不适用这些标准。[1] 这在一定程度上表明每个法院对转化性使用的认定标准是不同的,因为标准的不同可能会导致案件的裁判具有不同的结果,所以要明确达到什么程度才能认定为转化性使用,这也能够统一法院在审判工作中的尺度。

(二)内容转化性使用的认定

在实践当中,美国各个法院在认定合理使用的过程中,采用了不同的做法、不同的适用标准,以及像在审理卡里乌案中地方法院强加在转化性使用过程中的"评论原作"的标准。从这些适用问题中可以得出一个明确的认识,那就是对一个法律概念以及其包含的内容没有明确清晰的边界,会使后人在使用该法律概念的时候加剧不能预测的情形产生。

1. 内容转化性使用需要解决的中心问题

内容转化性使用理论是在三个转化性使用理论中存在问题最多的一个。当案件在涉及内容具有转化性使用的认定中,其中心问题其实只有三个:第一,对原作做多少内容的转化才能达到内容具

---

[1] Landsman, Kim J., Does Cariou v. Prince Reprent The Apogee or Burn-out of Transformativeness In Fair Use Jurisprudence?, *Fordham Intellectual Property, Media and Entertainment Law Journal* 24, 2014, pp. 339 -346.

有转化性的标准。第二,“二次使用”者要对原作的哪些内容作出转化才能使“二次使用”行为具有转化性。第三,“二次使用”者需要转化出多少新的内容,或者说转化出的新的内容在“二次使用”创作的作品中与摘取的原作相比要占多大的比重才能构成内容转化性使用。虽然中心问题只有三个,但这三个中心问题也随之派生出了很多复杂的问题,诸如哪种类型的内容是与原作不同而又能被认定其为新的内容,法院应该从谁的角度来评价是否具有新的内容产生,等等。

美国法院在审理该类案件的时候,运用参考前例(the case-by-case)的方法使得转化性使用理论在规则适用上是灵活多变的,而这种灵活多变并没有产生好的结果,灵活多变其实是法律具有边界可塑性的、可预见性的敌人。在参考前例的审判过程中,转化性使用理论的边界变得越来越不清晰。著作权人不清楚哪些行为范畴是“二次使用”者可以踏入的领域,而“二次使用”者在艺术创作的过程当中也会因为法律使用边界的不清晰而使其在艺术创作的过程中畏首畏尾,生怕侵犯了著作权人享有的著作权。鉴于美国《数字千年版权法》中对转化性使用理论规定的不确定性,著作权人在面对自己的作品被使用后是否能提起诉讼也是含混不清。在界限模糊的合理使用的制度之下,参与到诉讼中的各方都不能预测到著作权诉讼的成功与否,这样的不确定性很可能会被人为地操纵。以一种“事后评测”的方式来裁判曾经发生的案件会使得著作权法在法律的可预知性方面付出惨痛的代价。

面对这些问题,解决方案一直处于摸索阶段。为了解决这些不确定性的问题,笔者在这一部分的论述中,将寻找解决转化性使用理论中存在问题的根本,以不同于以往的方法解决不可预测性的问题。鉴于转化性使用理论是合理使用认定中的核心问题,转变方法来重新树立转化性使用的适用标准,也会使合理使用受益。最终达到著作权法的立法宗旨,即促进科学和文化艺术的进步,使著作权法这种人为拟制的法律更好地造福人类的精神财富,让文化中的各方参与者能够接近它并利用它。

2. 内容转化性使用的判断标准

基于内容转化性使用理论的讨论,萨尔茨案可能会产生不同的判决结果。《尖叫图标》作为一幅艺术作品在很大程度上具有装饰作用,艺术作品惯常都是具有一定的娱乐欣赏目的的。绿日乐队将萨尔茨创作的作品使用到自己的音乐会当中也是出于装饰的目的并且在一定程度上也具有娱乐欣赏的作用,因此,萨尔茨案并不是一个目的转化性使用的案件。这个案件中,绿日乐队在使用萨尔茨的作品时进行了一定的修改,因此在裁判时应该首先考虑的是内容转化性的判断。因此,通过这样的认定之后,法院应该得出这样的结论,认为绿日乐队在使用萨尔茨创作的原作的过程中不是为了新的目的,绿日乐队是为了转化新的主题,即以宗教为主要内容,其作品的目的与原作的目的都是相同的,即娱乐与欣赏,因此法院不应再以目的转化性使用的理论来判断此案。但是,绿日乐队对原作的内容修改太少,根本无法认定其在内容上具有转化性。

由于内容转化性使用理论缺乏相关的特征描述,除非"二次使用"行为使得原作在其中发生明显的改变,法院在认定"二次使用"所创作的作品的时候就很难认定是否构成转化性使用。但是,由于内容具有转化性在推动艺术进步的过程中仍然具有价值,法院也应当继续保护内容转化性使用理论。如果法院想要继续保留内容转化性使用理论,就需要明确"二次使用"需要改变多少才能创作出一个全新的具有转化性的作品。虽然在实践中可能很难拿捏清楚这个量化的标准,也很难在这个转变量上画上一条红线,但是还是有很多的原则性判断标准是显而易见的。法院需要明确一个问题,那就是内容转化性使用理论并不是一个数量级的问题,并不存在作品完全转化、作品轻微转化、作品很大程度上转化或者是作品全文进行了转化。这也正是内容转化性使用理论的现实所在。法院在衡量一个作品是否构成内容转化性使用的时候,可以采用一个物理学概念中"频谱"一样的判断方法,[1]也就是说这个判断标准是有自己的一个范围,它是一个范围而不是一条红线,只要落入这个范围之内就构成内容的转化性使用。

著作权法在转化性使用领域的宗旨是为了其他人在创作作品时很好地利用前人的文化创作,能够很好地站在巨人的肩膀之上,这也并不是一个非此即彼的命题。这是转化性使用理论的理论缩影,因为这个宗旨同样也考量着"二次使用"的行为是否对原作增加了新的价值,即要考量受著作权法保护的原作的作品的内容是否被当作是一个创作素材,并以此转化出了新的信息、新的艺术美感、新的视野和新的理解。尽管合理使用在原则上是允许艺术家在创作作品的时候借鉴参考之前的艺术家的作品,但是还是有一个范围的,就是"二次使用"者需要在何种程度上以及多大范围内使用之前的作品作为其素材。

在判断内容是否具有转化性的时候,法院往往是把所有的注意力集中到"二次使用"所创作出的作品上来,在这样的情况下,法院在一定程度上忽略了对原作品的理解和认知。在这种"偏爱"的情形下,很难发现其中的问题。当艾尔·扬科维奇(Weird Al)戏仿迈克·杰克逊(Michael Jackson)的经典作品《BAD》时,艾尔·扬科维奇仅选择了"BAD"MV 中的几个元素,其中包括相同的地铁场地、相同的蒸汽炉还有相同的舞蹈动作,从一个理性人的角度来看这样

[1] Sites, Brian, Fair Use And The New Transformative, *Columbia Journal of Law & the Arts* 39, 2016, p. 541.

使用原作中的一些元素是必不可少的。[1]

因此,内容转化性使用有如下判断标准:

首先,要明确原作的内容是否具有可分性,是否能够分解出更小的元素。

其次,再将视角转到"二次使用"的作品上来,考查"二次使用"的作品想要表达的内涵。

最后,在"二次使用"的整体内涵的引导之下,洞察"二次使用"的过程中从原作中摘取的元素是否是必不可少的。

这样的判断标准具有一定的道理,当原作无法划分出细小的元素的时候,那么"二次使用"的行为就要基于原作的整体进行创作,所以,即使是整体地复制原作的行为,也不能否认其具有转化性。基于此,对于上文中所阐述的萨尔茨案,也就不难看出原作《尖叫图标》并不是不可分割的,它是具有可分的元素的,比如可以划分出惊恐的眼睛、无限夸张的张大的嘴巴。这样的判断标准具有的现实意义就是,敦促"二次使用"者不要妄想仅仅对他人的整幅作品加入些许的元素就可以想当然地享有了著作权。这也使得"二次使用"者在自己的作品创作过程中要"饱览群书",也只有这样才能创作出更好的作品,也只有这样才能促进文化艺术的发展。

四、目的转化性使用

目的转化性使用理论在实践当中没有那么的复杂、晦涩,而且法院在适用的过程中也遵循统一的标准。目的是否具有转化性,其判断的关键在于原作的功能或者价值是否发生了变化,这样的变化是否产生了不同的目的。

---

[1] Sites, Brian, Fair Use And The New Transformative, *Columbia Journal of Law & the Arts* 39, 2016, p. 539.

在上文提到的“网页快照”类案件,网站的服务商提供原作的目的并不是让浏览者阅读或者欣赏原作,网站的服务商为的是在浩瀚的网络信息中能够精准地定位到原作所在的位置,方便浏览者查找。因此,只有将复制的作品与原作变得更加的相似才能使这样的目的得以实现。从这个过程中,也可以看出搜索引擎类网站使用原作的目的与原作作者创作原作的目的是截然不同的,并且“二次使用”的行为使原作具有新的价值、新的功能。

(一)目的的确立标准:从谁的视角出发?

美国法院在遇到转化性使用的案件的时候,首先判断的就是新作的目的是否发生了转化,只有在新作的目的没有发生转化的时候才会考虑到内容转化性使用。但是在这个过程中,美国的各个法院经常是处于一种“事后人为强加”的模式,这种模式的操作方式是,法院为了让新作构成目的转化性的效果而使得新作具有不同的目的,并不从实际的角度真正地考察每个作品的真正的目的。

1. 理论与实践对目的探寻的尝试

法院也在苦恼哪个角度才是分析的重点?是要着重分析创作者的作品所表达的内涵,还是要分析作为理性人所认为的作品所要传递的内涵抑或是从读者、听众或是欣赏者的角度来分析作品的内涵。在实践当中,有的法院强调是从再创作者的角度来分析作品的目的与性质,而有的法院既从再创作者的角度又从理性人的角度来分析作品的性质与目的。

学者提出了各种各样的方法,以确定作品的目的在案件的审理过程中有一个统一的判断标准。有些学者认为判断的方法要求要侧重于读者或者受众对作品的反应,还有一些学者认为需要看重作者本身的意图,但还有一部分学者不同意上述的两种观点,认为需要在这两种观点中找到一个平衡点来寻找作品的目的。劳拉·海曼(Laura Heymann)在其文章中指出,最好的判断方法应该是读者反馈机制,因为这种判断标准能够评判出被告的“二次使用”行为所创作的新作品是否有利于公众,是否有利于文化和研究的发展,这也是著作权法的立法宗旨。[1] 同样,沃克(Walker)在其文章中也指出,法院应该在普通的人群中寻找一些爱猜想的读者,并且认为这些读者具有审视的眼光能够对作品的目的做出很好的辨别。[2] 读者反馈机制这个理论,还存在几个下属理论,即这种反馈机制是需要一个没有经验的读者,还是需要专家级的读者,抑或是介于两种之间的作者。还有另一种判断机制,就是专家学者判断机制,法官通过这些专家学者的证言证词来判断作品所传达出来的目的。[3] 还有一些人认为法院应该综合所有的判断方法,不仅包括作者的意图、专家的证词,还包括读者的反馈方法。综观上述各个目的判断机制,不难看出,实践中每个法院都在寻找一种“合理感知”的判断方法来明确作品的不同目的。主流观点的学者们认为,如果能够将“合理感知”作出具有层次性的解读,那么对于之后作品的目的判断将具有很好的指导意义。

2. 正确路径:普通民众的合理性感知

首先,要确定“合理感知”应以谁的感知为标准。

普通民众作为“合理感知”主体,是作品目的判断的最佳分析角度。因为著作权法合理使用制度更多反映和推进著作权法的目的,即科学的进步和艺术的繁荣,而这一著作权法的目标将最好地通过普通民众来达成。也可以这么认为,最受益于著作权作品的是普通

---

[1] Heymann, Laura A., Everything Is Transformative: Fair Use and Reader Response, *Columbia Journal of Law & the Arts* 31, 2008, pp. 445 - 449.

[2] Walker, Robert Kirk & Depoorter, Ben, Unavoidable Aesthetic Judgments in Copyright Law: A Community of Practice Standard, *Northwestern University Law Review* 109, 2015, p. 343.

[3] Jasiewicz, Monika Isia, A Dangerous Undertaking, The Problem of Intentionalism and Promise of Expert Testimony in Appropriation Art Infringement Cases, *Yale Journal of Law and the Humanities* 26, 2014, p. 143.

民众。关注一个普通人对作品目的的感知能够促进著作权法立法宗旨的实现。

对普通民众的感知调查是一种普遍性的判断方法,不依赖于某类人群或者说是小范围的样本采集,会使得获得的数据具有说服力。当样本的采集具有适当的大小时,这样的目的判断标准具有天然的吸引力:这些可靠的样本数据表明,普通民众已经实际感觉到了不同的目的,也就是说这样的目的可以被合理地感知。

普通民众观察者标准也优于法院寻求艺术专家的观点,因为艺术专家判断标准可能会导致以艺术精英主义为名义的"寒蝉效应"。[1] 艺术专家判断标准,就会使得一般的艺术家,特别是没有经典的艺术师和技术训练的艺术家,只能猜测"专家"可能对作品目的如何认知。然而,相对于普通民众来说,每个人不需要经过任何的培训都有一个公平的机会来破译"普通人"的想法。尽管从任何理论角度来看对"感知"的判断是具有可预测性质的,但是普通人的看法却是最容易测量的。

其次,"被合理地感知"中存在的问题。

艺术需要"被合理地感知"其实这样的判断标准是没有一个标准的,这是一个深不可测的问题,因为艺术对于很多人来说都意味着不同的内容,正如莎士比亚所言明的道理,"一万个读者就有一万个哈姆雷特"。在这项任务面前,大多数的法官会进行大胆的猜测,而对于受过法律训练的人来说,这是一个危险的行为。即使法官接受过辨别训练,法官也不总是接触各类文学艺术作品,并不能全面地解释一些表现力复杂的作品的目的。因此,在实践中,"对合理感知"没有标准的分析存在较大的问题。

---

[1] Sites, Brian, Fair Use And The New Transformative, *Columbia Journal of Law & the Arts* 39, 2016, p. 546.

在盖洛德诉美国邮政局案(Gaylord v. United States)中,美国邮政局发行了一张邮票,描绘的是朝鲜战争纪念碑中士兵的雕塑,而雕塑艺术家盖洛德起诉美国邮政局,认为邮政局所发行的邮票是不构成转化性使用的。但是,邮票在描绘雕塑的时候并不是与原雕塑完全相同,邮票中的战士雕塑是有雪覆盖的,而原来的雕塑并没有涉及"雪"这个元素。因此,一个合理的观察者在解释作品目的的时候就会自由地认知这些目的,认为加入"雪"这个元素可以使邮票传递出新的含义:朝鲜战争将朝美关系置于"寒冷"的关系下,或者是关于双方可能处于冷战的关系之中等这些推测的邮票的目的。[1]这些新的目的的推测是漫无边际的、不受任何限制的,法院在遇到这种情况的时候根本不能将这些目的的推测控制在合理的范畴之中,也不利于作品目的的判断。

最后,提出一个"三步走"的方法来认定"合理感知"的问题。

法院可以通过"三步走"的方法来确定作品的目的。第一,声称是转化性使用的"二次使用"者应指出其使用作品所具有的预期的目的。第二,法院应考虑普通人观看到艺术作品所认知的目的。第三,在"二次使用"者所声称的目的范围之下,将普通人所认知的目的进行限缩。也可以说把普通大众所认知的目的纳入"二次使用"者所声称的目的中进行查询。

将普通观察者的目的认知绑定到艺术家的创作意图上进行分析更易于管理,并且具有可预测性。对作品的"合理感知"的认定大部分都是法官在判案的过程中进行的探究,这样的判断方法使得新作的目的成为法官想让新作成为的目的,这种法官代理"二次使用"者的目的是具有偏见性的。这种评价作品目的的方法使得作品目

---

〔1〕 Sites, Brian, Fair Use And The New Transformative, *Columbia Journal of Law & the Arts* 39, 2016, p. 546.

的的认定推向了一种万事万物皆可为作品目的的一种空洞的概念。“三步走”引入的“限制查询”的方法,就是一个普通人所认为的作品目的是否会意识到艺术家实际意图要表达的目的,这种有界限的分析能够减少“法官代理”制度中所产生偏见的风险。这也与坎贝尔案的分析作品的目的是相类似的:在坎贝尔案中,法官考察了作者的预期目的是否“可以合理地被认定”。

这种判断方法也具有现实的意义,即以诚意行事的艺术家应该比不诚实行事的艺术家更容易受到转化性使用理论的保护。这些恶意的行为不一定会损害合理使用,但法院倾向于保护善意行事的艺术家,也使得转化性使用理论能够得到健康合理的发展。这种健康的转化性使用理论要求艺术家要诚信。

(二)目的转化性使用的判断标准

任何一个作品往往都具有多种的目的。艺术家创作作品也是出于方方面面的原因,所以作品所呈现出的目的和特点也是多种多样的。出于这样的原因,法院也需要考查作品在创作过程中不同的目的意图。

在华纳兄弟娱乐公司和 J. K. 罗琳诉 RDR 图书(Warner Bros. Entertainment Inc. & J. K. Rowling v. RDR Books)的案件中,地方法院最后的裁决认定为 RDR 图书属于合理使用的范围,并没有侵犯著作权人的合法权利。RDR 图书在创作的过程之前并没有取得著作权人的许可,就根据《哈利波特》的系列丛书创作出了一本关于这一系列丛书的《哈利波特阅读指南》。地方法院认为,J. K. 罗琳在创作《哈利波特》系列丛书的时候主要的目的在于文学艺术欣赏。而《哈利波特阅读指南》的创作者是为了使阅读《哈利波特》的读者能够更加清晰简便地梳理出原作之中的人物关系和故事情节。[1] 地

---

〔1〕 Sites, Brian, Fair Use And The New Transformative, *Columbia Journal of Law & the Arts* 39, 2016, p. 541.

方法院作出的这个判决并不具有强烈的说服力,其实从本质来说,《哈利波特阅读指南》本身也是包含文学艺术欣赏的目的的。

所以,在这部分,笔者提出了一个层次的判断标准:

第一,先分析原作与新作的一个基础性的目的,就如《哈利波特》与《哈利波特阅读指南》一样都是具有文学艺术欣赏的目的,再如上文中提及的萨尔茨案,《尖叫图标》与绿日乐队所使用的舞台背景图片都是出于一种美术作品的艺术欣赏的目的。如果将原作与新作之间的基础性目的进行比较之后,发现两个作品的基础性的目的都不相同,那么就可以径直地认为新作属于转化性使用的范畴。[1] 搜索引擎类案件恰好说明了这点,搜索引擎中的原作是为了一定的文学艺术的表达,而搜索引擎使用原作的目的是在网络之中准确地定位作品的位置。这样,在基础性目的都不同的两个作品,就可以不再进行第二步的判断,直接认定新作是属于转化性使用的。

第二,法院在对作品的目的进行分析判断的时候,当基础性目的是相同的,就要再深入作品的其他目的,识别和比较新作中附加的其他目的是否与原作有重叠的地方。如果原作与新作在这些附加性的目的上具有较大的重叠性,则很难认定其具有转化性,而如果原作与新作在这些附加性的目的上不具有较大的重叠性,则认定为转化性使用更加容易。

对于这个判断标准是有一定的顺序性的,不能打乱这个顺序。在认定的过程中,如果先从原作与新作之间的附加性目的是否具有重叠性开始判断的话,很可能会出现本应认定为具有转化性而因为不注意判断的顺序导致不能构成转化性使用的情形。就拿坎贝尔

---

〔1〕 Kudon, Jeremy, From Over Function: Expanding The Transformative Use Test For Fair Use, *Boston University Law Review* 80, 2000, p. 606.

案来说，新作的基础性的目的就是戏仿原作，但是如果先判断附加性的目的即描述妓女的生活状态都是与原作的目的具有很大的重叠性的。

还有一点需要申明的是，在进行了这两步的目的转化性使用的判断步骤之后，其目的仍然不具有转化性，但这也并不意味着不存在构成合理使用的可能。

判断目的的标准不仅对目的转化性使用发挥着巨大的作用，而且也方便目的转化性使用与内容转化性使用的界分。根据这个“两步走”的判断方法，剥离出基础性目的，基础性目的不同就进入目的转化性使用的判断之中。基础目的相同，而附加目的的区别就成为是目的转化性使用的判断。

五、内容与目的相结合的转化性使用

内容转化性使用与目的转化性使用分析完毕之后，内容转化性使用与目的转化性使用并不是一个“1 + 1 = 2”的问题，这两者在结合的过程中有着千丝万缕的关系。任何文学艺术作品都以一定的方式方法来表达作品的目的与内容，正是因为目的与内容都是靠文学表现方法来体现的，所以在这一部分笔者将主要结合作品的表现方式来理清楚内容与目的转化性使用中存在的问题。

（一）内容与目的相结合的转化性使用存在的问题

内容与目的相结合的转化性使用在适用的过程中，不能将两者简单地剥离开来，需要运用综合眼光才能将问题分析清楚。

1. 对内容与目的相结合的转化性使用的忽视

内容与目的相结合的转化性使用往往容易在实践中被忽视，在被评价为目的转化性使用或者是内容转化性使用之后就不再分析另一个的存在，这样的判断是欠妥当的，内容与目的往往是相互糅合在作品同一个表达方式之中，如果仅仅单一地分析其中的一种转化性使用,往往会造成忽视作品本身所具有的客观事实。虽然在实践中因为分析的简单化将作品归到了转化性使用的范畴,但是作品的本真得不到实践的尊重。

在布兰奇(Blanch v. Koons)案中,第二巡回法院认为作品具有转化性是因为作品与其他的作品拼接在一起,使之前的广告转变为现在的评论消费主义的图片,产生了不同于原作的审美变化。[1] 第二巡回法院关于被告转化性使用的讨论几乎完全集中于目的转化性使用,只有很少的判断理由涉及了“其颜色的变化,它所描绘的背景,介质,所描绘的物体的尺寸,以及物体的细节”。这明显是目的转化性使用判断标准的运用,法院这样可能简单地认定为作品构成转化性使用,却忽视了在布兰奇案中还存在内容转化性使用。[2] 其实,只有通过作品的不同颜色、背景、材质以及尺寸的变化才能将“评论消费主义”的目的表达出来,缺少了这些内容的存在也就无法表达此种目的。因此,内容与目的相结合的转化性使用是不能只倚重目的转化性使用而忽视内容转化性使用的。对内容转化性使用的忽视其实是一个从直观上产生的忽视,法院在观察作品的时候一味地探求作品所想要展现的目的,忽视了表达目的所承载的载体。若根据上文所提及的对目的转化性使用的判断之后,新作并不能构成转化性使用的话,那么这将造成有的新作无法被认定为属于转化性使用的范畴。

从另一个方面上来说,单一的分析方法会使得内容或者目的转化性使用的标准发生混乱,如果仅仅将内容与目的相结合的转化性使用归在其他两种分类之下的话往往会造成一定的误解。如果将内容与目的相结合的转化性使用归在内容转化性使用项下,也就是

---

〔1〕 Sites, Brian, Fair Use And The New Transformative, *Columbia Journal of Law & the Arts* 39, 2016, p. 520.

〔2〕 Reese, R. Anthony, Transformativeness and the Derivative Work Right, *Columbia Journal of Law & the Arts* 31, 2008, p. 486.

说仅从作品的物理属性[1]来分析其是否构成转化性使用,这会产生与上文提及的将其仅仅归类于目的转化性使用不同的结果,即可能会使得转化性使用所涵盖的范围变宽。内容与目的相结合才能传递出新的信息、新的功能、新的意义等,由于新的信息、新的意义等这些带有强烈的弹性的词语的分析需要经过上文所提及的目的转化性使用的判断标准来认定,如果任何一个法院事后来强加一种所要表达的目的,那么其目的转化性的判断就又回归到了无标准的状态之下。所以如果仅仅分析作品的内容就认定为其构成转化性使用,而不判断其目的是否也具有转化性,那么这样其实会造成转化性使用所涵盖的范围变广。

2. 内容与目的相结合的转化性使用的判断顺序

内容与目的相结合必然会引发一个顺序之争。内容与目的相结合的转化性使用是指作品的内容与目的相互糅合在一起而一同具有了转化性使用的效果。虽然两者一同体现转化性使用的特征,但是在认定过程当中还是需要一个明确的判断标准。是先判断目的具有转化性还是判断内容具有转化性抑或是直接糅合在一起一同判断,这也会引发一些问题值得思考。

内容转化性使用理论所需要解决的中心问题是"二次使用"行为对原作在"物理属性"上的转化。首先,要明确原作的内容是否具有可分性,是否能够分解出更小的元素。其次,要明确的是"二次使用"行为所表达出来的主题或者说是内涵。最后,在这个整体的内涵之下,洞察"二次使用"行为中从原作摘取的元素是否是必不可少的。内容转化性使用貌似具有较强的直观性,但是这种直观性并不代表内容转化性使用的判断标准也非常的直观,还是需要一定的判断标准与判断顺序来明确内容具有转化性。目的转化性使用理论

[1] Tushnet, Rebecca, Content, Purose, or Both?, *Wash. L. Rev* 90, 2015, p. 871.

所需要解决的是“二次使用”的作者在创作作品时的目的。目的转化性使用的判断有一个层次性的标准。第一,需要观察原作与新作之间的基础性目的。就像上文中提及的萨尔茨案,原作与新作的基础性目的是相同的,都是为了娱乐大众、艺术欣赏的目的。第二,在分析基础性目的之后,考察原作与新作之间的附加性目的,以此“两步走”来确定目的是否具有转化性。

从以上对内容与目的转化性使用的判断方法以及结合内容与目的相结合的转化性使用的具体构造可以看出,由于内容与目的相互糅合在一起,作品的目的需要借助作品本身的内容,如作品的尺寸、作品所摘取的原作中的元素等表达出来,因此在判断顺序之上,笔者建议采用一种由表及里,也可以说是一种从客观到主观的分析方法来认定作品是否构成转化性使用。

(二)内容与目的相结合的转化性使用的判断方法

内容转化性使用与目的转化性使用这两种认定方法之间并不存在冲突与矛盾,这也就使得内容与目的相结合的转化性使用在认定的时候是不会发生冲突的

当先对内容是否具有转化性进行分析时,主要考察的是新作是否摘取了原作中具有可分性并且必不可少的“元素”。在萨尔茨案中,绿日乐队并没有将原作中的头像加以适当的“解剖”,或者说没有将其化解为更小的元素,比如原作中“张大的嘴巴”“惊恐的眼睛”“僵硬的面部”等。[1] 从这个具体的实践操作中可以看出,所有对于内容的转化性的认定之中,并没有牵涉目的转化性使用在认定过程中需要考量的内容。因此,虽然作品本身在内容与目的这两方面表现为糅合的状态,但是在具体判断内容与目的相结合的转化性使用

---

〔1〕 Sites, Brian, Fair Use And The New Transformative, *Columbia Journal of Law & the Arts* 39, 2016, p. 518.

的过程之中,这两者还是能得到很好的区分的。

将视角再转到目的转化性使用的认定过程中。在目的转化性使用的认定步骤中,目的的判断基于内容,但并不是局限于内容,而是高于内容之上,这是一种“二次使用”者所需要表达的一种追求,或者说是创作出新作的目的与意图。这与内容转化性使用对内容的判断是截然相反的两种路径,对内容转化性使用的判断需要对原作的内容进行元素划分,然后再对比该元素是否属于必不可少的行列。而对于目的转化性使用的判断,是基于新作的整体内容来研究的,而不可能单单地从几个元素来判断其目的。从这样的分析中可以看出,内容转化性使用关注的是内容的可分性与局部性,而目的转化性使用关注的却是内容的全局性与整体性,这两者是一个截然不同的判断方向,因此在判断的过程中不会发生冲突和矛盾。

基于以上的分析,就可以大胆地直接套用上文所提及的内容转化性使用与目的转化性使用的判断标准了。第一,考察新作是否构成内容转化性使用。采用上文提及的内容转化性使用的判断标准:(1)要明确原作的内容是否具有可分性,是否能够分解出更小的元素。(2)再将视角转到“二次使用”的作品上来,考查“二次使用”的作品想要表达的内涵。(3)在“二次使用”的整体内涵的引导之下,洞察“二次使用”的过程中从原作中摘取的元素是否是必不可少的。第二,考察新作是否构成目的转化性使用。同样采用上文提及的目的转化性使用的判断标准:(1)分析原作与新作的基础性目的。(2)分析基础性目的之后,如果基础性目的是相同的,再考察原作与新作之间的附加性目的。

通过套用上文所提及的转化性使用的判断方法,也使得内容与目的相结合的转化性使用在整体上与转化性使用的各个理论能够相互配合,不需要再研究出新的判断标准来支撑内容与目的转化性使用,方便在实践之中运用。

追续权立法研究

王丽颖*

摘　要:追续权是特定类别的作者分享其作品每次转售后实现的财产利益的权利,是著作财产权的一种。我国著作权法中有必要增加追续权。从追续权的客体基础上来说,追续权的客体具有特殊性,艺术作品创作者与作品之间有着固有的人身关系,追续权立法的缺失将导致艺术作者与普通作者之间悬殊的机会差异,亦会导致艺术家与艺术商悬殊的收入差距;从法哲学层面来说,追续权的建立具有深刻的法哲学基础,劳动是私有财产权利的自然基础,追续权作为一种财产权利,其产生的依据,便是艺术作品创作者凝结在艺术作品中的辛勤劳动和智慧的结晶,其存在的价值,便是运用市场的经济回报为艺术作品的创作和传播提供激励,促进艺术资源的公平合理分

---

* 王丽颖,辽宁大学法学院2013届民商法学硕士毕业生。

配从而实现一个国家对公平正义价值的精神与追求;从法经济学层面来说,追续权的建立具有深刻的法经济学基础,追续权制度可以明晰产权分配,降低交易成本,优化资源配置,从而促进市场交易,增加社会财富,维持利益平衡。我国追续权的确立具备充分的可行性。在理论层面上,追续权制度与权利穷竭原则并不抵触,与契约严守原则亦不冲突;在现实层面上,追续权的确立不会造成艺术市场的破坏,其运作机制的复杂性也有方可循。我国著作权法修改草案虽增加了追续权,但并未对具体制度设计作出规定。追续权不宜单行立法,应当规定于我国著作权法之中;追续权的主体限于作者本人或继承人、受遗赠人;追续权的客体应限于美术作品、满足条件的实用艺术作品,文字作品、音乐作品的手稿以及摄影作品不宜包括在内;追续权的提成方式宜采取超额累进提取法;追续权所适用的交易方式除了拍卖方式还应包括任何形式的私人转售;追续权由集体管理机构行使,在行使方式上创建艺术品的可追溯机制;追续权保护期限的设定应权衡各方利益关系,不宜过长或过短;在对待域外艺术家的态度上,宜采用以实质互惠为基础的追续权立法。

关键词:追续权　产权界定　立法必要性　立法可行性

2012年3月31日,《中华人民共和国著作权法》修改草案(以下简称草案)第一稿发布,国家版权局向社会公众征求意见,这是自1991年6月1日起著作权法施行以来的第三次修改。本次修改草案的一大亮点是新增了一项“追续权”。草案第11条第3款第13项规定“著作权中的财产权利包括:……(十三)追续权,即美术作品、摄影作品的原件或者作家、作曲家的手稿首次转让后,作者或者其继承人、受遗赠人对该原件或者手稿的每一次转售享有分享收益的权利,追续权不得转让或者放弃”。[1] 2012年7月,国家版权局公布了草案的第二稿,并于第二章第12条中又进一步规定:“美术、摄影作品的原件或者文字、音乐作品的手稿首次转让后,作者或者其继承人、受遗赠人对原件或者手稿的所有人通过拍卖方式转售该原件或者手稿享有分享收益的权利,该权利不得转让或者放弃,其保护办法由国务院另行规定。”[2]该草案一出,追续权这一与艺术品相关联的新内容,即刻引发各相关行业的热议,艺术家们认为这是法制完善带来的福音,艺术商则认为这是艺术市场的一把“夺命追魂枪”,[3]两大利益团体针锋相对,各自据理力争。

作为艺术家的代表,我国著名画家石齐如是说:“追续权如果真的能够实施,这些流散出去的我的作品,其市场表现就和我有了点关系……它的好不是体现在金钱上,而是让我感受到了前所未有的尊重……追续权是个了不起的制度”。[4] 作为相对方的代表,华辰拍卖总经理甘学军在草案公布之时即在微博中表达了强烈的情绪:“听说版权局拟在著作权法修订案中提出:通过拍卖转让美术作品,需要给作者或其继承人交纳一定比例的费用。荒唐之极!第一,不厚道!对收藏者是恩将仇报!第二,不公平!咋就只提拍卖呢?第三,不明智!殊不知交易利益和热情被遏制了,艺术家的利益和热情也会被遏制!”[5]

2012年10月30日,草案第三稿经过修改已完成,将抵送国务

[1] 《对〈著作权法〉草案争议热点的看法》,载中国经济网:Http://culture. People. Com. Cn/n/2012/1113/c172318-19568646. html. 最后访问日期:2012年11月13日。

[2] 佟灵:《著作权首次引入“追续权”的概念》,载出山网:http://news. chushan. com/index/article/id/64028,最后访问日期:2012年8月14日。

[3] 刘畅:《作品的追续权或变为“市场夺命追魂枪”》,载 http://www. artdepot. cn/news/ show/id/2512,最后访问日期:2012年11月7日。

[4] 金叶:《追续权:“进步还是不合时宜”》,载雅昌艺术品拍卖网:http://auction. artron. net/show_news. php? newid=286578,最后访问日期:2012年12月3日。

[5] 戈戈:《艺术品追续权法案惹争议》,载新浪收藏:http://collection. Sina. Com. cn/yjjj/20121225/072797480. Shtml,最后访问日期:2012年12月25日。

院以及全国人大常委会审议。[1] 然而有关于追续权这一新增权利的争论仍在继续，这一现象并不奇怪，首先这是不同利益群体在利益诉求上存在差异的表现。其次，长期以来，公众对追续权制度这一概念本来就很生疏，更不必说理解其中深刻的法学内涵，加之我国著作权法律普及度并不乐观，社会各界在著作权法律制度的认知上存在差异，并且，一些利益群体对草案存在误解，进而误导了社会群体对追续权制度的认知。那么，怎样认识这一权利以及追续权是否具备理论与现实上的正当性及可行性将是我们要诠释的问题，并且由于草案中关于追续权仅有原则性的规定而缺乏细化的规则，如此我国的追续权又该作怎样的制度安排才足够科学而不至于盲目，这都是我们要讨论的问题。

一、追续权的界定

追续权的概念于19世纪末期被引入欧洲，公众自那时起已广泛意识到了艺术作品创作者与经销商之间紧张的经济利益冲突关系以及艺术作品创作者对社会发展的特殊重要性。艺术作品已成为交易市场的重要载体，对人类艺术发展起着至关重要的作用。追续权便在这一环境下孕育而生，并于1920年首度出现于法国立法中。

（一）追续权的内涵

“追续权”最早由法国于1920年确立并被列入法典，其法文表述是“droit de suite”，取其“对生活的渴求”之意。“这种与艺术作品及载体的‘原件’相联系的权利，即‘原件’之所以为物的再次出售，原作者有取得报酬的特殊权利，它借用了法国民法典（注意：法国民法典并不规范知识产权，故言‘借用’）中，有关专有财产权的权利人

[1] 赖名芳：《〈著作权法〉修改草案将呈报国务院，柳斌杰出席修订工作领导小组第二次会议并讲话》，载 http://www.G app.gov.cn/news/1671/108615.shtml，最后访问日期：2012年10月31日。

享有的'追索权'或'求偿权'的用语。"[1]很显然,"追续权"一词并不是著作权法领域的专有术语,而是有形财产法的专有名词被引申到了著作权领域。概言之,追续权旨在赋予艺术作品创作者一种特殊权利,用以保障艺术作品创作者在其艺术作品原件首次销售后的每一次转售中仍可获得一部分转售利润提成的权利。

1. 追续权的名称选择

追续权,英文中称作"resale right""resale royalty right""right of following""right of pursuit""right of continuation"。[2] 中文译作"转售权""转售版税权""延续权"[3]"追及权"与"继续权"。

首先,从法律术语的严谨性上来看,"转售权"与"转售版税权"这两种说法过于简单模糊,容易造成歧义。前者会误读为民法中的一般财产处分,后者虽更接近获酬权但却无法明显道出与其他著作权作品的区别。

其次,从是否基于法定事由的发生这一点上来看,笔者认为"延续权"与"继续权"这两种译法并不合适。追续权的主张以艺术作品原件发生再次转让为前提,因此时间上是中断的而非延续的。艺术作品在首次销售之后,因出售行为这一法律事实的完成使得权利被中断,权利消失,而又因艺术作品转售行为这一特定的法律事实的发生而使得权利又恢复完满状态。因此,特定法律事实中断,则权利消失;特定法律事实再发生,则权利恢复,如此循环往复。故此二者皆体现不出该权利实现过程中的中断之含义,都不可取。

最后,"追及权"这一译法则不能准确地区分开其与物权法上的

---

[1] 郑成思:《知识产权、财产权与物权》,载《中国软科学》1998 年第 6 期。

[2] Alexandra Peers, If Artists Get Their Cut ; A Coming Change in British Tax Law Could Reshape The World's Resale Market, *Wall Street Journal*, Jan 14,2006.

[3] [法]克洛德·科隆贝:《世界各国著作权与邻接权的基本原则:比较法研究》,高凌瀚译,上海外语教育出版社 1995 年版,第 123 页。

物的追及权之间的区别。我国著作权法修改草案中的译法为“追续权”,笔者认为这一译法生动地体现了该权利的权能,既能体现出中断后恢复之含义,又不至于造成民法概念上的混淆,因此,“追续权”最为合适。

2. 追续权的定义方式

由于各国在追续权权利主体、权利客体、权利内容方面的规定皆不尽相同,因此世界范围内对追续权并没有统一的有公信力的定义,各国在对追续权的定义的方式上有所差异。

第一种定义方式是基于本国具体国情将追续权细化到各个细节,将追续权权利主体、客体与内容一并规定在法律之中。如具有代表性的法国在《法国知识产权法典》第 L122 - 8 条规定:“尽管艺术作品的原件已转让,平面绘画及立体造型艺术作品的作者,对拍卖或中间商转卖该作品所得收益有不可剥夺的分享权。”[1]再如我国著作权法修改草案(第三稿)中关于追续权的规定是,“美术作品、摄影作品的原件或者手稿首次转让后,作者或其继承人、受遗赠人对该原件或者手稿的每一次转售享有分享收益的权利,追续权不得转让或者放弃”。这些法律规定为我们定义追续权提供了指引,但不能作为追续权的定义。笔者认为,所谓“定义”应要求对事物本质特征进行全面的高度概括,这区别于只规定部分内涵即可的“诠释”。这种下定义的方式,虽然将追续权的主要内容囊括进去,但仍未揭示追续权的全部内涵,并且有失简洁。这样与其说是追续权的定义,不如说是追续权的一种诠释更为合适。

第二种方式是采用较简洁与通俗易懂的方式对追续权加以规定,如有美国学者指出,追续权即艺术家从作品的转售中分享利益

---

〔1〕 刘迪:《增加追续权,平衡作者与艺术商利益》,载雅昌艺术品拍卖网:http://auction. Artron. Net/show_news. Php? Newid =287181. ,最后访问日期:2012 年 12 月 4 日。

的权利，[1]这一定义的确不失简洁性，读来亦是通俗易懂，但是定义中“艺术家”这一概念有些过于模糊，每个国家甚至每个人对艺术家的定义都不相同，用一个模糊的概念去解释另一概念，那么能否定义准确也可想而知了。

再如我国学者吴汉东认为追续权的含义是“当艺术作品被再次出售后，如果购买人转售他人的价格高于购买时支付的金额，则该作品的作者有权从此差额中分享一定比例的金额”[2]。这一方式简洁地阐明了追续权的概念，认为作品作者有权从差额中分享一定比例的金额，将追续权的提成方式限制为差额提取。实际上追续权本身并非只有一种提成方式，除此之外还包括总额提取，这一定义便因此缺乏了全面性。

又如李翠春认为“艺术作品，尤其是美术作品的原件经作者首次转让后，如果受让人又转售给他人并且所获得的价格高于前次转让的价格达到一定数额，那么作者就后续转让的总价或者增值部分，享有一定比例的提成权”，[3]笔者认为“提成权”一词的确达到了通俗易懂的效果，但采用这一概念并不妥当，提成权并非法学上的专业概念甚至在其他学术领域都无据可查，是定义者自创的一个权利，我们可以说作者有权享有一定比例的提成，但享有一定比例的提成权却有失严谨性，有些不伦不类，故此不宜作为追续权的定义。

第三种方式是采取兼容并包的方法来定义追续权。如国际公约和国际组织即用较为宽泛的概念来确定追续权的含义，如世界知

[1] [美]杜博夫等：《艺术法概要》，周林译，知识产权出版社2011年版，第161页。根据原著的上下文，这里所说的“艺术家”，指的是美术家，而不包括作家、音乐家等其他广义艺术作品的作者。下文所引克罗地亚学者观点中所说的“艺术家”情况与此相同。而事实上，在相当多的文章或法律条文中，“艺术”往往和“美术”混用，应当注意加以区别。

[2] 吴汉东、胡开忠：《无形财产权制度研究》，法律出版社2001年版，第85页。

[3] 李翠春：《追续权在我国的适用初探》，载《法制与社会》2011年第8期。

识产权组织出版的《版权与邻接权词汇》中所表述的定义，即“作者、其继承人或法律指定的组织，在保护期限内，在美术作品原件的每一次转售中要求分享一定份额的权利。这一权利也可适用于手稿的再出售”。[1] 作为世界知识产权组织所给予的定义，这一规定将权利主体限制为美术作品原件和手稿，虽兼容并包，但实则仍未揭示追续权的全部内涵，有失简洁的同时又忽视了各国对于追续权主体方面的差异，因此亦不妥。

定义应当是对于一种事物的本质特征或一个概念的内涵和外延的确切而简要的说明。[2] 笔者认为，由于各国追续权实施程度不同，不宜在定义中体现采用过于具体的规定，而富于严谨性和包容性当是追续权定义的标准，而至于追续权的权利客体和利益分成比例，可以在各国立法中单独规定。因此，宜将追续权定义为：特定类别的作者分享其作品每次转售后实现的财产利益的权利。

（二）追续权的特征

1. 追续权的性质是著作财产权

对于追续权的性质，著作权立法理论上存在以下三种学说：著作人身权说、著作财产权说与综合权利说。

综合权利说认为追续权具有财产权利的性质又兼具人身权利的性质。郑成思先生在其《版权法》中，把追续权列为一种与著作经济权利、著作精神权利所并列的权利，丁丽瑛认为追续权兼具著作财产权与著作人身权的属性，是以财产形式表达人格利益的一项特殊著作权利。[3] 综合权利说所持的理由如下：其一，追续权外部表现为一定财产利益，而我国著作权法根据作品的使用方式来划分著

---

〔1〕 [西]德利娅·利普希克：《著作权与邻接权》，中国对外翻译出版公司 2000 年版，第 161 页。

〔2〕 中国社会科学院语言研究所词典编辑室编：《现代汉语词典》，商务印书馆 2012 年版，第 458 页。

〔3〕 丁丽瑛、邹国雄：《追续权的理论基础和制度构建》，载《法律科学》2005 年第 3 期。

作财产权,而追续权并不涉及作品的使用方式而仅包括转让的问题,故不是单纯的财产权;其二,追续权的请求基础不仅包括艺术作品创作者在原件中凝结的精神利益,还须满足艺术作品创作者遭受不公平损失的经济条件,故不是单纯的人身权。笔者认为,判定一个权利的性质应本着科学和严谨的态度,追续权固然含有精神权利的特征,但是不能含糊地说它既是财产权又是人身权,不能模棱两可,正如复制权作为著作权的一种,亦体现了作者的精神价值,与人格利益无法割裂,却仍被划作著作财产权一类。故综合权利有过于矫情之嫌,并不可取。

著作人身权说则侧重于强调追续权的人身属性,如《澳门著作权法》将追续权置于著作人身权,理由在于它的不可转让性和不可抛弃性。笔者认为,首先,这一理由有失偏颇,追续权作为一种外来制度,其设立之初就被立法者冠以不可转让与不可抛弃之名,表面上是着力说明追续权这一权利本身与人格利益无法分割,实则是追续权出现初期,立法者为了避免创作初期艺术作品创作者往往为了生计被迫放弃权利而加大追续权的实施力度而有意而为;其次,追续权虽然具有不可转让性,但是追续权制度设计中,追续权却基于对艺术作品创作者的间接补偿而获得可继承性,从这一点上即区别于著作人身权。因此追续权亦不作为著作人身权存在。

著作财产权说则认为追续权是一种特殊的财产权,并且可以被继承。法、德、意等国的著作权法以及《保护文学和艺术作品伯尔尼公约》(以下简称《伯尔尼公约》)都将追续权列为著作财产权,吴汉东在其所著的《知识产权法》的编写体例上将追续权归入了著作财产权,李琛在其《知识产权法关键词》一书中亦将追续权纳入著作财产权中,李明德、许超认为追续权是一种著作经济权利;我国著作权法修改草案也将追续权列在著作财产权之中。笔者认为,追续权设立的原意,就在于保护追续权人的财产利益,为追续权人主张分享作品转售后的经济利益提供依据,并且,追续权的实现也表现为经济利益的补偿,其鲜明的财产属性不允许任何暧昧的说辞。

2. 追续权适用范围具有局限性

追续权适用范围局限性表现在追续权主体、客体与适用期限的局限性。

第一,追续权所适用的权利主体具有局限性,绝大部分国家只包括作者本人(此处指自然人作者)或继承人。法国、德国、匈牙利、比利时、意大利等国以及 1948 年《伯尔尼公约》布鲁塞尔文本对追续权所适用的权利主体的立法表述有所不同,但均将追续权的权利主体限定为艺术作品创作者本人及其继承人,[1] 不包括其他公民、法人或非法人单位。这实际上是艺术作品创作者与艺术商之间利益博弈的结果,因追续权的权利主体直接影响到艺术商的利益,所以追续权的权利主体范围比较狭小,一些国家甚至追续权仅适用于作者本人而不包括继承人。而对于继承人的定义各国规定不尽相同,如法国明确排除受遗赠人对该权利的适用,而意大利却明确将受遗赠人列在其中。

第二,追续权的适用对象一般只限于艺术作品原件,复制品不在其列。之所以限制为作品原件,其原因还要在追续权制度设立背后的立法目的中寻找:设立的目的即在于平衡艺术作品创作者和中间销售商的不公平的利益分配。艺术作品与其他类型的作品相区别,其特殊价值并不在于能够创造大量的复制品,而在于原件的独一无二性。[2] 在追续权缺失的情况下,其他类型的作品创作者可以通过著作权法或版权法获得相应补偿,但是对艺术作品创作者的保

---

〔1〕 Ann L. Straw, Note, A Proposal for National Uniform Art-Proceeds Legislation, 53 *IND. L. J.*, 1978, pp. 129, 134.

〔2〕 Theodore M. Shapiro, Droit de Suite: An Author's Right in the Copyright Law of the European Community, 4 *ENT. L. REV*, 1992, p. 118.

护范围则会非常局限,故此,艺术作品创作者应当与其他创作型作者一样获得持续开发其作品补偿的可能,[1]因此创设追续权是作为保护其客体即艺术作品的特殊保护途径。因此追续权制度所保护的特定作者应当是那些不能通过行使复制权等方式来实现自己经济利益的作者,追续权制度所保护的特定类型的作品应当是那些不可复制或不能通过机械性复制体现该作品价值的作品。

第三,对于追续权制度的保护期限,学界上分为"有限主义"和"无限主义"两种,顾名思义,"有限主义"即是追续权的主张设有一定的保护期限,而"无限主义"则是指追续权的主张具有永久性。从各国规定上来看,追续权多采用"有限主义"的保护方式。笔者认为,追续权应当也必须采用"有限主义"的保护方式。首先,从世界各国对著作财产权的规定来看,皆采用有限期保护的原则,追续权是著作财产权的一种,理应对其采用有限期保护;其次,利益平衡原则作为著作权法中一个重要原则,它指引着立法者基于公共利益平衡的目的来进行著作权的立法,同样,追续权的立法理应权衡艺术作品创作者与艺术商之间的利益关系,对追续权进行无限期保护势必破坏这种利益关系的平衡,对艺术市场带来破坏。因此,追续权保护应当适用法定期限。对于具体法定期限,各国规定有所不同,后文将详细介绍,此处不赘述。

3. 追续权具有期待性

依照著作权法相关规定,自作品创作完成之时起,作品的著作权便产生并受到著作权法的保护,同样,艺术作品的追续权也自创作行为完成之时起始得产生并存在,这也是我们通常所说的著作权之"自动产生"原则。然而,作者若行使追续权并主张参与利润的分

---

[1] Zechariah Chafee Jr., Reflections on the Law of Copyright: 1, 45 *Colum. L. Rev*, 1945, p. 503.

配,就必须以艺术品原件的转售且转售达到一定数额为基础条件。王泽鉴先生在其所著的《民法概要》中指出,“权利以其权利要件已否具备,可分为既得权与期待权”。[1] 按照王泽鉴先生的理论,对于民事权利中的追续权,艺术作品创作者皆享有,然而只有在追续权的全部成立要件都已具备之时,追续权方可作为一种既得权来行使。我国大陆学者也认同该观点并认为期待权是向既得权过渡阶段的权利,此时权利的要件尚未完全具备,但将来却有可能完全具备。[2] 因此,法律赋予艺术作品创作者以追续权,并非赋予其现实的利益,而是一种可期待的利益。当且仅当满足了法律所规定的条件之时,追续权才能够转化为现实的请求权,由此获取救济利益。

二、我国追续权立法的正当性分析

我国著作权修改草案的第三稿已经完成,然而自著作权制度建立以来学界对追续权这一权利的研究少之甚少,很多学术论作即便提及追续权,也多为概括性介绍并未做深入研究,缺少实事求是的立法研究。因此,匆忙立法实在有失妥当,即便仅有概念性规定,实践上也未必能够得到有效实施。追续权在我国立法是否存在深厚的理论根基,是否有足够的现实基础,都是本文拟要解决的问题。

(一)我国追续权立法的客体基础

艺术作品具有区别于一般作品的固有属性,它的存在具有鲜明的特殊性,这是追续权立法的重要客体基础,而这种特殊性直接决定了追续权制度建立的必要性。

1. 艺术家与艺术作品增值之间直接的因果关系

确认与保护追续权的立法原意即是在于补偿、救济艺术品作者

---

〔1〕 王泽鉴:《民法概要》,中国政法大学出版社 2003 年版,第 41 页。

〔2〕 王利明:《民法》(第 2 版),中国人民大学出版社 2006 年版,第 116 页。

的不公正待遇。艺术作品(主要是绘画和造型艺术作品)所独有的追续权是大陆法系国家著作权体系的一项重要权利,在欧洲国家已有近百年的历史。[1] 艺术作品的创作与随之而来的艺术作品增值之间存在直接的因果关系,艺术作品创作者和其作品原件之间存在固有的人身性链接,这也就意味着艺术作品并非单纯的经济财产,它亦体现着艺术作品创作者的精神价值,这种现象在我们市场交易中的普通财产中是不存在的。

我国美术、摄影、书法等艺术作品在拍卖市场中的流通已经非常活跃,国内拍卖市场业已日趋活跃和成熟,令人瞠目结舌的艺术作品增值现象随着人们审美水平的提高而大幅增多。在市场拍卖等交易活动中,应当赋予艺术作品创作者分享报酬的权利,这尤其表现在艺术作品创作者在艺术作品转售之后仍享有对于明显高出首次销售价格的部分进行利益分享的权利。正如我国著名画家石齐如是说:"我的作品尽管拍卖价格比较骄人,几百万、上千万的都有,但跟我关系并不大,画虽是我画的,但不是我的画。追续权如果真的能够实施,这些流散出去的我的作品,其市场表现就和我有了点关系……它的好不是体现在金钱上,而是让我感受到了前所未有的尊重……"[2]这不仅仅是简单地使艺术作品创作者有权就作品的市场表现分享一部分经济份额,亦是对作者精神价值的尊重,更是我国著作权法理念的体现。

2. 艺术作品与普通作品之间悬殊的机会差异

艺术作品不可通过机械性复制来实现作品价值,从而使艺术作

---

[1] Diane B. Schulder, Art Proceeds Act: A Study of the Droit de Suite and a Proposed Enactment for the United States, 61 *Nw. U. L. Rev*, 1966 – 67, p. 19; Rita E. Hauser, The French Droit de Suite: The Problem of Protection for the Underprivileged Artist Under the Copyright Law, 11 *Copyright L. Symp.* (*ASCAP*), 1962, pp. 13 – 14.

[2] 金叶:《追续权:进步还是不合时宜》,载雅昌艺术品拍卖网:http://auction.artron.net/show_news.php?newid = 286578,最后访问日期:2012 年 12 月 3 日。

品与普通作品之间形成了悬殊的机会差异。原件的首次销售使得艺术作品创作者不再享有对其著作权再开发的可能。相较于著作权领域的其他作者或作曲家而言,艺术作品创作者对其作品进行开发利用的机会要单一得多,其他作者通过其作品创作后的大量生产、录音、传播和表演即可分得著作权法带来的福音,而艺术品作者所创作的作品却只被视为单一的物体,首次售出后,日后将无法继续被开发利用。艺术作品的特殊性致使艺术作品与其他作品之间形成了最本质的机会差异:艺术作品的独一无二性和不可替代性使机械性的复制品不可代替原作的价值,简单的复制权不能保证艺术品作者应得的著作权利。其具体表现如下:

首先,从理论上进行分析,赋予艺术作品创作者独有的追续权,并非是基于对艺术作品本身,而是基于对该艺术作品的使用。[1] 我们知道,广播者对于某音乐作品的使用中涉及的音乐作品每一次的播放,广播者都需要支付给作者以一定报酬,同样每一部电影在不同时间里也会有不同的观众,每次观赏该部电影的观众都需要凭票观影。那么同样地,当艺术作品被卖出,基于他人对这一艺术品的欣赏,需要支付一定报酬。当艺术品被转售后,这一艺术品便有了新的欣赏者,为了公平起见,相应地也要支付一定的报酬。而现实情况却是,艺术作品创作者获得酬劳的权利是与一般作者和音乐家不同的,普通作者和音乐家的著作权保护可以通过复制品的销售来实现,而艺术作品的价值却独独反映在具有原创性的原件之中,[2] 这种悬殊的机会差异决定了立法者有必要为了维持著作权法体系的机会公平而采取必要的行动。

---

〔1〕 Dan Skolnik, "Private Use Out of Control: Disintermediation in the Music Business, While the Bands Play On", 5 *NO. 2 INTELL. PROP. L. BULL.*, 2000, p. 16.

〔2〕 Christine L. Chinni, Droit D'Auteur Versus the Economics of Copyright: Implications for American Law of Accession to the Berne Convention, 14 W. New Eng. L. Rev, 1992, pp. 145, 153 –154.

其次,与艺术作品相差甚为悬殊的是,其他作品仅通过机械性复制即可源源不断获益,艺术作品创作者的收入仅仅来源于个人创造的首次销售,转售后的一切将与艺术作品创作者毫不相干,这便造成了作品转售后利益鸿沟的产生,特别是在该艺术家声望大增之时这种差距表现得更为明显。艺术作品创作者与其他创作型作者具有平等的地位,应当拥有同样的经济机会与报酬,艺术品创作者亦有权利得到持续的、不间断的基于他人对作品的每次使用而获得的相应报酬。作曲者享有广播权,剧作家享有表演权,艺术家亦不能被剥夺同样的正当权利。

最后,对艺术作品保护的缺失使这种机会差异有扩大化的趋势。其他类型的作品创作者可以通过著作权法获得相应补偿,保护的范围也随着著作权法的完善而扩大与细化,对艺术作品创作者的保护范围则相对而言更为局限。在追续权缺失的情况下,对艺术作品的正当著作权利的保护将无从谈起。故此,艺术作品创作者应当与其他创作型作者一样获得持续开发其作品补偿的可能,[1]追续权具有正当性,理应作为保护其客体即艺术作品的特别保护路径。

3. 艺术家与艺术商之间鲜明的收入差异

在艺术领域,对艺术作品价值的认可往往远远滞后于艺术家创作。多数艺术家直至晚年甚至是死后才得以成名,其所创作的艺术品价格才随之上涨,而此时艺术品原件早已脱离创作者所有,艺术品经销商在转售中获得巨额利润,而艺术品创作者与其继承人却无缘得到任何补偿。艺术作品首次售价与转售价格之间存在巨大价差,再次销售中的这种悬殊的利益分配使艺术作品创作者遭受极为不公平的经济待遇,这种现象在著作权领域中是绝无仅有的。从我

[1] Zechariah Chafee, Jr., Reflections on the Law of Copyright, 45 *Colum. L. Rev*, 1945, p. 503.

国艺术品市场的现状与我国艺术家的处境上来看，艺术家与艺术商之间的收入差异则表现得尤为明显，具体体现如下：

从我国艺术品市场的角度来看，齐白石的画作30余年里上涨了3000多倍；1989年11月香港集古斋以35万元的价格买下了李可染的绘画精品《万物葱葱横翠微》，时隔仅半年，集古斋又以150万元的价格转卖他人，转卖过程中的高额利润却尽入艺术经销商之手，[1]2011年，张大千的作品拍卖总额高达5.067亿美元，位居全球第一。[2] 按照很多人的理解，以为这些天价艺术品的作者身价如此之高必定拥有可观的经济财富，实际上，这令人垂涎的价格艺术家却无缘分得一分，所有的利润都尽入艺术商与收藏家的荷包里。

从我国艺术家的现状来看，在中国，贫困线上的艺术家不在少数。被称为中国当代艺术的领路人的艺术批评家粟宪庭说："我看到很多艺术家的生活非常艰苦。宋庄有几个大牌的艺术家，有很大的房子、好多汽车，可他们只是金字塔塔尖上少数的人，大部分人实际上还是非常贫穷的，生活完全无着落，有的厨房里只有盐、酱油、醋、一大堆的白菜和挂面，没有任何别的东西。"[3]我们想象之中艺术家是丰衣足食、光鲜靓丽的，他们闪动着创意与灵性的光环，不仅拥有着令人钦佩的艺术素养，更因此拥有着难以企及的艺术高度与令人瞠目结舌的经济财富，而事实上远非如此，艺术作品创作者早在作品脱离自己掌控之后与该作品划清界限了。

综上，艺术作品创作者是支撑一个国家文化发展的重要力量，

---

〔1〕 新华网:《书画作品奇货可居——李可染作品行情探析》,http://news.China.com/zh-cn/news100/11038989/20080218/14677538-1.html/,最后访问日期:2012年2月27日。

〔2〕 李杰、童方:《中国艺术家:作品价格超毕加索,个人知名度滞》,载第一食品网:http://www.foods1.com/content/1490418/,最后访问日期:2012年2月24日。

〔3〕 《当代艺术天价大腕推手粟宪庭,关心穷艺术家》,载艺术档案网:http://www.Artda.Cn/view.Php? Tid=1099&cid=2,最后访问日期:2009年1月2日。

追续权是保护艺术作品创作者利益的必然途径,艺术作品的特殊性决定了追续权的缺失必将导致艺术作品创作者与其他作者之间机会的不平等、艺术作品创作者与艺术商之间收入的过度悬殊以及艺术作品创作者的精神利益不能得到完全保护。这无疑将会构成对一国文化发展的致命损害,因此,在我国建立追续权确有必要并且宜早日提上日程。

(二)我国追续权立法的法哲学分析

黑格尔认为:“哲学与他的时代是不可分的。所以哲学并不是站在他的时代之外,它就是他的时代的实际的知识。”[1] 法哲学为我们提供了新的视角,也为我们探究追续权制度建立的必然性提供了天然的思路。

1. 自然权利理论

根据自然财产权理论,劳动是私有财产权利的自然基础,一切基于个人劳动所享有的私人财产权皆是人类所享有的自然权利,追续权作为一种财产权利,其产生的依据,便是艺术作品创作者凝结在艺术作品中的辛勤劳动和智慧的结晶。

从法哲学角度来看,自然权利论牢牢扎根于古代、中世纪和近代的自然法理论,自然权利依据自然法则与人性产生,并非依据国家的制定法取得,是一种与生俱来的、不可变更的权利,如生命、自由和财产权利。这在美国的《独立宣言》与法国的《人权宣言》中都有着重强调。[2] 自然权利理论运用具体的“人权内容”克服了自然法的不确定性与模糊性,采用不可剥夺的“权利属性”克服了自然法的超脱性与批判性,厘清了与实证主义的界限,开启了从“应有权利”到“法定权利”再到“实然权利”历史性的转换进程,具有深远的理论意义。

---

[1] 陈梦群:《休谟的正义思想研究》,浙江财经学院 2010 年硕士学位论文,第 20 ~24 页。

[2] David M. Walker, *The Oxford Companion to Law*, Clarendon Press, 1980, pp. 3 -5.

洛克的自然权利论中最有价值的一部分当属他的财产权利理论，在洛克的自然权利理论中占据最核心的地位。洛克用自然权利哲学原理阐述了财产权利理论，并深刻、明确地阐明了财产权利是一种自然权利，而不是政府或者法律所规定的权利。洛克认为："上帝既创造了人类，便在他身上，如同在其他一切动物身上一样，扎下了一种强烈的自我保存的愿望，也在这世界上准备了适于人类衣食和其他生活必需的东西。"[1]洛克指出，按照上帝的启示，财产权利是为人类所共有的权利，然而上帝也必须尊重人类自我保存的权利，人类通过拨归私用的方式来利用这个世界。在洛克看来，拨归私用的方式即是劳动，是财产权利的依据所在。这是因为"每个人对他自己的人身享有一种所有权，除他以外的任何人都没有这种权利……他的身体所从事的劳动和他的双手所进行的工作，是正当地属于他的"。[2]

可见，在洛克眼中，劳动是私有财产权利的自然基础，公共物品因劳动的掺入而丧失了原来的公有性并为人所私有，便产生了私有财产，任何人对其自身的劳动，都有着排他性的所有权。洛克告诉我们，供人类所享用的资源绝大部分是人类自己创造的，极少部分是由上帝赐予的，甚至可以忽略不计。在人类几千年的历史中几千年所创造的社会财富千百倍地增长，都是洛克财产权利理论的有力证明，是"劳动创造价值"这一真理的最深刻体现。

既然"劳动创造价值"，追续权作为一种财产权利，其产生的依据，便是艺术作品创作者凝结在艺术作品中的辛勤劳动和智慧的结晶，对其用双手和头脑所创造的劳动成果是其享有追续权的天然性依据，任何人都不可以"享用免费的午餐"或是占为己有。有人称，艺术作品一旦辗转至他人手中，其所有权已发生了当然性的转移，

---

〔1〕［英］洛克·瞿菊农：《政府论》（上篇），叶启芳译，商务印书馆2005年版，第74页。

〔2〕［英］洛克·瞿菊农：《政府论》（下篇），叶启芳译，商务印书馆2005年版，第341页。

并且艺术商在艺术作品中同样投入了劳动与风险,其必然享有完全所有权,这是无可厚非的。在这一点上洛克给了我们满意的答案,财产累积的前提条件是应当也必须是勤劳,一个人所拥有的财产不应超越其劳动的限度,自然权利对人所排他性占有的财产亦有着天然的限制。艺术作品交易过程中确实存在艺术商固有的劳动,但其所相应拥有的财产份额应当与其劳动的限度相匹配,艺术作品升值的巨大利润不应当为艺术商所独享,这是财产权利理论的天然性要求。

任何个体对其所创造的劳动果实皆享有自然的、永久的权利,不可为任何人所剥夺。而追续权恰恰凝结了艺术作品创作者自身的汗水和劳动成果,这一权利是固有的、自然的,也是永恒存在的。没有艺术作品创作者的辛苦创作,高价将无从谈起。艺术作品创作者有苦难言,无从救济自己的权利,将是一个国家法律的遗憾与缺陷,追续权是艺术作品创作者享有的正当的、自然的、不可剥夺的权利,追续权制度亦是一个国家经济发展到一定阶段的必然产物。

2. 法的激励理论

综观世界,激励理论广泛地影响着各国著作权立法。美国宪法中版权条款揭示了这一工具主义的内涵,赋予作者的专利权作为一种手段存在,其最终目的在于促进科学及有用技术发展。[1] 具体而言,即为作品的创作和传播提供激励。[2] 《安娜女王法》中的序言也体现了这种激励理论思想,[3] 该法在序言部分指出:在有限的时间里确保作品的专有权,其目的在于防止认为未经作者同意擅自印刷、翻印或者出版有益作品的行为,以此鼓励有学识的人编辑、出版有益作品。1842 年的英国《著作权法》指出,制定与著作权相关的法

[1] 35 Pat. Trademark & Copyright J. (BNA) No. 859, Dec. 10, 1987, p. 124.

[2] 冯晓青:《著作权法之激励理论研究——以经济学、社会福利理论与后现代主义为视角》,载《法律科学》2006 年第 6 期。

[3] 98 Eng. Rep. 1769, pp. 204 -205.

律给予世界文学作品的创作以更大的激励是大为有益的。同时强调激励理论的还有美国 1995 年发布的关于知识产权与国家信息基础设施的报告,报告指出,立法者面对数字技术进步的客观存在,应当继续维持对作品的合理使用和对作者的创作激励之间的平衡。

激励理论是著作权法理念的重要哲学层面,建立在工具主义或者说公共福利理论基础之上。从法的哲学角度看,激励理论的原理亦可以解释追续权所产生的正当性。在追续权的权利设计中,运用市场的经济回报来激励艺术作品的创作和传播是追续权的重要的特点之一,并通过此种方式来促进有益艺术及文化的发展。在这种机制下,允许并鼓励艺术作品创作者使其作品商业化,赋予其对艺术作品原件的转售再次分配的权利,能够使作者获得潜在或现实的利润,进而能够刺激艺术作品创作者创作出更多更有价值的作品,从而促进我国优质艺术作品的增长。追续权的良好实施则意味着艺术作品创作者在这种激励机制中获得了经济补偿,从而在此基础上刺激了创作,使公众能够享有对更多的文化艺术作品的接近权。

激励理论的中心观点在于,若不为创作作品提供足够的保护,作者将不会有足够的动力进行智力创作。从效用的角度来说,缺乏著作权保护的作品,将不存在理想的生产与分配,从功利的角度而言,给予原创性作品足够的激励能够确保及时的投资、有效的回报。激励理论下,为公众提供更丰富更优秀的作品居首要地位,给作者的报酬处于次要地位。由此,激励理论便是通过赋予作者对于其创作作品的专有权利,鼓励智力作品的创作并促进文化的传播。

不妨对追续权中所传达的激励理论精神进行深入研究。艺术作品的创作显然需要付出一定的“经济成本”,这包括创作时间、金钱与劳动的必要投入,作品创作出来后,便会产生一定的经济收入,这种经济收入不限于作者通过销售而获得的经济利益,也包括作品在传播过程中所取得的精神利益,与此同时还包括具备社会性的作品作用于精神生活而使得人们获得艺术享受这一过程中所产生的社会利益或效益。因此,要实现社会利益首先要寻求对智力作品创作者的激励,否则无人热衷于创作将无法实现著作权法的既定目标。只有当收获的利益大于创作的诸多成本时艺术作品创作者才有动力继续从事艺术创作活动,而当艺术作品创作者所获利益小于创作成本或不公平地落入他人腰包时,其创作积极性将会受到严重损害,其创作激情也将大打折扣,从而将无形中扼杀更多有价值的艺术创作活动。艺术作品创作者若仅靠声誉生活是不可能的。如果其劳动成果不能得到合理的酬报,而由他人坐享其成,[1]那么其创作热情将会受到很大的损害,对文化的发展和传播也是极为不利的。缺乏文化保护的国家,其文化表达将会受损甚至窒息,我国万万不可因小失大。

综合而言,首先,赋予艺术作品创作者以追续权,使之对其作品实现对作品原件的某种内在的专有控制权,且外部表现为后续转售收益的部分经济控制权,这既能够为我国艺术作品创作者提供保护其人格与精神权利的有力武器,也能够通过经济权利的实现使得艺术作品创作者在收回创作投资的基础之上获得应得的必要利益;其次,没有追续权的保护,我国艺术作品创作者将会受到不需要承担作品创造成本的艺术商们的损害,此种情况下,艺术作品创作者可能会拒绝将作品投入市场,亦不会创作出更有艺术价值的作品,更有可能倾向于拒绝公开自己的艺术思想和精粹,从长远上看,对于我国艺术的长足发展也是极为不利的;最后,授予艺术作品创作者的保护以激励艺术作品创作者创作并传播他们的作品,是我国著作权法理念的体现。追续权赋予了艺术作品创作者独占性控制其作

〔1〕 Katherine F. Rowe, Visual Arts: Moral Rights and Resale Royalties, in Advanced Workshop on Copyright Law, 1991, *PLI Pat.*, *Copyright*, *Trademark*, *& Literary Prop. Prac. Course Handbook Series*, 1991, pp. 307, 400 -401.

品再次转售的市场机会,通过这种控制使得作品原件的创作者能够获得更多的利益,从而激励他们创作更富于艺术享受与艺术价值的艺术作品,使我国艺术产业实现可持续发展。

3. 法的价值理论

所谓价值,即客体对主体生存和发展的满足与效用。法的价值是人与法律之间需要和满足的关系,是法对于满足人的需要而产生的积极意义。法有诸多价值,其中公平和正义价值是两个非常重要的方面,这为解释追续权建立的正当性提供了有力的依据。

(1)法的公平价值

知识产权法中的公平,表现为当事人权利义务对等且权利义务的分配符合公平正义原则,也表现为合理、公平地对社会财富进行分配。在知识产权法下,在艺术作品创作者与艺术商权利义务的分配中,实现二者之间的公平正义分配与利益平衡,始终是一个根本的指导原则,这体现着知识产权立法的政策目标,即促进艺术创作、鼓励艺术创新的重要保障。

有人认为,作品原件一旦售出而后期其所包含的所有经济利益即告转移,追续权制度以艺术商受损为代价来换取艺术作品创作者的个人利益,同时剥夺艺术商完整的所有权而让艺术作品创作者参与后续转让的利润分配,同样是有违反公平价值的。

实际上正如前文所述,艺术作品原件的增值与艺术作品创作具有直接的因果关系,二者直接存在不可人为分割的人身关系,也就意味着艺术作品原件不单单只是一种经济财产。在西方,艺术作品被形象地比喻为美丽的灰姑娘,屈从于控制它的人持续、不间断和不公平的利用。[1] 艺术作品创作者无法像其他作者一样通过作品

〔1〕 Zechariah Chafee, Reflections on the Law of Copyright, 45 *Colum. L. Rev.* 1945, p. 503.

的复制而受益,因此简单赋予艺术作品创作者以复制权或翻印权毫无意义可言,艺术品的固有性质使得其不可能在传统意义上被表演或复制,[1]况且,作品首次销售之后即丧失展览权,这毫无疑问对艺术作品创作者而言是极为残酷的。

从法理上来说,立法的基本任务即是对权利义务的分配。著作权立法的公平与否体现在著作权权利义务分配的原则上,而著作权法的权利义务分配原则则体现了国家调整知识产权关系上的公平价值的观念与准则。围绕艺术作品原件而产生的利益主体都试图使其利益最大化,著作权立法是否能够平衡各方利益,保证利益公平是衡量一个国家立法水平的重要因素。追续权制度恰恰通过重构艺术作品创作者与艺术商的权利义务关系与利益分配关系,以保证著作权法公平价值的实现,这一制度是解决我国艺术作品创作者窘境的必然出路。我国追续权制度的存在意义在于,基于艺术作品原件的特性而赋予艺术作品创作者对艺术作品的独占性的专有权,以此来禁止和限制不劳而获的“搭便车”行为,进而起到维系公平价值的秩序的作用,是实现我国社会经济、科技、文化事业的发展进步的现实需要。

(2)法的正义价值

有学者指出:“对于任何法律制度而言,规则正义都是首要的和根本性的,离开了规则正义或制度正义,就不可能最大地实现社会正义。”[2]自罗马法开始,版权法便重在保护可以被“再生产和复制”的作品,而非保护单独的个体。因为艺术作品的自然属性,其未

---

[1] Michael B. Reddy, The Droit de Suite: Why American Fine Artists Should Have the Right to a Resale Royalty, 15 *LOY. L. A. ENT. L. J.* 1995:534 (claiming that because fine art is typically not reproduced en masse, artists do not receive additional royalties and, thus, subsist only on the profits from the first sale of their works).

[2] 刘翰、公丕祥:《21 世纪的亚洲与法律发展》(上卷),南京师范大学出版社 2001 年版,第 249 页。

能得到版权制度下与文字作者和作曲家同等的经济保护,而艺术作品的价值体现在作为一个独一无二的原件,而非作为一个可以被复制成大量副本的作品。[1] 毫无疑问,艺术作品已经被歧视了几个世纪,艺术作品作者与其他作者一样,享有对其作品进行经济开发的权利。[2]

传统观念上来说,艺术作品原件具有某种特殊性质,这使其区分于其他种类的创作作品,艺术作品原件也被认为是“独一无二且再好的复制品也无法企及的最完美体现”,是“完整艺术享受”的唯一源泉。[3] 艺术商与收藏家也因此对艺术品原件尤为珍视。而我们可以对艺术作品所产生的艺术价值进行合理的推理,每一次艺术作品原件所有权的转让都毫无例外地给予新所有人以完美的艺术享受,每一次的转让都是对艺术作品原件的再次开发利用,这种再次开发利用唯独在转售中方可以实现。书刊、歌曲、戏剧、音乐和图片等作品可以通过复制、翻印等方式获取对等的收益,而艺术作品的极限价值就是独一无二的作品本身,他们在售出之时即被剥夺了转售后作品的任何经济利益使用和分配的权利,这无疑是违背著作权法所追求的正义本身的。因此,艺术作品创作者应当拥有与其他创作者同等意义上对其作品的开发利用权,而不应当仅仅把艺术作品原件作为一种简单的有形物品参与到市场交换之中。

综上,追续权的设立即是为了确认、保障和促进艺术资源的公平合理分配。建立追续权制度,体现着一个国家对公平正义价值的

---

〔1〕 See Shayana Kadidal, Obscenity in the Age of Mechanical Reproduction, 44 AM. J. COMP. L., 1996, pp. 353, 356 –57 (describing the duplicate or reproduction of a work as one that depreciates the "quality of... presence" of the ori g i nal work).

〔2〕 *European Union Can't Agree on Artist – Royalty Regulation*, MILWAUKEE J. SENTINEL, Dec. 1999: (9) (recogn izing that painters and sculptors do not have the same royalty rights as musicians and writers).

〔3〕 Paul Katzenberger, The Droit de Suite in Copyright Law, International Review of Intellectual Property and Competition Law, Berlin: Springer, Vol. 4, 1973. p. 368.

追求，体现着一个国家公平正义的观念与准则，也体现一个国家的知识产权法律保护的正义状况，能够确保公平、合理分享社会艺术财富。法官通过在总体上把握当事人之间的权利义务分配，使不同利益主体各得其所并使利益分配达到各方都能接受的程度，对所获的利益感到满足且不失平衡，能够公平合理地维护艺术作品创作者与艺术商的合法权益，进而保证艺术作品收益的分配正义，从而进一步实现艺术作品转售利益分配的稳定秩序。将追续权引入我国著作权法，是公平、正义价值的必然要求，是我国著作权法理念的完美体现。

（三）我国追续权立法的法经济学基础

科斯所著的《社会成本问题》一文为大家阐述了科斯定理：当交易费用为零时，无论权利怎样界定，都可以通过市场交易达到最佳配置。[1] 由科斯定理即可推出科斯第二定理，脱离交易费用等于零的理想世界，在现实社会中交易费用大于零的情况下，不同的法律权利界定，将带来不同的资源和效率配置。那么究竟怎样的权利界定有利于降低交易成本，提高资源配置效率则是需要进一步讨论的问题。我们可以从科斯第三定理中找到答案，即正交易成本存在时，交易过程中，产权的清晰的界定有利于降低交易成本，进而改善资源配置效率与社会福利。[2] 我们不难看出，科斯定理中最根本的是交易成本、产权界定与制度安排这三方面的问题，为我们阐释了法律制度对于一个国家的经济体系运行的至关重要性。

---

〔1〕 参见［美］科斯：《社会成本问题》，载［美］科斯、诺斯等：《财产权利与制度变迁》，刘守英译，上海人民出版社 2004 年版。事实上，科斯定理这一名词并非科斯本人最先提出，他只是将此作为一种常识加以描述，后来斯蒂格勒将此命名为科斯定理。另参见［美］皮特、纽曼主编：《新帕尔格雷夫法经济学大辞典》，法律出版社 2003 年版，第 297 页。

〔2〕 ［美］约瑟夫·费尔德.《科斯定理 1-2-3》，李政军译，载《美国经济学家》2001 年第 1 期。转引自孙宽平：《转轨、规制与制度选择》，社会科学文献出版社 2004 年版，第 48～49 页。

1. 续权明确产权关系，重置产权分配

厘清这个问题之前，首先应明确所有权、产权之间的关系。所谓所有权是指所有权人对特定财产所享有的占有、使用、收益和处分的权利总和。产权则是指受制度保护的权利与利益，是在交易过程中为解决共同财产问题而进行的权利、责任、利益的划分，它是具体权能的复合体。需要明确的是，产权只与交易相联系，特定财产在封闭状态下只存在所有权问题。

产权制度下，社会创新的机制才得以实现，是经济发展与进步的保证。德姆塞茨认为："产权是能够帮助一个人形成与他人交易的合理预期的一种社会工具，其非常重要的功能在于引导人们实现将外部性较大地内在化的激励。"[1]在一个社会形态中，产权机制确定了人类产品分配的规则，为个人的动机如何实现提供了指引，并确保创新利益归于创新者。若产权机制不够健全，只能保证人的短期收益却无法保证长期利益，将会抑制社会创新，从长远上来看，对于社会的进步是有很大不利的。

在市场交易中，平等交换的背后是对商品所有者产权的承认，人们用自己的权利平等地换取他人财产的权利。人与人之间关系的产生，从经济学的视角来看，与每个人的利益是不可分的。获得某种利益或是效用的前提是进行多方面的投入，若投入者不能确定自己的未来预期利益，即是缺乏一种使得人与人产权关系明晰的制度，收益模糊便随之产生，进而造成利益扭曲，严重者则使动力机制失灵，对市场交易之危害可想而知。追求个人效用函数的最大化是人的行为目标，未给予经济利益当事人以相应利益，则会导致产权权利的降低，最终使社会产品大为减少。因此，市场交易中，明晰产

[1] 转引自杨晓勇：《产权理论和人力资本产权制度设计》，载《现代管理科学》2004 年第 7 期。

权,并给予公平的产权分配,是市场交易的基础,是保证市场交易有效进行的首要条件。

按照马克思的观点,"商品不能自己到市场上去,不能自己去交换,因此,我们必须找寻它的监护人,即商品所有者。商品是物,不能反抗人。如果它不乐意,人可以使用强力,换句话说,把它拿走。为了使这些物作为商品彼此发生关系,商品监护人必须作为有自己的意志体现在这些物中的人彼此发生关系,因此,一方只有符合另一方的意志,每一方只有通过双方共同一致的意志行为才能让渡自己的商品,占有别人的商品。可见,他们必须彼此承认对方是私有者,这种具有契约形式的(不管这种契约是不是法律固定下来的)法的关系,是一种反映经济关系的意志关系。这种法的关系或意志关系的内容是由这种经济关系本身决定的"。[1] 在现代产权经济学的视角之下,保证交易的顺利进行,必然要做到产权清晰,明确物权的归属,方可起到定分止争的作用。马克思产权理论也有明确指出,产权清晰对商品交易是不可或缺的。

首次交易后艺术作品原件处于封闭状态,被视为所有权的转移;在交易过程中因明晰了权利划分,亦发生产权的转移。然而随着时间的流逝与作者名气的提升,作品升值后并被再次投入市场,原件的新增价值因凝结了作者的智力价值在其中,就使得作者就该增值部分享有一部分的产权,换言之,转售交易的发生实际上是使原件的新增价值以货币的方式表现出来,而在该作品原件上存在艺术作品创作者的精神利益与智力劳动在其中,因此便有权参与作品原件转售后增值部分的产权再分配。因此,在艺术作品的转售过程中,艺术作品的价值被分成两个部分,一部分被称为基础价值,另一部分被称为价值增值。追续权的作用即是对价值增值部分的产权

〔1〕 马克思:《资本论》(第1卷),人民出版社1975年版,第102页。

再分配过程。

艺术品作为凝结了艺术灵魂的特殊作品，与其他商品的不同之处有目共睹，对艺术作品增值部分的产权如何进行公平的再分配，将是影响艺术品市场交易的基础性因素也是最重要的因素。[1] 若不能够将艺术作品增值后的产权进行科学、公平的明晰，产权的不公平流动将会导致激励机制的失灵，结果当然会使艺术市场仅维持短期的繁荣并最终走向衰败。追续权的参与则是就该作品的新增价值进行产权再分配的过程，该权利本身作为新增价值的产权的一部分，是交易公平的必然要求，追续权制度的缺失，也必定造成产权权利的降低和不公平的产权分配。

追续权恰恰是将产权机制进行合理的再分配，它通过重置艺术作品创作者与艺术商之间的产权分配，将艺术作品创作者应当享有的产权份额物归原主，这一制度所架构的产权分配体系，明确了艺术作品创作者与艺术商之间的产权关系，确保了艺术作品创作者正当的产权利益，使产权分配达到一种二次平衡，保证产权分配的明确、公平与科学，起到定分止争的作用。从长远上看，追续权制度的建立对市场交易来说，是巨大的福音，它明晰了产权分配，填平了利益分配的鸿沟，使产权机制达到公平科学的状态，是健全产权机制的助推器，是鼓励艺术创新的必然选择。

2. 追续权明晰产权份额，降低交易成本

所谓交易成本，顾名思义，即是除去生产成本之外的交易过程所涉及的成本费用。很显然，交易成本的降低，意味着效益的提高，进而决定了社会财富的相应增加，也即若想让社会财富得到增加，

---

〔1〕 The realization that art works may be considered different from other types of property is the first of two prongs that Diane Schulder uses to answer the question, "Why should a work of art be treated any different than any other chattel?" Diane B. Schulder, Art Proceeds Act: A Study of the Droit De Suite and a Proposed Enactment for the United States, 61 *NW. U. L. REV.* 19, 22 *n.* 1966, pp. 28 -29.

必然要采取一定的办法来提高生产效益，降低交易成本。从交易成本的层面来说，法律制度即是为减少交易成本产生的，之所以采取一个制度而排除另一个制度，就在于选择前者更能够节约交易成本，从而增加社会财富。因此，节约交易成本，是法律选择与改革的目的所在。

那么也便回归到一个问题，即什么样的制度可被称为节省交易成本的制度。如前文所述，根据科斯定理，正交易成本存在时，在市场交易过程中，产权的清晰的界定有助于交易成本的降低，进而改善资源配置效率、增加社会福利。那么一个节省交易成本的制度也必然是在产权界定方面应当是清晰而非模糊的，是科学的而非蛮横的。

艺术作品基于其本身的特殊性不能够同其他知识产品一样通过简单复制权或翻译权等来获取其应得的利润收益，而作品增值空间又可以趋向于正无穷，使得任何人都可能利用艺术品原件的特性而拥有这其中巨大的利润价差，而唯独作者被排除在外，这不得不发人深省这样一种产权机制是否能够真正体现公平，这样一种利益分配又能否降低交易成本。艺术作品创作者应当也必须有自身独特的产权形式来实现艺术作品作者的正当权利与应得利益。因此，对艺术市场的产权机制进行重构，明晰产权分配使之科学有序是节约交易成本的必然出路。艺术作品创作者只有取得艺术财产的垄断权，才会有诱因刺激、激励其在知识的艺术领域上的投资效率，从而使得社会财富达到最大化。

追续权制度明晰了艺术作品原件在转售后仍存在的艺术作品创作者的产权份额，明确了艺术作品原件转售后利益各方权利义务关系，而非模糊地将艺术作品原件转售后所享有的一切权利归于艺术商，亦非蛮横地将艺术作品创作者投入智力汗水的作品增值额全部归于艺术商，而是利用科学的产权架构方法明晰了各方产权份额，不得不说，追续权恰恰体现了法律所体现的经济学要求，即降低交易成本。因此赋予艺术作品创作者追续权，可以大大明晰艺术作品创作者与艺术商之间的产权分配，进而降低交易成本，提高资源配置效率，并通过激励艺术作品创作者在艺术领域的投资与创新，使我国艺术产品不断增多，改善社会福利。

3. 追续权优化资源配置，维持利益平衡

从资源配置的角度来看，追续权制度是平衡艺术作品创作者和艺术商之间利益的一系列的法律规定。追续权制度试图在提供创作激励的需要与艺术商获得社会收益的需求之间达成一种均衡。追续权制度的首要意义在于赋予艺术作品创作者在作品被转售后明示的、正式的利润再分配权的保护。追续权制度通过一定的法律制度安排，根据艺术作品的创作成本、自然寿命及外部经济效应等因素，赋予艺术作品创作者对其创作的艺术作品以一定程度上的垄断权，以此来换取艺术作品创作者将其创作的艺术作品向社会公开并使其在追续权保护期限届满后愿意放弃艺术作品的产权。这样一种制度安排能够使艺术作品创作者与艺术商之间维持一个良性的平衡。追续权制度承认艺术作品是一种特殊的知识产品，对其进行区别于其他知识产品的法律保护，作为一种行为规则的综合，它的立法价值在于明示人们应当保护什么样的艺术创作活动，需要怎样一个保护机制来达到"激励相容"[1]的最优效果。

从利益平衡角度看，追续权的出现是人类追求自身利益最大化的结果，有效的制度安排是驱使艺术作品创作者从事更多创作活动的保证，从而实现个人利益与社会福利的匹配与协调。因此，追续

---

〔1〕 激励相容，简单地说就是针对不同的对象，采用恰当的方式去激励人。所谓的恰当包含两层含义：一是在激励中应该为人提供对他们来说效用最大的需要满足。二是在激励中应努力以较小的激励成本取得较大的激励效果。参见芮明杰：《管理学——现代的观点》，上海人民出版社2000年版，第275页。

权的合理框架依赖于艺术作品创作者与艺术商之间达成一个彼此都可以接受的协调,是利益平衡的完美体现。追续权则恰恰以利益平衡原则为基础,这使得艺术作品创作者与艺术商之间达成一个公平、合理的协议。

追续权制度是利益平衡原则的必然要求,其作为一个有效的制度安排已被当今世界几十个国家的发展轨迹所证明,[1]它为艺术作品创作者提供了创作激励,增加了艺术作品的有效供给,从而促进了艺术产业的发展。

三、我国追续权立法的可行性分析

(一)我国追续权立法的理论冲突及解决

有人认为,虽然追续权制度源于大陆法系,但是其与大陆法系的权利穷竭原则与契约严守原则在理论上是相冲突的,[2]进而断言追续权制度与大陆法系是不相容的,更不必说在我国建立这样一个制度。以下笔者将就追续权制度与大陆法系的两大基本原则的关系进行分析,对其中的理论冲突进行解决,论证追续权制度存在的合理性。

1. 追续权与权利穷竭原则并不抵触

探讨这一问题之前,需要对权利穷竭原则加以了解。知识产权法理论下,权利人自己或其代理人制造的知识产权产品在进行首次销售之后,权利人便丧失了对该产品的控制权,权利人对该产品的

---

[1] Neil F. Siegel, The Resale Royalty Provisions of the Visual Artists Rights Act: Their History and Theory, 93 *DICK. L. REV.* 1988, (14) p. 2. " Other countries adopting similar legislation include Algeria, Belgium, Brazil, Chile, Congo, Costa Rica, Czechoslovakia, East Germany, Ecuador, France, Guinea, Hungary, Italy, Ivory Coast, Luxembourg, Madagascar, Mali, Morocco, Peru, Philippines, Poland, Portugal, Senegal, Spain, Tunisia, Turkey, Uruguay, West Germany and Yugoslavia. "

[2] Theodore M. Shapiro, Droit de Suite: An Author's Right in the Copyright Law of the European Community, 4 *ENT. L. REV.* 118, 1992.

相关权利则宣告用尽，权利人将无权制止该产品在市场上流通。这就是我们所说的权利穷竭理论，又称权利用尽理论，它是著作权法中一项不可或缺的制度，该制度的设立目的在于消除作品原件或复制件自由流通的障碍，权衡作者、传播者及使用者之间利益关系而创设的法律制度。如在专利权领域，专利权人所制造的产品一旦投放到市场流通中，专利权人对该产品的控制权即告消失，从而便失去了对该产品的控制。私人利益与社会利益的平衡，这是权利穷竭理论的理论基础，其产生的目的在于对知识产权施加一种合理的限制。权利穷竭理论实际上是对知识产权法的一种合理限制，是针对合法投入到市场的版权作品而言的。需要注意的是，这种权利穷竭并非是所有权利的绝对穷竭，而是特定权利的穷竭，首先，被穷竭的并非是人身权，而是财产权；其次，并不是著作财产权、商标权或是专利权本身的穷竭，而是整个权利集合中与产品的流通或销售相关的特定权利的穷竭。具体而言，著作权权利穷竭的范围包括发行权，部分作品的出租权、展览权。

那么若依照权利用尽理论，艺术作品原件在首次投入市场之后，其作者对该作品的控制权即告用尽，此后对于该作品的使用与销售皆由其新的所有者决定，艺术作品创作者是无权干涉的，那么每次转售都要给予原作者转售提成将变得不伦不类了。正如天问拍卖有限公司总经理季涛称："我理解不了'追续权'的逻辑，一件商品被卖出之后，它的所有权就发生了转移，之后的转让过程中获取的任何利润，理应和最初的出让者不产生任何关联，'艺术品'也是商品，为何它就要与众不同？"[1]

诚然，从所有权的角度上来看，权利穷竭理论似乎是合乎情理

〔1〕 程祥：《盘点著作权法三次修订案，看国内外制度大对比》，载中国经济网：http://www.ce.cn/culture/zt/011/，最后访问日期：2012 年 2 月 27 日。

的,艺术作品的受让人在支付了产品的价金后便享有了该艺术作品的所有权,作为所有权人,受让人有权利自由处分其所有的产品而不被加以任何的限制。所有权具有绝对性,而追续权制度下则允许艺术作品创作者在艺术作品转让之后对受让人权利的干预,这就为所有权施加了一种限制,很明显是对传统权利观念的挑战,这也是很多英美法系国家至今仍未采取追续权制度的一个重要原因。[1]

故此,追续权首先挑战了传统知识产权法权利用尽的理论,这是对既有权利观念的挑战。为了应对这一挑战,需要先解决两个问题:

第一个需要解决的问题是知识产权与物权的关系问题,知识产权与物权的性质不同。知识产权不以一定物质形态为存在基础,但有时也会存在一定的物质载体,如著作权的客体一般附着在有形载体之上。艺术作品原件一旦完成即可作为著作权的客体,此时艺术作品原件具有双重属性,即兼具了著作权客体与作为物权客体的一般商品的属性,此时,艺术商在购买了艺术作品原件之后,所享有的是艺术作品的所有权而非著作权。

《中华人民共和国著作权法》(以下简称《著作权法》)第18条规定:"美术等作品原件所有权的转移,不视为作品著作权的转移,但美术作品原件的展览权由原件所有人享有。"艺术作品创作者出售其作品,转让的仅仅是著作权中的展览权与艺术作品的所有权,而此时,艺术作品兼具著作权客体与物权一般商品的双重属性。然而根据《中华人民共和国物权法》(以下简称《物权法》)规定,"物权,是指权利人依法对特定的物享有直接支配和排他的权利,包括所有权、用益物权和担保物权"。通说认为,物权具有优先于物权客

---

〔1〕 Neil F. Siegel, The Resale Royalty Provisions of the Visual Artists Rights Act: Their History and Theory, 93 *DICK. L. REV.* (14), 1988, p.2.

体所存在的诸权利的效力,其权利的实现过程具有排除他人干涉的权利。那么物权的这种绝对性是否会阻止著作权人行使其著作权?

答案是否定的。首先,艺术作品原件的转移仅仅是发生了物权的转移,而著作权本身的权属并未发生改变。虽然通说认为物权是一种绝对权,但这不意味着物权将不受到任何限制。我国《物权法》第7条规定:“物权的取得和行使,应当遵守法律,尊重社会道德,不得损害公共利益和他人合法权益。”物权与知识产权比较而言,知识产权的个性更为突出,艺术作品的转让仅仅是物权的让渡,并不影响其著作权的属性,也即是著作权本身并未转移,[1]然而,对作品原件的篡改与破坏将使著作权的完满状态受到影响甚至导致著作权的无法实现。因此,作品的物权让渡之后,受让人虽享有该作品物权客体属性,但在行使对该作品的物权时,不可干涉著作权人行使其正当的合法权益,要接受著作权方面的约束与限制。

其次,追续权是权利穷竭原则的一种例外,是对物权的反限制。在追续权的存在下,艺术作品原件虽然被出售,但是艺术作品创作者与作品原件之间正当的、确定的联系并未被割断,这种联系体现在诸多方面,作为受让人应当维护作者的署名权和作品内容的完整性,未经艺术作品创作者的同意,不得对作品进行实质性的删除,并且艺术作品原件的每一次转售,都应当表明作者姓名,不得胡乱伪造和窜改,更重要的是在作品原件脱离原作者所有之后,在作品后续的转售行为中,基于作品本身作为物的属性的价值,也基于作品中融入的作者的精神价值,艺术作品创作者有权就该转售价格主张应得利益。作品使人格利益获得一种载体,在表象上和主体发生分离,是人格的外化。[2] 作品原件的所有权虽发生了移转,但是作品

---

[1] 许辉:《追续权对物权的反限制问题》,载《社会科学家》2012年第1期。

[2] 王利明、杨立新:《人格权与新闻侵权》,中国方正出版社1995年版,第89~92页。

中所凝结的精神权利并没有穷竭，艺术作品的转售价格，也随着艺术作品创作者的名誉、地位和声望的上升而升值。艺术作品创作者所出售的不仅仅是单一的物，而是包含了作品在内的物，该物的价值包含了创作者的汗水、才华、声誉、影响力以及创作才能。因此，一方面著作权人并不因原件的转移而丧失著作权，另一方面作品原件的物权人在处分原件的过程中要受到著作权的反限制。

同样重要的是第二个问题，即艺术作品原件具有区别于普通作品的特殊性问题。艺术作品原件具有特殊性。应当严格界定权利穷竭原则的范围，不能简单地将艺术作品原件的出售行为与权利穷竭原则中发行行为等同起来。单就艺术作品原件的出售行为，其处分的是艺术作品原件这一物质载体，而作品的发行行为处分的是出售作品和复制件的权利。艺术作品原件的出售不等于行使发行权，也即无法将权利穷竭原则中的发行权穷竭准用到艺术作品原件的出售行为上，也即是不能将艺术作品原件的出售即视为权利穷竭原则要件的满足。因此艺术作品创作者出售艺术作品原件的行为不应该被视为发行行为，不能基于发行权的穷竭而否定追续权存在的合理性。

更为重要的是，这对于作者而言有着独一无二的意义，它与任何其他版权产品都不同，作者对其进行经济开发利用的权利自出卖之日起，即不可再生，此时拿出权利穷竭理论来限制艺术作品创作者的正当权利，未免有违背权利穷竭理论的初衷之嫌。权利穷竭理论，即是一种对专有权利限制的典型制度，是保护利益平衡的武器，然而对于艺术作品创作者来说，作品一旦卖出专有权即告转移，何谈专有？自己的辛劳汗水落入他人荷包，谈何利益平衡？没有了权利穷竭理论的适用前提与基础，权利穷竭理论在追续权制度面前是站不住脚的。权利平衡理论不应当盲目地准用到艺术作品原件之上。

2. 追续权与契约严守原则并不冲突

契约严守原则是诚实信用原则的表现之一，是大陆法系合同法中举足轻重的一项原则，这在大陆法系中是指当事人双方在市场活动中应当恪守诺言，讲求信用，诚实无欺。这一原则要求民事主体在维护自身利益的同时要维护当事人双方的利益与社会利益的平衡。在我国，在包括合同行为在内的所有民事法律行为中，当事人行使权利和履行义务都应当遵循诚实信用原则。某件物品一旦被售出，那么很自然地这件物品已经归于物权人所有，随着所有权的转移，艺术作品创作者与艺术商之间形成了一种依法成立的买卖关系。依法成立的合同，对双方当事人即具有法律约束力，双方当事人应当按照约定履行自己的义务，不得擅自变更或解除合同。

艺术作品原件自通过交易行为脱离了艺术作品创作者之手起，一个买卖合同关系便宣告成立，按照契约严守原则，交易双方应当恪守诺言，诚实履行合同。然而，应当意识到，艺术作品创作者往往大器晚成，通常在其晚年甚至死后才得以成名，可以说，艺术家在初期往往没有什么名气，其合同交涉力是很弱的，往往迫于生计，勉强接受了合同条款，而后在其声明大振作品随之升值之时，却不得不眼睁睁地看着他人坐收渔利。就此有拍卖商称，这就好比股票市场，本来谁赢谁赚都是自然而然的事，艺术商既然选择了投资并承担了投资的风险理应得到该有的回报，就像没有股票大涨后还要退钱的道理。[1] 可是艺术作品创作者是人，而非股票，况且艺术作品融入的是人的情感人的智力劳动，而不是简单机械的商业惯例。

然而声讨并不能解决根本问题，艺术作品既然参与了交易，理

---

〔1〕 芷兰雅集：《追续权——保护伞？还是夺命枪?》，载雅昌艺术品网：http://auction.Artron.net/ show_ news.php? newid = 2 84 309，最后访问日期：2012 年 11 月 25 日。

应尊崇契约的约束,理应接受合同法之帝王条款之约束。合同的缔结都是以一定的市场条件和交易条件为基础的,是与当时的法律与经济秩序密切相关的,如果情势发生显著变化,当事人是否还要忍气吞声地被束缚在原合同之上呢?就此,非常损失原则为我们提供了解决疑惑的方法。

非常损失原则源自罗马法,其内涵是指当财产买卖的价款低于价值的一半时,遭受"非常损失"的出售者有权撤销该买卖,法国、德国、瑞士以及意大利的民法典都对该原则有所承袭。依照非常损失原则,在有偿法律行为中,因情势变化,当事人在相互所获利益上严重不等价致使一方当事人遭受不公平损失,可以推定当事人的同意存有瑕疵,或违反了交易公正。[1]

非常损失原则是奉行分配公正的价值理念的结果,在兼顾合同的实质正义方面独辟了一条蹊径。然而,将符合非常损失原则的交易行为一概认为无效实在并非是一个明智之举,但兼顾交易的安全与秩序,对合同的"内伤"给予有效的治疗还是有所必要的。这一点《法国民法典》第 891 条和第 1681 条为我们做出了立法指引。[2] 依照法国的做法,当交易的公正性受损时,给予获取非正当利益一方以补救的机会,促使其主动增加给付,以此挽救法律行为的效力,这样便可以对交易双方利益平衡进行重塑,不失为一种双赢的立法选择。

依据非常损失原则,追续权便有了对抗契约严守原则的理论基础,艺术作品市场中,艺术作品创作者在成名之前售出作品的价格都是极为低廉的,而经过多年的市场发展,人们审美程度的提高等多方面因素使得艺术作品增值了百倍甚至上千倍,但艺术作品创作

---

〔1〕 尹田:《法国现代合同法》,法律出版社 1995 年版,第 111 页。

〔2〕 根据这两条规定,获取不正当利益的不动产共有人或买受人可以通过适当补充其过少的给付而积极挽救不动产分割或买卖的效力。

者却丝毫未得到任何成果。直到今天,在我国拍卖市场中,艺术家的作品屡屡拍出高价让我们瞠目结舌,仍有很多人错以为这些艺术家们可算赚了大钱,殊不知这一块块肥肉通通归中间转售的画廊与艺术商所有,艺术家作为作品的创作者却无福消受,这种当事人相互利益上的严重不等价必然使得艺术作品创作者蒙受太多不公平的损失,此时大陆法系中的非常损失原则为追续权制度提供了价值上的指引,追续权制度恰恰是当交易公正性受损时,给予获取非正当利益的一方以补救的机会,促使其主动增加一部分追续权的给付,以此挽救艺术作品交易行为的效力,这是对艺术作品创作者的尊重也是我国公平正义观的体现。

(二)我国追续权立法的现实可行性分析

我国著作权法修改草案一出,追续权的增加即刻引发各相关行业的热议,有人称追续权是艺术市场的一把"夺命追魂枪",[1]亦有人称追续权的出现不合时宜,还有人称当前艺术市场状况未必适用,等等,这把追续权这一外来制度推到了风口浪尖,让我们不得不去打破这些质疑,分析追续权制度在我国的现实可行性。

1. 追续权立法不会造成我国艺术市场的破坏

有人认为,追续权的实施将直接导致我国艺术市场的破坏,根据国外的经验来看,艺术市场很可能会转移到未实行追续权制度的地区。[2] 有人指出美国的加利福尼亚州就是最好的例证,自1977年建立追续权制度起,当地的艺术市场便出现了即时的衰退,而原是世界艺术市场中心的法国巴黎,也失去了艺术市场的领先地位,与此同时,美国除了加利福尼亚州以外都没有采纳追续权,但在世

---

〔1〕《艺术品追续权不要成为追魂夺命枪》,载中国经济网:http:// www. Ce. Cn/ culture/gd/2012 11/26/t 2012 11 26_23881523. shtml,最后访问日期:2012年11月26日。

〔2〕 Kenneth P. Norwick, Jerry Simon Chasen, *The right of authors, artists, and other creative people*, Edinburgh University Press. 1992, 2*d ed.*, p. 48.

界市场上的地位却有所上升。[1] 由此人们担心，追续权在引入中国以后，将会带来艺术市场的即时衰退，给我国拍卖行业和艺术市场发展带来激冷反应。况且，中国拍卖行业这些年的蓬勃发展，一个重要因素在于宽松的政策环境，如果这样的环境一旦失去，艺术品交易将被迫转出内地。前段时间发生的海关查税事件，即导致两大拍卖行转阵香港，当代艺术板块整体持续走低便是前车之鉴。

随着2012年秋拍落下帷幕，各组数据相继曝光，一组最新统计出的数据如下：中国嘉德2012年秋拍成交17.45亿元人民币，同比2011秋拍下降55%，环比2012春拍下降18%；北京保利2012秋拍成交23.1亿元人民币，同比2011秋拍下降53%，环比2012春拍下降24%。[2] 因此，各种相关说法也甚嚣尘上，许多所谓市场人士称中国艺术市场遭遇寒流进入"低潮期"，[3]更为悲观的说法是中国艺术市场正在"溃败"，如此现状下引进追续权制度，无疑会使中国艺术市场陷入"崩溃"。[4] 有反对者还借机指出，我国艺术市场正是因著作权法修改草案中拟规定追续权条款后而大受影响，就此认为追续权制度虽然"看上去挺美"，[5]但实际上是个荒唐的制度，对于我国目前低迷的艺术市场来说是雪上加霜。还有人认为中国艺术家众多而艺术市场欠发达，能进入拍卖市场的艺术家少之甚少，建立追续权，增加追续权费用，相当于增加了投资商的成本，这无疑会影

〔1〕 Public Hearings, Artists' Resale Royalties Federd Register 8, 1992, p. 1281, 57.

〔2〕 殷华杰：《艺市：数据真实不等于市场真实》，载雅昌艺术网：http://auction.artron.net/show_news.php?newid=294092，最后访问日期：2012年12月26日。

〔3〕 王昕晨：《艺术品交易进入低潮期，拍卖市场调整趋势明显》，载东方收藏网：http://collection.Eastday.com/c/20121220/u1a7075611.html.，最后访问日期：2012年12月20日。

〔4〕 殷华杰：《艺市：数据真实不等于市场真实》，载雅昌艺术网：http://auction.artron.net/show_news.php?newid=294092.，最后访问日期：2012年12月26日。

〔5〕 周林：《"追续权"不宜仓促入法》，载 http://www.Chinalawedu.Com/new/16900a174a2012/201295wangyi165344.shtml，最后访问日期：2012年9月5日。

响到一级市场从而降低我国艺术家的竞争力,制约了中国艺术家的发展空间,最终只能是画蛇添足。

首先,简单通过数据的比较并不能反映真实的问题,数据比较的基础是具有可比性,没有可比性的数据进行对比,片面迷信数据,难免会得出片面且偏激的结论。经济环境各方面条件不同的情况下,无法进行简单的数据比较。其次,在当今大的经济环境下,艺术品市场相应幅度的下滑是正常现象,艺术市场有其自身运行的阶段性,有着自身运作的规律,不能要求艺术品市场直线上升,但从总体上说我国艺术市场正呈现越来越好的态势;再次,追续权作为一项应有权利,它的建立与市场成熟度并无必然联系;最后,追续权的建立并不会使中国艺术家丢了饭碗,中国艺术家数量众多不是市场的原因,而是体制造成的。各地艺术协会、画院数不胜数,但这里面的多数艺术家只能被称为艺术工作者,事实上其作品并不能达到进入艺术市场的水平,往往一些小拍卖公司为了维持生计四处托关系通过制作虚假交易记录跃过一级市场直接拍卖作品,这对一个国家艺术的长远发展极其不利也是相当不健康的。我国艺术作品创作组应当接受一级市场的洗礼并自然淘汰,试想我国艺术工作者真正达到了艺术家的水平,区区小部分的追续权费用并不足以影响到画廊等一级市场,相反地,如果我国追续权真的能够长期执行,艺术工作者的创作热情必会更高,特别在目前著作权法对艺术作品创作者缺乏起码尊重的阶段,对于他们来说无疑是莫大的鼓励。

综上,我们应当理性地看待这种法律政策带来的暂时性的艺术市场波动,不能因此否认了追续权存在的价值:第一,艺术市场具有一定的承受性,艺术商利润的部分流失并不能导致艺术市场不复存在的结果,这只是一个国家法制环境变革后带来的表象上的变化。第二,包括追续权的反对者也不得不承认,尽管艺术商要缴纳一定的转售提成给艺术作品创作者,但综合看来,艺术商仍是盈利的,虽然利润率会有所降低,但并非所剩无几。虽然一些艺术商可能会因此转移艺术市场,但只要艺术市场上有利可图,就会有人填补空缺,买卖与交易仍会继续下去,这是毋庸置疑的。[1] 第三,任何制度都有其产生和发展的过程,其对于社会的积极意义并不能马上显现出来,应当用更为长远的目光与更缜密的思维进行择优的选择。第四,当下伯尔尼公约的成员国纷纷建立了追续权制度,区域性的统一艺术市场已经形成,世界范围的统一艺术市场也有待建立,[2] 从长远上看,这种趋势不仅将使我国艺术市场的繁荣态势得到保证,我国艺术作品创作者的正当权利也能得到实现。因此,我国建立追续权乃是大势所趋。

另外,需要注意的是,我们所说的追续权制度应不应当建立与能不能建好是两个问题。只要追续权制度建立的理论根基存在且是无法动摇的,那么建立追续权制度必然是大势所趋,只是在追续权制度现实中运行的方面还需要进行可行性的探讨,这是一个长期的问题,并且如果使追续权制度发挥到它的最大效用,这也是一个长期的历史过程。至于追续权制度对艺术市场暂时性的影响,与是否需要建立追续权本身并不冲突。

2. 追续权立法具有可操作性

有人指出,追续权制度在运作上有相当程度的复杂性,运作起

---

〔1〕 Neil F. Siegel, The Resale Royalty Provisions of the Visual Artists Rights Act: Their History and Theory, 93 *DICK. L. REV.* (14), 1988, p. 3. Siegel notes that "California's resale royalty law... has not stimulated any particular art activity in that state." This would imply that the art market, at least in California remains largely unchanged.

〔2〕 Cf. Alexandre A. Montagu, Recent Cases on the Recovery of Stolen Art-The Tug of War Between Owners and Good Faith Purchasers Continues, 18 *COLUM. -VLA J. L. & ARTS*, 1993, pp. 75 -76.

来相当困难。[1] 其观点主要集中在以下几个方面。

首先，我国追续权实现程序的复杂性。有人指出，艺术作品具有回收期长的特点，艺术作品升值需要相当长的一段时间才能实现，有的甚至长达几百年，故此追续权制度的运作亦是一个长期的过程。随着时间的推移，想要跟踪作品的去向并非易事。北京天问国际拍卖有限公司总经理、拍卖师季涛认为："每场拍卖会涉及到的艺术作品的数量成百上千，追续权的效力一旦实现，一场拍卖会就将涉及大量著作权人的利益，著作权人到底是谁、有几位、利益如何分配、身份如何证明等问题很难在短时间内解释清楚，这都会导致拍卖市场的混乱。"[2] 还有人指出，收取转售提成费亦是相当困难。整个追续权制度的运作，需要进行作品的登记、作品销售状况的实时跟踪、转售利润的收集与分配，还要配以相关的机构人员及冗繁的程序，而且，必须存在一个相当完善的管理机制方可实现，这样一个机制的运作所需要的花销很可能会大大超过分配给艺术作品创作者的利润，这无疑是社会成本的浪费。所以在经济上面来说，我国建立追续权也是没有可操作性的。

显然，追续权制度的实施必然会遇到很多困难，也许要增加一些看似复杂的程序，也许要增加一些看似巨大的成本，但这都不能成为阻止一个法律制度实施的理由。需要注意的是，任何法律制度的建立都不是一蹴而就的，我国日渐成熟的法律体系历经风雨才有今天的成果，试问哪一个制度建立的背后没有大量辛勤汗水与智力劳动？现今社会并不乏成本很高但是存在巨大的效用而且不可被舍弃的法律制度，法律制度中的"亏本"现象广泛地存在着。法律制

---

〔1〕《设立"追续权"是进步还是不合时宜?》，载华龙网：Http://news. Cqnews. net/html/2012 -12/02/content_2 2057603. htm，最后访问日期：2012 年 12 月 2 日。

〔2〕《追续权动了谁的奶酪》，载雅昌艺术网：http://auction. artron. n，et/show_news. php? newid =284897&p =2，最后访问日期：2012 年 11 月 27 日。

度本身实际上就是对少部分自由的强制,这样不惜成本则是为了保证实现更大部分的自由。从目前来看,追续权制度的实施成本可能看似相对高一些,但是并不能否定建立追续权这一制度的需求,况且,这些担心不过是十分有趣的臆测罢了。实际上,在追续权制度运作过程中自然是会从源头抓起,确保数据齐全与权利分明的产品才得以适用,就像我国的拍卖行不会因为"烦琐的程序"便不管物权的归属而将作品直接拍卖一样。随着追续权制度的发展成熟、运作效率逐步提高,克服这一暂时性的难题并不困难。

其次,赝品的问题。有人指出,若赝品被当作真品交易,追续权将变成保护赝品交易的法律权威。窦丽梅称:"若艺术家有良心,他不会接受赝品转售的版税的。若利欲熏心,艺术家会闭着眼睛接受赝品的版税。因为他本人以及这个艺术品交易市场无法规避赝品交易行为,他也只好这样同流合污。那么,转售权保护的是:赝品交易的合法化。"[1]

笔者认为,专家鉴定与艺术作品创作亲属佐证可以解决赝品的问题,但为了防止遭遇道德风险,从根本上解决这一问题的办法应当是建立完整的、传承有序的可追溯线索。收藏家与艺术商的心头大患莫过于买错了艺术品,买到不好的艺术品可能会承担部分亏损,买到了赝品则是血本无归。追续权一旦生效,艺术作品自创作之日起,便将该作品交易信息统一登记到集体管理组织,在首次销售之后的每一次转售交易的凭证都记录在案,这样便可以清晰准确地判定作品的来源与踪迹,赝品也将没有任何机会进入市场,而收藏家与艺术商支付的少部分追续权的费用,恰如买了一份"放心",再无买到赝品的后顾之忧,对收藏家们来说无疑是福音。并且,经过时

〔1〕 毕武英:《艺术品追续权究竟保障了谁的利益》,载新浪网:http://collection. Sina. com. cn/plfx/20121225/07289 7481. shtml. ,最后访问日期:2012 年 12 月 25 日。

间的洗礼，这一工作将逐步走向效率化、规范化与秩序化，这样一来，运用法律程序将追续权固定下来，保证艺术作品来源与流向的追溯线索的不中断，赝品也会因此最终消失匿迹，这对我国整个收藏界来说是喜讯，而且对于中国整个大的交易环境都是天大的好事。

最后，私下交易的问题。有人说，追续权的存在将会催生很多私人交易。艺术作品创作者很可能通过订立合同的方式明示放弃追续权，应当注意，追续权的制度的一个关联条款在于，追续权本身不可以放弃，这在所有建立追续权制度的国家都作为“强制性条款”。之所以作这样的规定，实际上是法律设计有意而为，因为一些艺术作品创作者在发展初期或者是困难时期往往处于弱势地位，他们为了维持生计而被迫降低条件而放弃权利。笔者认为若追续权一旦生效将对整个艺术作品市场进行信息的统一管理，艺术作品创作者进行私人交易的可能性并不大，并且考虑到作品的长期发展，任何人都不希望自己的艺术成果的发展前景被白白葬送了后路。退一步而言，即便艺术作品创作者甘愿以合同的方式放弃追续权的，这类合同在法律上则将因违背了法律强制性规定，应当被认为是无效合同。

还有人认为，即便是作者不放弃追续权，转售的艺术商们也会通过私人交易的方式规避追续权。笔者认为如果艺术商们通过私人交易的方式或者伪造价格等规避追续权，既然追续权已经成为法律的强制性规定，追续权将不再是摆设，而是各方必须按照法律的许可进行交易，如有刻意规避法律之行为，那自然是法院与律师们要解决的问题。

3. 追续权立法符合国际立法趋势

目前，将追续权制度引入本国法律体系的国家有40余个，法国于1920年最先建立追续权，是追续权的起源国。紧随其后的德国于1972年10月对著作权法进行了修改，着重修订了“延续权”和“公共借阅权”。[1] 意大利也相继建立了追续权制度。德国、意大利等国家对追续权制度的继受与发展,使得越来越多的国家(如巴西、俄罗斯、比利时、波兰、捷克、乌拉圭)认可了这一诞生于法国的优秀权利。与他们的趋势相一致,1948 年《伯尔尼公约》也进行了修订并将追续权作为选择性条款列于公约第 14 条第 3 款之中。美国作为英美法系国家的代表,一向强调契约自由,也逐渐对这种旨在增进个人利益却在客观上对市场交易行为构成限制的权利达成认可,在美国各州中,1976 年加利福尼亚州转售提成法案的艰难通过最为吸引公众的目光。[2] 1976 年以后,乔治亚州以及波多黎各也先后出台了专门的法令,将追续权引入立法。还有一些国家虽然并未建立追续权制度,但在艺术品交易实践中却得到了某种程度的实行,如澳大利亚的画廊已将转售提成囊括在转售价格中,并主动地将转售提成支付给艺术作品创作者。[3] 2001 年 9 月 27 日欧盟通过的一项指令——《欧洲议会和理事会关于艺术作品原作作者追续权的 2001/84/EC 号指令》(以下简称《指令》),首次作出有关追续权的强制性要求,要求包括英国在内的所有成员国采纳追续权,同时《指令》将 2010 年作为尚未实施追续权制度的成因的过渡期(如经申请并得到委员会同意可延长两年期限),这也意味着将有越来越多的国家加入追续权制度的立法行列,向两大法系之间制度差异消除的进程又迈进了一步。

如今,越来越多的国家都已认识到追续权这一权利的重要性,并开始着手努力构建更加完备的追续权立法。追续权在很多国家

---

〔1〕 吴汉东、曹新明、王毅、胡开忠:《西方诸国著作权制度研究》,中国政法大学出版社 1998 年版,第 372 页。

〔2〕 Diane B. Schulder, Art Proceeds Act: A Study of the Droit De Suite and a Proposed Enactment for the United States, 61 *NW. U. L. REV.* 19, 22 *n.* 196613.

〔3〕 "droit de suite in Australia", Accessed Oct. 5, 2012. http://www.caslon.com.au/droitprofile1.htm.

都已经得到充分有效的实施,艺术作品创作者得到了前所未有的尊重,创作激情不断提升,涌现出了许多年轻有为的艺术家和优质的艺术作品。我国当代年轻艺术家多如牛毛,然而具备世界水平的仅是凤毛麟角,艺术作品创作者想法与创意的实现需要大量资金,但至少要先生活下去,并有继续创作的动力,赋予艺术作品创作者追续权,才是艺术市场得以兴旺发展的长久之道。

四、我国追续权的立法设计

我国是伯尔尼公约的成员国,按照《伯尔尼公约》第 14 条第 3 款之规定:"只有在作者国籍所属国法律允许的情况下,才可对本联盟某一成员国要求上款所规定的保护,而且保护的程度应限于向之提出保护要求的国家的法律所规定的程度。"即作者在他国主张追续权的前提是,作者所在国对追续权的承认。然而我国著作权法中尚没有追续权的规定,考虑到我国的艺术作品在国外认同度的提升,艺术作品原件被二次出售的可能性大幅度增加,作为《伯尔尼公约的》的成员国,为了尽可能保护我国艺术作品创作者的利益,确有必要将追续权制度纳入我国著作权法之中。目前,我国《著作权法》(修改草案)第三稿已经基本完成,新增了美术作品的追续权,并将其规定为:"美术作品、摄影作品的原件或者作家、作曲家的手稿首次转让后,作者或者其继承人、受遗赠人对该原件或者手稿的每一次转售享有分享收益的权利,追续权不得转让或者放弃。"[1]然而,关于"追续权"还是一条非常笼统的规定,很多具体细节并未涉及。我国正在形成国际艺术市场中心,在未来的一个时期里,我国将会是最大的艺术品交易市场,建立追续权制度注定是一项伟大的尝

〔1〕《〈著作权法〉修改第三稿,著作权人报酬权被强化》,载:http://ent.163.Com/12/1101/02/8 F6KCQ2R00032DGD.html,最后访问日期:2012 年 11 月 1 日。

试。这种情况下,更应当谨言慎行,理性看待追续权制度,改变立法思路,确保立法权威,不可操之过急的同时做好应对策略。参考各国相关具体规定,笔者拟结合我国立法环境尝试对追续权的建立进行整体性的建构。

(一)追续权的立法模式

追续权制度作为著作权制度的一部分,在已执行追续权制度的国家中却有着不同的立法模式,对域外追续权制度立法模式的考察与借鉴,可以为我国追续权制度设计提供思路。

1. 域外追续权的立法模式

就追续权制度的具体设计上,国外主要存在三种模式。第一种模式为将追续权制度规定在本国著作权法之中。法国是最先建立追续权制度的国家,作为追续权制度的起源国,法国于 1957 年颁布了《法国文学艺术版权法》,该法第 42 条规定:"绘画与造型艺术作品的作者,即使全部转让了原作仍有不可剥夺的权利分享该作品以公开拍卖或者通过商人进行销售的收益。"与此同时,法国在《法国知识产权法典》的第一卷第二编第三章第 122 条第 8 款、第 123 条第 7 款、第 321 条第 1 款、第 334 条第 1 款中分别就权利的设定、继承与期限、集体管理与损害赔偿四个方面对追续权加以规定。[1] 紧随其后的德国于 1972 年 10 月对著作权法进行了修改,着重修订了"延续权"和"公共借阅权"。[2] 在德国追续权被规定于现行著作权法第四节"著作权的范围"的第四部分"作者的其他权利"的第 26 条中,增加了 10 项条文对追续权制度加以规定。

第二种模式为单行立法模式。如意大利就将追续权制度以单行法的方式规定下来。在意大利,知识产权法被视为私法的一部分

〔1〕 李建功:《追续权制度研究》,烟台大学 2010 年硕士学位论文。

〔2〕 吴汉东、曹新明、王毅、胡开忠:《西方诸国著作权制度研究》,中国政法大学出版社 1998 年版,第 372 页。

并在民法典中所规定,但追续权制度并未规定在《意大利民法典》之中,而是因立法较晚而被列入单行立法之中。在意大利著作权法第三编通则的第二章"使用权的移转"中融入了追续权制度,并将第六节第144条至第155条对"作者的艺术作品超额价款分享权"[1]作了详细、专门的规定。

第三种模式为契约性模式。有一些国家虽然并未建立追续权制度,但在艺术品交易实践中却得到了某种程度的实行,表现为将转售提成以契约的形式规定下来作为对追续权的保护。然而这种非法律规定下的契约性保护模式是不切实际的,原因在于,契约具有自我约束性而非强制性,而且随着时间的推移,跟踪这种隐蔽性的艺术品交易本来就非易事,更何况要在没有法律强制规定的情况下收取转售提成费了。另外,并非所有艺术家都足够知名,在艺术品交易谈判中大部分的艺术作品创作者还是居于弱势地位,在契约订立之前缺乏足够的交涉能力,这种契约式保护很可能是形同虚设的。

2. 我国追续权的立法模式

在我国追续权的立法模式和编排体例上,有人建议在著作权法之外制定追续权的单行法律文件,笔者认为此方法欠妥,追续权作为著作权的一项子权利,理应将追续权规定于著作权法之中。若将其以单行立法的方式分离于著作权法体系之外,虽然此做法更为便捷,但影响我国著作权体系的完整性。我国著作权法草案还未审议通过,很多内容没有定论,因此,并没有确定追续权条款在著作权法中的具体位置,笔者认为,以现行著作权法为例,考虑到追续权的著作财产权的性质,宜将追续权原则性条款规定在《著作权法》第二章第一节"著作权人及其权利"第10条中,这样能够保障我国著作权

---

[1] Clare Mc Andew, lorna Dallas-Conte. Implementing Droit de suite (artists'resale right) in England.

法体系之完整性。而对于追续权的概念、主体和客体范围、运作模式等具体内容可规定在著作权实施条例之中,法律责任与相关争议的解决可以以司法解释的形式作出,这样可以及时应对随时产生的新情况与新问题,并采取有效的解决措施,既具备明显的开放性特征,又便于查找、适用及司法实践操作。

(二)追续权的运作机制

追续权的运作涉及诸多方面的问题,笔者拟从追续权的权利主体、权利客体、提成方式、适用的交易方式、行使方式及保护期限六个方面对追续权的运作机制加以分析。

1. 追续权的权利主体

追续权虽然作为一项著作权,其自身的特殊性使其又区别于一般的著作权,故在权利主体方面与一般著作权也有差异。

(1)域外追续权的权利主体

在权利主体上,各国规定基本一致,都规定追续权只适用于作者及其继承人,不包括其他公民、法人或非法人单位。究其原因,实际上是艺术作品创作者与艺术商之间利益博弈的结果,因追续权制度的权利主体直接影响到艺术商的利益,追续权的权利主体范围比较狭小,一些国家甚至规定追续权仅适用于作者本人而不包括继承人。而对于继承人的定义各国规定不尽相同,如法国明确排除受遗赠人对该权利的适用,而意大利却明确将受遗赠人列在其中。

(2)我国追续权的权利主体

根据我国著作权法修改草案之规定:"美术、摄影作品的原件或者文字、音乐作品的手稿首次转让后,作者或者其继承人、受遗赠人……享有分享收益的权利,追续权不得转让或者放弃。"[1]很显

[1] 佟灵:《著作权首次引入"追续权"的概念》,载出山网:http://news.chushan.com/index/article/id/64028,最后访问日期:2012年8月14日。

然，草案中认为追续权的权利主体为作者或者其继承人、受遗赠人。笔者认为，对于追续权的权利主体的确定，应当考虑到追续权制度的设计的两方面内涵：一是实质性质的直接补偿，这种方式是指艺术作品原件在市场中不断升值而对在世作者本人的直接补偿；二是安慰性质的间接补偿，这种方式是指艺术作品原件在市场中不断升值，为安慰离世的作者，而给予作者以外的人以补偿。[1] 故此追续权的行使主体为作者本人或其继承人，此处的作者本人是指自然人，同时也包括身为自然人的合作作品的共同作者，法人和其他组织不在追续权保护的范围之内。作者死后出于对作者的安慰补偿，该权利可由作者的继承人行使。当两个以上的人通过继承方式获得追续权时，追续权由他们共同行使。并且，当追续权无继承人时，依据我国继承法可以由国家行使。在作者身份确认的问题上，作者为在作品上署名的人，除非有相反的证据证明该署名不真实。

此外，对于受遗赠人是否属于追续权的继受者的问题，笔者认为我国的追续权继受者应当包括受遗赠人。因为将受遗赠人列为追续权的继受主体不仅可以达到对作者进行安慰性补偿的作用，也可满足作者的期待性利益，这是追续权制度建立的价值所在，因此不宜将受遗赠人排除在继承人之外。

2. 追续权的权利客体

追续权制度的客体范围是追续权制度中一项重要的内容，客体范围的确定直接关系追续权的实现程度，在追续权制度中占据重要地位。

(1)域外追续权的权利客体

综观世界各国追续权制度立法，追续权的使用条件、利润收取比例、适用客体范围都有所不同，但适用客体范围是其中最首要的

[1] 刘辉：《追续权的几个理论问题研究》，载《西部法学评论》2011 年第 3 期。

不同点。这关系到艺术作品创作者作品的保护情况,也是考量追续权制度这一利益平衡器在平衡各方利益过程中所达到的实际效果。

综合来看,各国追续权的客体范围基本上都包括原创的纯艺术作品,差异主要集中在两个方面:

一是实用艺术品是否受到保护的问题。《法国知识产权法典》第 L122 - 8 条对追续权的客体作了规定:“尽管艺术作品的原件已转让,平面绘画及立体造型艺术作品的作者,对拍卖或中间商转卖该作品所得收益有不可剥夺的利润分享权。”[1]。法国将追续权的客体范围限定为平面绘画与立体造型艺术作品,而《法国知识产权法典》第二章明确地把实用艺术作品纳入著作权法保护范围,这意味着实用艺术品中的平面绘画及立体造型艺术作品受到法国追续权制度保护。《俄罗斯联邦著作权与邻接权法》规定,追续权只适用于造型艺术作品,并根据其解释,工艺品、艺术设计作品一类的实用艺术作品也在保护范围之内。同时匈牙利著作权法也明确了实用艺术作品作者享有追续权。《联邦德国著作权法》第 26 条规定:“如果造型艺术作品的原作被再次让与,并且由艺术商或拍卖商作为受让人、让与人或中间人参与让与人应将其所得收入的 5% 付给著作权人。”[2]此处的原作是指作品的孤本,以及经艺术作品创作者的同意制作的作品印刷件、浇筑件和作品摘要等,并且只要是以孤本形式存在被供以销售的即视为满足条件。德国著作权法同时还规定,实用艺术作品应当类推适用关于摄影作品的相关规定,明确排除了实用艺术作品对追续权制度的适用;欧盟的《指令》对追续权的客体范围采用了较为宽泛的作品范围:“‘作品’是指图形或造型艺术品,如图片,拼贴画,油画,绘画,雕刻,印刷,石版画,雕塑,挂毯,陶瓷,

---

[1] 刘迪:《增加追续权,平衡作者与艺术商利益》,载雅昌艺术网:http://auction.Artron.net/show_news.php? newid = 287181,最后访问日期:2012 年 12 月 4 日。

[2] 吴汉东等:《西方诸国著作权制度研究》,中国政法大学出版社 1998 年版,第 141 页。

玻璃器皿或照片。然而,作品的复制品是不被当作作品的,除非该作品的复制品,是由作者或由其授权制作的有限数量的复制品。”[1]这一限定并未作出纯艺术作品和实用艺术作品的区分,采用列举方式和复制品数量限定方式来确定追续权制度的保护范围。

二是文字作品及音乐作品手稿是否受到保护的问题。1948 年,伯尔尼公约的修订正式确认了追续权制度,公约第 14 条第 3 款规定:“美术原作和文字、乐曲的原稿的作者,对原作和原稿首次转让后的任何一次转售,均享有不可转让的分享其中收益的权利,作者死亡后,这一权利由国内法授权的个人或机构享有。”[2]伯尔尼公约中所规定的追续权的客体范围是作家和作曲家的艺术原作和原稿,这样看来,似乎所有的艺术作品原稿均受伯尔尼公约下的追续权制度的规制,如此笼统的规定却给司法实践带来了难题,如何认定某一作品原件是否在被保护之列将变得很困难,可操作性不强。

另外还有一些国家有特别的规定,如意大利著作权法中规定追续权的客体不仅包括绘画和雕塑作品原件,还包括作者临摹的复制品和由版刻原件拓印的属有作者签名的版画;丹麦规定应用在科学领域的图纸和印刷的复制品也适用追续权制度的规范;美国加州、比利时都将雕塑认定为追续权制度的客体。

(2)我国追续权的权利客体

对于我国追续权制度所保护的客体范围的确定,我国立法应着重把握以下几点:其一,原件的不可复制性。追续权制度设立的立法目的在于保护艺术作品创作者对作品原件转售后的利益分享权,而原件独一无二的性质与稀缺性也决定了其在再销售中的不断升值。因此追续权制度所保护的作品应当具备独一无二性与稀缺性,

---

〔1〕 林海燕:《论追续权》,湘潭大学 2008 年硕士学位论文。

〔2〕 刘波林译:《保护文学和艺术作品伯尔尼公约》(1971 年巴黎文本)指南(附英文文本),中国人民大学出版社 2002 年版,第 72 ~73 页。

是不可机器性复制的；其二，追续权制度所保护作品的特殊性。之所以建立追续权，原因在于此类作品不能够单单通过复制品的发行而取得收益，而主要的收入只能依靠原件的出售来获取。因此，追续权制度所保护的客体应当也必须满足以上两个基本前提。[1]

我国著作权法修改草案中规定作家、作曲家的手稿也享有追续权的保护，笔者认为，对于文字作品与音乐作品手稿，文学作品与音乐作品的经济收益的主要来源是复制品而非原件的销售，这类作品的作者可以通过多种著作权类型实现他们的利益要求，并不需要加之以追续权的保护，且目前追续权保护范围扩至文学与音乐作品的手稿的国家尚为少数，故追续权制度可以排除适用于文字作品与音乐作品的手稿。

对于实用艺术品的问题，我国著作权修改草案也首次将实用艺术作品纳入著作权法保护范围，定义为“具有实际用途的艺术作品”，实用艺术作品在我国源远流长，虽然很多作品缺少新颖性而丧失了商标权或专利权的保护，但是进行著作权保护确有必要，并且可以考虑对那些具有很高审美价值的且数量极其稀少的实用艺术作品进行追续权保护。但是，实用艺术作品的艺术性应当满足美术作品对于作品艺术性的最低要求。

另外，我国著作权法修改草案还明确规定了追续权适用于摄影作品的原件。其中原因始于 2006 年秋季，华辰拍卖行在北京举办摄影作品专场拍卖会，这是新中国成立以来的首场关于摄影作品的拍卖会，以著名摄影家吕厚民、晓庄、王东为代表的 7 位权利人就以华辰拍卖行未经权利人许可，在宣传画册上使用他们摄影作品侵犯其著作权为由，向北京市海淀区人民法院提起诉讼。不过由于缺少法

[1] 刘辉：《追续权的几个理论问题研究》，载《西部法学评论》2011 年第 3 期。

律依据,7 位权利人败诉。故此于著作权法修改草案中,特别明确了摄影作品的追续权。笔者认为,首先,摄影作品原件的珍贵性与稀缺性远不及美术作品,美术作品融入了作者的心智创意和多种表达方式,而摄影作品更多的是一种写实的表现手法;其次,摄影作品的价值更多地实现在大量复制品之中。摄影作品作者可以依照法律规定通过大量复制作品的发行而获取可观的稿酬,在性质上与艺术作品是严格区别的。故笔者建议摄影作品不宜列为追续权的保护范围。

3. 追续权的提成方式

追续权的提成方式,关系到艺术作品创作者与艺术商的利益,在确定提成方式时,应当以保证立法科学性为原则,兼顾到各方利益群体的利益需求。

(1)域外追续权的提成方式

各国规定的提成比例与提成方式都有不同,归纳起来有两种,一是总额提取,即在每次转售所得价款总额中提取提成比例,如匈牙利、阿尔及利亚等国规定提取转售价款总额的 5% 给创作者。笔者认为这种方式虽然行使起来相当简便,但这种方式类似于政府的税收,追续权制度建立的目的在于当艺术作品转售差价过于悬殊的情况发生时为艺术作品创作者提供救济,若任何转售情况都适用追续权制度,对艺术商来说有失公平。

二是超额累进提取。该提取方式又分为两种,其一为以价款总额为基础的提取方式。即预先设定某个确定的金额作为标准,当出售的价款超出该标准时,则提取一定比例的提成给作者,如《法国知识产权法典》规定:“尽管作品原件已转让,平面及立体作品的作者,对拍卖或通过中间商转卖该作品所得收益有不可剥夺的分享权。分享比例统一为 3%,但仅在超过法规确定的售价时适用。该权利从每件作品的售价中提取,并不得对总价作任何抵扣。"[1]采取该种方式的国家大多取得了较为成功的实践。其二为以增值额为基础的提取方式,即预先设定某个标准金额,当转售的差价超过这个标准金额,则在增值额中按照一定的比例提取给作者的提成,如《意大利著作权法》中规定:"超过首次所有权移转价款的5倍,即使是非法定公开出售,卖主也必须按超额价款的10%给付作者。"巴西版权法规定,艺术作品创作者可就作品增值部分提取20%比例的提成。[2] 这种方式虽然看起来更为科学与公正,然而操作起来难度相对大得多,因为这需要了解每次转售的价格,而很多交易又具有隐蔽性因此无从下手,更何况当通货膨胀的因素的情况存在时公平也无法保证。[3]

(2)我国追续权制度的提成方式

我国著作权修改草案仅规定追续权人享有取得提成的权利,但并没有对追续权的提成方式作出规定。笔者认为,我国宜借鉴法国的做法采用超额累进提取法,预先设定一定的金额作为标准,当艺术作品转售后的价款超出该金额时开始计收,并不可对总价进行任何抵扣。[4] 因这一金额标准涉及艺术作者与艺术商之间的利益,故追续权提成的起征点应当充分听取这两方群体的意见并且考虑到我国艺术市场目前的承受性,而提成比例既能够做到保留投资者的热情也要体现对艺术作品创作者的尊重,因此提成比例不宜过高亦不宜过低,并应当随着客观经济形势的变化而进行调整。鉴于国外的立法经验,提成比例往往浮动在2.5%~7%,笔者建议设定为3%较为合适。

---

〔1〕 黄晖:《法国知识产权法典》,商务印书馆1999年版,第16页。

〔2〕 吴汉东等:《西方诸国著作权制度研究》,中国政法大学出版社1998年版,第141~155页。

〔3〕 马然:《论著作追续权制度》,吉林大学2006年硕士学位论文。

〔4〕 姚忻:《试论美术作品的追续权》,西北大学2003年硕士学位论文。

4. 追续权适用的交易方式

艺术品的交易市场无处不在,可以是公开的,也可以是隐蔽的,我国追续权制度能否适用于所有的交易方式,关系到各方利益群体的利益,同样不能忽视。

(1) 域外追续权适用的交易方式

在交易方式上,就艺术作品初次转让是否有偿的问题各国主张不同。大多数国家不以初次转让为有偿作为追续权的必要条件,只有少数国家(如捷克)规定只有有偿转让艺术品原件的作者才能够对原件的转售享有追续权。世界知识产权组织和联合国教科文组织制定的供发展中国家使用的《突尼斯示范版权法》第 4 条规定不管艺术品原件以任何方式转让,作者都享有追续权。[1] 笔者认为初次转让是否有偿与是否享有追续权无必然联系,不能因初次转让的无偿性而否定艺术作品创作者对其后续转售中享有的正当权利的存在。

除此之外,在私人交易的问题上,各国规定有不同。有些国家(如德国)将享有追续权的情况限定于作品被拍卖或通过商人出售两种方式,即作者只有在艺术商或拍卖人作为购买人、出卖人或中间人时才可行使追续权,[2] 纯粹的私人间的买卖行为则无法被囊括在其中,比利时和法国则也把转售限定为拍卖的方式,很显然,这种方式没有将所有的出售行为包括在内。采用这种方式立法的国家主要出于以下几方面的考虑:一是出于可操作性的考虑,艺术商和拍卖商等机构是艺术作品买卖的主要渠道,在艺术市场中的经营较为规范,交易信息可以保证有账可查,而比较来讲,私下交易则具有隐蔽性,信息难以跟踪,很可能最终无账可依;二是出于保护隐私的

---

〔1〕 戴钦功:《著作追续权制度探析及立法动议》,载《河北法学》1997 年第 2 期。

〔2〕 [德]M. 雷炳德:《著作权法》,张恩民译,法律出版社 2005 年版,第 287 页。

考虑,公开交易可以避免他人借追续权之名窥探他人隐。有些国家则没有该种限制,规定任何方式的再次转让都可以使用追续权制度之规定,如美国加利福尼亚州就规定追续权亦适用于任何公开形式的私人转售。

(2)我国追续权适用的交易方式

我国著作权法修正草案第二稿的第二章第 12 条中规定,"美术、摄影作品的原件或者文字、音乐作品的手稿首次转让后,作者或者其继承人、受遗赠人……通过拍卖方式转售该原件或者手稿享有分享收益的权利……"可见,草案中规定追续权的实现所限定的交易方式为拍卖方式,并未包括其他的交易方式。这主要是出于立法者认为拍卖形式更便于监控和管理的考虑。但是众多艺术作品爱好者之中仅仅拍卖商被夺去了"一块肥肉",心中难免不平,这也解释了为何反对拍卖商代表反对我国建立追续权制度的呼声最高,笔者认为,不应将追续权的交易方式仅限制为拍卖方式,应当也包括任何形式的私人转售。从理论上看,这是建立有效的追续权制度且实现追续权制度价值的必然要求。从现实上来看,若将追续权所适用的方式限为拍卖方式,那么不仅拍卖市场会遭到冲击,而且也加大了监督隐蔽性交易的成本。虽然扩大追续权制度所适用的交易方式会加大执行的难度,但是如上文所述,一个优秀的制度的建立不是一蹴而就的,这种暂时性的困难会随着艺术作品可追溯线索的建立而迎刃而解。

5. 追续权的行使方式

追续权的行使往往涉及方方面面的问题,具有复杂性和专业性的特点,故追续权制度的行使是否规范有序,关系到追续权制度实现的整体效果。

(1)域外追续权的行使方式

在追续权的行使方式上,主要存在三种行使追续权的方式,即私人行使、授权国家机关行使、委托代理商或机构(如集体管理组织)行使。大多数建立追续权制度的国家都规定集体管理组织是唯一行使追续权的机构。欧盟与英国对于追续权之规定指出,集体管理是实现追续权的唯一方式。2001年欧盟《指令》第6条第2款规定成员国提供强制性或选择性的集体管理组织行使追续权。之所以设定这一专门机构对追续权的实现进行集体管理,原因在于集体管理组织实现权利更具有规范化的优势,可以克服市场上的不利干扰,同时集体管理组织便于集中掌握交易情况,节省执行成本,提高权利实现效率,从而使得追续权实现的社会成本降低,[1]这样一方面体现了国家对私权的尊重,又避免了私人行使成本过高的缺陷。因此,大多数国家已将集体管理组织作为实现追续权的强制性机构。

(2)我国追续权的行使方式

我国著作权修改草案并未提及追续权应当如何行使,笔者建议采用集体管理组织统一管理的模式。1998年,经中央机构编制委员会批准,中国版权保护中心成立,其下设美术、摄影作品著作权集体管理机构对美术、摄影作品的著作权进行集体管理。我国2001年新修订的著作权法已经确立了著作权集体管理组织的基本职能和法律地位,并于2004年颁布《著作权集体管理条例》。这为著作权集体管理组织提供了实践和制度基础,也标志着我国著作权集体管理组织正在积极迈向新的台阶,追续权可通过著作权集体管理组织来行使。具体而言,著作权集体管理机构在权利人的授权下可行使以下职能:接受授权、登记作品、发放许可证、收取使用费、分配报酬、追究侵权责任、从事公益事业等。[2] 应当看到,著作权集体管理组

---

〔1〕 Shira Perlmutter, Resale Royalties for Artists: An Analysis of the Register of Copyrights' Report, 40 *J. Copyright Soc'y*, 1993, p. 284.

〔2〕 Carol Sky, Report of the Register of Copyrights Concerning Droit de Suite, The Artist's Resale Royalty: A Response, 40 *J. Copyright Soc'y*. 1993, p. 317.

织在实现追续权的过程中,能够有效地确保艺术作品创作者权利的实现,又能避免个人行使追续权对艺术市场造成的损害。

在集体管理组织的具体操作上,着重做到以下几点:首先,建议创建艺术作品的可追溯机制,即艺术作品创作者所创作的作品自创作之日起都须登记在案,根据不同种类的艺术作品,由相应的集体管理组织管理,至于此处登记,则可采用对抗主义的相关原则。[1]其次,当法定客体范围内的艺术作品原件的转售金额超过了法定金额时,该转让行为须到集体管理组织登记,并由该集体管理组织接受艺术作品创作者的授权向转售人收取一定比例的提成,在扣除法律规定的相关费用之后,将提成交予艺术作品创作者。再次,当无法确定追续权人或者其继承人的身份或无法知悉其所在地之时,可就该艺术作品的追续费用建立一个单独的账户,待追续权人的身份和所在地确定后由追续权人或其继承人从该账户中提取。最后,如果交易双方私下交易或合意规避追续权时,将可能构成恶意串通,将由集体管理组织承担证明转售金额超过法定金额的责任,由串通的双方承担作者的损失。

6. 追续权的保护期限

艺术作品创作之后的价值不能立即显现,往往需要相当长的一段时间才能体现出来,故其在保护期限上,也应当与著作权法中的一般作品严格区分开。

(1)域外追续权的保护期限

对于追续权制度的保护期限,如上文所言,学界上分为“有限主义”和“无限主义”两种,顾名思义,“有限主义”即是追续权的设立设有一定的保护期限,而“无限主义”是指追续权的设立具有永久性。但就目前建立追续权制度的国家来看,基本上都采用有限主义保护

[1] 李建功:《追续权制度研究》,烟台大学2010年硕士学位论文。

模式。但是应当注意,追续权是艺术作品创作者所享有的不可转让、不可放弃、不可剥夺的权利,所以各国一般都规定作者终身都可享有追续权,只是在作者死后涉及追续权的转移问题时各国规定不尽相同。

1957 年颁布的《法国文学艺术版权法》第 42 条将追续权制度的保护期限表述为:“绘画与造型艺术作品的作者……作者死后,在作者去世当年和以后的 50 年中,上述追续权仍然存在……”法国将追续权保护期限限定为作者生前及去世当年以后的 50 年。加利福尼亚州的《转售提成法》也对追续权的保护期限作出了规定:“该法不适用于艺术家死亡 20 年以后艺术品才出售的情况。”德国、匈牙利、智利等国出于对市场经营者和艺术市场保护等原因,不承认艺术作品创作者死后其继承人享有追续权,因此,随着作者的死亡追续权当然性的消灭。

欧盟《指令》参照《欧盟 1993 年 10 月 29 日理事会关于协调版权及相关权利保护期限的第 93/98/EEC 号指令》第 1 条关于作者权利存续期间的规定,统一了追续权的保护期限:“在《伯尔尼公约》第 2 条的意义内,文学和艺术作品的作者权利将延伸到作者生前和他死后 70 年,不考虑作品被公众合法利用的日期”。[1]

由此看出,就作者死后追续权的存续上,各国规定有 20 年至 70 年不等。笔者认为,就理论上而言,追续权制度作为著作权制度的一部分,理应采用著作权法针对作品所规定的保护期限,然而基于艺术作品回收期长的特殊性和公平公正价值的考虑,并且出于对艺术作品创作者的有效保护,追续权的保护期限应当较之法定著作权期限要长,因此欧盟《指令》统一后的保护期限是立法上的一大

〔1〕[英]尼格尔·G.福斯特:《欧盟立法》,何志鹏等译,北京大学出版社 2007 年版,第 604 页。

进步。

(2)我国追续权的保护期限

我国著作权法修改草案,并没有对追续权的保护期限作出规定,笔者认为,出于立法安全之考虑,宜将该财产利益的实现设以特定的期限,即对追续权采取有限期保护。具体原因在于:首先,从世界各国对于著作财产权的规定来看,皆对其采用有限期保护的原则,我国也不例外,《著作权法》第12条规定的著作财产权获得报酬权的保护期为公民终生及死后50年。追续权是著作财产权的一种,理应对其采用有限期保护。其次,利益平衡原则作为著作权法中一个重要原则,它指引着立法者应本着公共利益平衡的目的来进行著作权的立法,同样,追续权的立法理应权衡艺术作品创作者与艺术商之间的利益关系,对追续权进行无限期保护势必破坏这种利益关系的平衡,对艺术市场带来破坏。

追续权作为一种实现未来可期待利益的权利,在艺术市场的特殊运行规律制约下,期待期往往过长,考虑到艺术作品区别于一般作品的特殊性,出于更好地实现设立追续权的目的,艺术作品创作者或其继承人行使追续权的期限应酌情较其他著作权保护期限要长,立法上可将追续权的保护期限截至作者死后第70年的12月31日。

(三)追续权的国际私法适用

虽然艺术市场是没有国界的,然而国与国之间,由于立场不同,对追续权是否采用对等保护的问题上存在区别,我国的追续权制度能否提供给域外艺术家以追续权保护,是立法中亟须解决的问题。

1. 域外追续权制度的国际私法适用

在对国外艺术的保护问题上,域外主要存在三种模式。第一种是适用国民待遇原则的追续权制度,这种模式可以给予任何外国艺术家以追续权保护而不论本国艺术家在该国是否享有追续权的保护，也即不管本国艺术家是否在外国受到追续权保护，依然可以提供给域外艺术家以追续权保护。另两种是实质互惠为前提的追续权制度，即一国仅对提供给本国艺术家追续权保护的国家以追续权制度的保护，德国即采用这种模式。而认定这种实质互惠又存在两项前提：一是要求作者所在国对追续权是一种著作权的承认，如所在国是在著作权体系之外建立的追续权制度[1]则不能够适用；二是要求所在国有追续权行使的具体规定，如卢森堡的艺术家就不能主张其在意大利转售的作品的追续权，原因在于追续权虽为卢森堡所承认，但是卢森堡并没有对追续权的行使作出具体规定，故意大利与卢森堡都不能向对方主张追续权的保护。[2]

2. 我国追续权制度的国际私法适用

我国是伯尔尼公约的成员，《伯尔尼公约》采用的是以实质互惠为前提的追续权制度，笔者认为，我国可以与伯尔尼公约保持一致，在这一问题上，笔者建议，在我国追续权制度中，如果我国的艺术家在域外受到了域外的追续权保护，那么相应地，我国也应当提供给该国公民相同的追续权保护待遇。即我国宜采用实质互惠为前提的追续权制度，这是保护国家主权的需要，也是充分保证我国艺术作品创作者的追续权在国外亦可得到同等、充分的、现实的需要。随着越来越多的国家建立追续权制度，追续权制度得到全面执行之时，相信追续权制度会发挥出其巨大的效用。

---

〔1〕 此种模式，所有收取的作品转售提成将统一收归一笔基金中供政府调配，而且这笔基金并非用来向艺术作品创作者付酬，而是向需要帮助的作者及家庭提供适当补贴，或者用于艺术教育事业。挪威采用的即是此种立法模式，这种模式从作者转售利润中获得版税而并不给付作者而是通过基金委员会以自由裁量的方式给予被认为值得帮助的作者以社会福利，这显然违背了著作权法公约的目的与宗旨，实质上这种情况下追续权本身不是一种著作权。

〔2〕 戴钦功：《著作追续权探析及立法动议》，载《河北法学》1997 年第 2 期。

五、结　语

追续权制度应当提上立法日程,追续权制度体现了著作权立法的原意,即促进有益艺术的发展,追续权的缺失将使得艺术作品创作者不能得到与其他作者一样对其作品进行经济开发的等价权利。追续权的存在有深刻的法哲学基础和法经济学基础,是公平正义与利益平衡的考量,是产权明晰的必然要求。对于追续权制度建立所存在的理论冲突和现实争议,都能通过相关法理得到合理、科学、正当的解释。追续权制度体现了对艺术作品创作者的尊重,保护了作者在艺术创作中所反映出的个人尊严和人的精神,是著作权法理念的体现,客观上能够激发艺术作品创作者的创作热情,从长远上看有利于艺术领域的健康发展。与此同时,《伯尔尼公约》影响下越来越多的国家已经加入了追续权制度的立法队伍,我国建立追续权制度无疑是在当今艺术市场互利共赢的必然出路,也是我国提升知识产权制度立法水平的重要途径,从长远上看对我国艺术市场大有裨益。

域外已为我们提供了很多成熟的、充分的立法经验,我们国家在建立追续权制度时,应当立足于本国国情,建立追续权制度和相关配套机制。就目前我国追续权制度立法来看,国内业内人士反对态度居多,这一制度在国外已有效实行多年并即将在中国生根发芽,这难免会受到很多人本能的抵制。法治社会即是通过约束某一群体的手段来保障另一群体伸张其正当的权利,在立法的过程中应当考虑到各利益群体的利益,力求达到一种双方都能够接受的平衡。因此,立法者应当理性看待公众的不满情绪,通过多种手段增强公众对于追续权的积极认识,从根源上促使人们接受追续权制度。追续权制度的建立必然是一个长期的过程,需要大量的研究和思考,不可操之过急。至于著作权草案能否通过,我国追续权制度能否上升为立法,我们将拭目以待。

论著作权善意取得制度的构建

马晓露*

摘　要：著作权作为一种典型的知识产权，其权利客体是智力成果，具有排他性和非物质性的特点。作品权利人对其只能虚拟占有，正是因为著作权不能像动产所有权那样以占有的方式进行公示，权利归属和权利状态缺乏为外界所知的表征，容易在转让中出现著作权重复转让或重复授权问题，即著作权"一权多卖"和善意取得问题。我国著作权法仅以著作权合同生效来解决权属纠纷，无法维护交易相对人的权益。因实践中著作权存在无权处分的可能性，为了维护著作权交易安全，实现民法上的诚实信用和信赖保护，著作权适用善意取得制度有其必要性。著作权基于准占有的公信力所产生的信赖利益应予以保护，很多国家承认著作权的善意取得制度，在我国的法律框架下也可借鉴物权

* 马晓露，辽宁大学法学院2013届法律硕士（法学）毕业生。

善意取得制度,司法实践中也不乏适用著作权善意取得制度解决实际纠纷的案例,著作权善意取得制度在我国具有可行性。

关键词:著作权转让　著作权善意取得　著作权登记　登记对抗

2005 年"老鼠爱大米"案引发了我国学界对著作权交易安全问题的思考。在该案中,词曲作者先后将歌曲"老鼠爱大米"的词曲著作权转让给多个不同的受让人,引发了著作权的权属纠纷。在交易繁荣、知识产权变动频繁的当今社会,著作权"一权多卖"引发的纠纷日益增多,无权处分人、所有权人以及善意第三人的权利和义务如何界定,在国内外法律界的争论颇多。

国外对著作权善意取得的研究大概依据动产善意取得的相关法律法规,主要分为两大派系。一是以德国法为代表,原则上不承认占有脱离物可适用善意取得,唯在盗窃物、遗失物为金钱、无记名证券以及公开拍卖物时,适用善意取得制度。二是以法国、日本、加拿大民法为代表,认为著作权的转移或处分,不可对抗善意第三人。[1]

我国学界对著作权善意取得制度的研究,主要从著作权公示制度的角度研究"一权多卖"。中南财经政法大学知识产权研究中心副教授黄玉烨、中南财经政法大学民商法硕士研究生罗施福合著《论我国著作权转让登记公示制度的构建——从著作权的"一女多嫁"谈起》一文认为:"著作权"一女多嫁"现象在我国频频发生,究其原因,是我国著作权法在允许著作财产权转让的同时,没有建立起

---

[1] 《日本著作权法》第 77、88 条中规定:著作权的转移或处分的限制,或以著作权为标的的质权的设定、转移、变更、消亡若不在著作权登记簿上登记,则这些事项不得对抗第三人。《加拿大著作权法》第 57 条第 3 款也作出了类似的规定:如果出让人未能真实告知受让人或被许可人,任何基于价格因素进行的版权转让或涉及版权利益的许可将会被裁决为无效,除非之前的转让或许可是按照法律规定的方式进行了登记,而且登记文书记载了受让人或被许可人所主张的权利。

保护交易安全的相应制度。因此需要构建我国的著作权转让登记公示制度,并采取登记对抗主义。”[1]中国政法大学教授来小鹏在《著作权转让比较研究》一文中认为:“为了更好地保护著作权人的合法权益,且有利于保护交易安全和善意第三人的权益,立法上应规定,著作权转让合同应当到著作权管理机关进行登记。未经登记,不影响转让合同的效力,但不得对抗善意第三人。”[2]重庆大学法学院博士研究生、重庆理工大学重庆知识产权学院副教授苏平在《知识产权变动模式研究》一书中认为:“为保障作为无形财产的知识产权的交易安全,维护交易秩序,应建立一套以登记为中心的知识产权变动公示体系。在知识产权转让中,著作权转让应采取登记生效主义模式。即著作权的权利转让,当事人应当签订书面合同,并向国务院著作权行政管理部门提交申请办理权利转让登记。”[3]

著作权具有排他性,即著作权人对其作品所拥有的权利是排除任何人侵害的。但在著作权的变动中,著作权的自动生成方式以及权利人对作品的虚拟占有方式等因素,会导致著作权重复转让与授权,引起著作权的权属纠纷。

目前,《中华人民共和国著作权法》(以下简称《著作权法》)规定,著作权的转让,应签订书面合同,但对合同的登记公示却并未作出任何要求。若仅以合同生效时间解决著作权的权属纠纷,不仅真实权利人的权利难以得到保护,交易相对人交易目的也会因为“一权多卖”而落空。至于善意第三人,按法理来看,应承认其善意取得,不能因转让人的不诚信而导致善意第三人的损失。但如果承认著作权的善意取得,又会引起原著作人与第四人、第五人等多人签

---

〔1〕 黄玉烨、罗施福:《论我国著作权转让登记公示制度的构建——从著作权的“一女多嫁”谈起》,载《法律科学》2005年第5期。

〔2〕 来小鹏:《著作权转让比较研究》,载《比较法研究》2005年第5期。

〔3〕 苏平:《知识产权变动模式研究》,法律出版社2012年版,第250页。

订转让协议,这时也就出现了几个善意取得的情况。事实上,在现有著作权转让法律制度下,法院无法依据一个令人信服的标准来确认著作权最终归属。法院的这种无奈来源于制度本身的缺陷,为避免这一法律上的尴尬情形出现,有必要建立和完善著作权善意取得制度,以维护著作权交易安全。

一、著作权适用善意取得制度的必要性

随着我国著作权交易市场的日益繁荣,著作权交易安全问题频发。一方面反映出我国社会商业信用缺失严重,另一方面也凸显了我国著作权登记制度仍存在缺陷。

(一)实践中著作权制度存在无权处分的可能性

1. 著作权双重属性是导致"一物二卖"的重要原因

著作权是指自然人、法人或其他组织作者基于文学、艺术和科学等作品,依法享有的人身权利和财产权利。其中,权利中具有人身属性的部分是专属于作者、不能转让的精神权利;而具有财产属性的部分,他人却能基于著作权人的转让或授权行使或最终取得。著作权作为一种典型的知识产权,具有与大多知识产权共同的特征,同时也具有自身独特的特性。

著作权中人身权和财产权的双重体现,让著作权的善意取得成为可能。从法律规定的著作权所包含的内容来看,除了署名权、发表权等是人身权之外,复制权、发行权、出租权等大部分权利均为财产权,故财产性的权利在著作权中占据了主导的地位。著作权作为一种财产权,属于私有权,具有排他性。著作权的权利人有权将其财产权利转让或者授权他人行使,即作者对其著作权拥有独占权和支配权,他人有不得干预与侵害的义务。因此,作为财产法下位法的知识产权法应围绕财产关系展开,主要包括:一是确定财产的权属,保护所有者对其财产的占有、使用、收益和处分;二是保护财产

的流转,即通过对当事人之间商品交换的调整,保护权利人的权利,促进市场经济的发展。

虽然知识产权属私权范畴且具有动产物权的许多特征,但由于著作权意义上作品产生后,著作权的财产权依附于作品之中,这样的财产权不能像一般物权一样可以直接进行收益,也不能与其他物相比较并直接进行交换,所以,具体到各国著作权法规定中,关于作者的财产权利能否转让以及转让的范围及限制等问题又规定不一。英美法系国家普遍认为,著作权作为一种个人动产财产权,可依法转让。著作权转让后,受让人在法律上便成为著作权所有人,可以以自己的名义行使相关权利。以法国为代表的大陆法系普遍认为,著作权的所有权不可转让,但使用权可以转让。当发生侵害著作权的行为时,受让人必须同著作权人共同起诉方为有效。以德国为代表的一些国家主张,著作所有权、使用权均不可转让,使用者只能获得许可使用,强调著作权中的人身权与财产权融为一体。俄罗斯联邦和一些东欧国家著作权法亦规定,不允许著作权人将著作权转让给他人,只能许可他人在某种具体明确范围内使用作品。[1] 我国著作权法对著作权转让作了明确、系统的规定,《著作权法》第10条规定,著作权人可以全部或者部分转让复制权、发行权、出租权、表演权等十二项权利,并依照约定或者本法有关规定获得报酬。从以上的对比规定不难看出,在我国权利人对著作权中财产性权利的享有,符合准物权的相应特征,其权利属性与所有权相似。

同时不可忽视的是,著作权具有人身权的性质,作品和人身具有一定的关联性。著作权人与著作权客体之间本身具有一种不可分割的人身权属性,任何一个著作权人都有在其作品上注明自己著作权人身份的权利,而不论他是作品的原始主体还是继受主体。同

---

〔1〕 苏平:《知识产权变动模式研究》,法律出版社2012年版,第29页。

时,在现实生活中,著作权往往会给著作权人带来许多非财产性质的人身利益,例如更多的关注、较高的人气以及更为广泛的认可与承认等。因而不可否认的是,著作权本身具有人身利益的属性。其中,署名权是作者享有的人身权利之一。具有署名权的原始权利人在权利的外观与其个人信息有着很大重合的情况下,能够使第三人产生很强的信赖感,并很容易就能使本就并不十分熟悉相关规定的第三人对原始权利人是著作权财产权利的享有者的所谓"事实"深信不疑。此时,第三人从权利外观上就可能相信无权处分人具有合法的处分权。因为著作权的特殊性质,使得原始权利人在相关财产性权利转让完成后,仍然有着对作品的占有。[1] 原始权利人此时对作品的再次处分,属于无权处分;善意第三人从无权处分人处的善意受让,使善意取得的发生成为可能。

综上所述,具有准物权性质的著作权中财产性权利内容的存在,使得针对著作权的交易广泛存在,为适用无权处分的善意取得制度的存在提供了可能性;基于著作权人身属性权利而产生的著作权的特殊外观,使得原作者在交易中往往更容易得到他人的信任,也更容易进行欺骗行为;同时,第三人在交易中受到欺骗进而产生损失的概率则大大提高,这对交易的正常进行以及经济的正常发展是极为不利的。因此,出于对交易安全的保护,结合著作权的特殊权利属性,对善意取得制度加以适用是极为恰当的。

2. 著作权转让的现行登记制度为"一权多卖"提供可能

我国现行《著作权法》对著作财产权转让中书面合同的相关事项作出了较为明确的规定,[2] 这与世界上多数国家要求著作权转让应以签订书面合同的形式进行的要求相一致。但我国的《著作权

[1] 例如保有作品的原版或复印版书稿等,属于对作品占有的范畴。

[2] 《著作权法》第25条规定转让著作财产权的,应当订立书面合同。

法》中并未对著作权转让中是否必须进行登记作出规定，而是赋予当事人以自由选择的权利。[1] 总的来说，我国著作权登记制度主要存在以下三个方面的问题：

第一，登记在很多情况下不具有强制性。在并无强制性规定的情况下，由于登记都需要耗费一定的人力、物力和时间成本，受让人出于交易便捷和便利的考虑，一般不进行著作权转让登记备案，不进行登记的行为不影响著作权转让合同的效力。

第二，著作权登记效力规定的不明确与不合理。以《作品自愿登记试行办法》为例，对著作权登记后的效力并没有明确的规定。[2] 作品的登记仅具有初步证据的效力。概念的模糊使得在司法实践中的准确判断变得极为困难。而在目前明确规定了著作权登记效力的《著作权质权登记办法》中，可以看出这里采取的是登记生效主义，即以登记的完成为转让成功的标志。[3] 但是，这一规定在实践中存在不少问题：不加区分地一味要求必须登记，容易影响交易速度，降低交易的效率，破坏著作权的私法性质。倘若在所有著作权交易中不登记便不能产生权力转移的效力，那么就会导致双方的当事人经济负担加重，使得标的额很小的当事人之间由于增加的交易成本而不得不放弃登记或者放弃交易。

第三，登记机关对著作权登记程序规定不一致。虽然在《著作权质权登记办法》《计算机软件著作权登记办法》法律规范中，对著作权质权和计算机软件的登记作出了相对统一的规定。但在《作品

---

〔1〕《著作权法实施条例》第25条规定："与著作权人订立专有许可使用合同、转让合同的，可以向著作权行政管理部门备案。"

〔2〕《作品自愿登记试行办法》第1条规定："为维护作者或其他著作权人和作品使用者的合法权益，有助于解决因著作权归属造成的著作权纠纷，并为解决著作权纠纷提供初步证据，特制定本办法。"

〔3〕《著作权质权登记办法》第5条规定："著作权质权的设立、变更、转让和消灭，自记载于《著作权质权登记簿》时发生效力。"

自愿登记试行办法》中,一般性作品的登记程序并没有统一的规定。导致很多地方出台了与此相关的地方法规进行进一步的规范,使得登记程序五花八门,严重影响了著作权登记的权威性。

因此,在与著作权相关的交易中,由于登记在很多时候并不具有强制性,且规定必须登记的内容、程序不尽合理,故在现行法律体制下的登记往往很难进行。在此情况下,对具有特殊权利外观的著作权的原始权利人缺乏真正意义上的有效限制,往往第三人看到署名等权利外观就相信出让人有权转让作品,这使得"一物二卖"的可能性大大增加。

司法实践中产生多起所谓"一权多卖"的案件,多发的原因主要是原始权利人将著作权转让给数个受让人,受让人因相信原始权利人在转让时仍具有著作权,因此交易得以实际发生,但随后即发生多个受让人之间的权利纠纷。

如著名的"老鼠爱大米"案,2004 年,由歌手杨某刚创作的歌曲《老鼠爱大米》迅速走红,这首歌曲的版权被杨某刚先后转让给王某、田某均,后北京太格印象文化传播有限公司(以下简称太格印象)从王某处受让取得该歌曲的著作财产权,广东飞乐影视制品有限公司(以下简称广东飞乐)从田某均处取得使用该歌曲的授权,由此引发了著作权争夺战。太格印象将广东飞乐诉至北京市海淀区人民法院,要求其停止侵权并赔偿经济损失。海淀区人民法院认为,杨某刚与王某所签合同在先,在之后杨某刚与田某均再次签订合同时,杨某刚已经不再是真正的权利人,其行为属于无权处分。同时,该歌曲词曲的真正著作财产权人太格印象并未对杨某刚的无权处分行为加以追认,杨某刚并未取得处分权,故田某均不能取得该歌曲词曲的著作权。广东飞乐被判停止侵权,并赔偿经济损失 15 万元。在二审法院即北京市第一中级人民法院审理本案过程中,武汉市仲裁委员会作出裁决:在与王某签订著作权转让合同之前,杨某刚已经将该歌曲的词曲著作权转让给了肖某,杨某刚对王某乃至王某对太格印象的转让均属无权处分。因此,依据支持签约在先的原则,北京市第一中级人民法院裁定撤销原审判决,驳回太格印象对广东飞乐的起诉。

此案二审结果具有一定的戏剧性,在二审中发现了杨某刚早已将著作权转让给肖某的事实,本案的原被告取得权利均晚于肖某,则双方均未取得权利。设想一下,如果在肖某之前还有他人,本案就又会出波澜。可见,我国对于著作权转让登记无明确规定导致了原作者利用其署名权的“外衣”,或者权利人利用登记簿的不实登记进行“一权多卖”的极大可能性。

可见在此情况下,对登记的不明确、不规范规定是不可取的,在著作权的登记制度中统一采取登记对抗主义是较为妥当的。理由具体如下:

首先,统一且加以详细规定、说明的著作权登记制度有利于该制度真正而又广泛地开展,在实践中将有效避免因制度繁杂、规定不一而产生的混乱。

其次,登记对抗主义的采纳对著作权的交易进行了有效的保护。实行此种制度后,交易双方必将对登记更加重视:对于价值较大、较为重要的作品而言,对权利转让的登记成为必然,完整的交付与登记使权利的归属更为明晰,也使得第三人对权利的状态有了更加明确的判断标准,有效地保护了第三人的合法权益;而对于价值较小、完全没有登记必要的权利转让,登记对抗制度并不影响权利所有人的变化,受让人可以通过买卖直接获得相应的著作权。

最后,登记对抗主义更加符合著作权法的法律价值。登记后的权利,无疑将得到更加完善的保护。权利受让人若想取得权利的完整保护,就必须进行登记;若权利受让人在取得权利后,认为不必要甚至不知道需要进行登记,此时再发生“一物二卖”的情况时,[1]则主要保护善意第三人,处于顺序前位的受让人则必须要为自己的不登记行为付出相应的代价。对第三人而言,善意时的买受行为将通过善意取得制度得到有效保护。

对于登记对抗制度而言,“一物二卖”的情况仍然无法避免,且相对困难的是出现于合同签订与进行登记之间的“一物二卖”行为:在当事人双方签订合同后,原权利人将著作权的财产权利部分再次进行出卖并完成登记。此时,首先签订合同的买受人在已完成登记的善意买受人面前,很难真正实现自身的权利。但可以看到的是,在登记对抗主义的采用中,权属和责任将更加明晰,当事人容易获得法律的支持而得到足够的赔偿。对于原始权利人来说,其行为会产生更大的不诚信的影响。且由于合同签订到登记进行之间的时间往往较短,当事人一般不会出现较大数额损失。在登记对抗主义的灵活性与产生的保护效果面前,此类情况的出现往往难以实现对冗杂繁复的著作权转让中实施登记生效主义的有效支持。

3. 著作权登记错误也可能导致善意取得制度的使用

我国现行的《著作权法》中,并不强制要求进行登记,对于登记的方式也没有详细的规定。但是,有的权利人为了权利得到更好的保护而主动进行登记,第三人根据登记簿上的记载,当然有理由相信其就是权利人。如果出现了登记错误,则十分容易导致无权处分人对权利的恶意处分,从而产生权利争议。登记错误的情形,比较类似于我国《物权法》对于不动产善意取得的规定。在不动产物权中,法律已明确规定了善意取得的适用,并且不动产的无权处分,主

[1] 指权利受让人在通过交易取得相应的著作权后,主观上不进行登记;此时若有其他善意第三人向无权处分的原始权利人购买了相关的著作权并进行登记,善意第三人取得该权利的完整所有权。

要是指发生登记错误的情形下,登记权利人将其不动产转让给他人时,受让人因信赖登记而进行了交易,并办理了登记过户手续。[1]因此存在善意取得制度适用的余地。

登记错误主要有三大原因:第一,当事人过错导致登记错误。由于著作权登记错误主要是由当事人进行申请登记而启动,倘若当事人故意或者过失提供虚假或者有瑕疵的法律证明文件,登记机构采信此项文件就会导致错误登记。第二,登记机构自身原因导致错误登记。登记机构内部监管不到位、登记人员未具备相应的素质、对登记规整制度履行不力、责任心不强等原因都会造成登记的错误。第三,第三方原因导致登记错误。除申请登记的双方当事人外,在现实交易中,很多中介机构、公证机构、拍卖机构会介入双方的交易之中,在此过程中,第三方的失误也会造成登记出现错误。

无论哪种原因的错误登记,都不会使得登记簿外观上有任何的瑕疵,无权处分人即表面上的权利人在进行转让登记的过程中不会造成任何事实上的困难,但是在其背后真正的权利人的合法权益就受到了威胁。例如,某计算机软件的著作权人是甲单位,委托其办公室主任乙管理,乙采用欺诈手段将著作权登记在自己名下,后来,乙意欲将该软件的著作权转让给丙,并告知丙其已经做了登记,丙查阅了登记,发现乙确实是登记记载的著作权人,因此就签订了转让合同购买了该软件的权利,并支付了价款,并在相关部门予以登记。甲单位发现以后,要求丙返还该著作权。丙认为其依法获得了著作权。因为丙在受让时已经尽到了审查义务,并且登记簿能够使丙产生足够的信赖,丙无过错,应当承认丙善意取得了该著作权。

类似的登记错误可能还有其他情形。例如,A、B、C 共同合作了某作品,三人约定管理事宜由 A 负责,于是 A 在登记时仅把 A 登记

[1] 王利明:《不动产善意取得的构成要件研究》,载《政治与法律》2008 年第 10 期。

为作者。A随后出于欺诈将作品转让给丁,丁在受让时基于登记簿上的姓名,足以产生较强的信赖,认为A即是著作权的权利人。丁同样应适用善意取得制度而获得该作品的著作权。否则,就没有交易安全可言,对善意第三人的损害是巨大的。

(二)著作权善意取得的制度意义

1.民法上的信赖保护

所谓信赖保护,即"在依常态法或正统法当事人所实施的法律行为不应具有法律效力的场合,受表意人信赖表意人的意思表示或所表现出来的权利外观,为一定行为或不为一定行为,以致发生信赖损害,为了使受表意人不至因信赖而遭受损害,令当事人承担法律行为有效的法律后果的规则"。[1] 信赖保护原则广泛存在于民法中,如表见代理制度、物权的公示公信原则,等等。在其他私法中也广泛存在,是私法的基本原则之一。构成信赖保护规则的要件有以下几点:第一,外观事实的存在。外观事实包括两个方面的内容:权利外观和意思外观。所谓权利外观是指意思表示者是真正的权利人或者已经得到授权的外观事实。意思外观是指意思表达者向其他相对人所做出的,将权利让与对方、放弃自身权利或与对方产生法律关系的意思表示。第二,权利外观与真实状态不相符。第三,相对人合理信赖。所谓合理信赖,即要求相对人对权利外观的信赖是有依据的而不是轻信、盲信。相对人的确在主观上必须是善意的,并且尽到了必要的注意义务,如对出让人的权利的核实、对出让价格是否合理的判断。第四,真实权利人或表意人对相对人信赖外观事实具有可归责性。第五,相对人基于信赖而为一定行为。[2]

由此可见,著作权无论是被原作者"一权多卖",还是因为登记错

[1] 马新彦:《论信赖原则的逻辑结构》,载《吉林大学社会科学学报》2003年第4期。
[2] 同上。

误而被无权处分,受让人不仅仅是内心意思上对于该权利产生信赖,其他社会一般人也会因为外观事实的存在而产生信赖。第二受让人在通常情况下,主观上并无恶意,并且在尽到适当注意义务的情况下让善意的第三人承担不利益的后果是有违信赖利益保护原则的。对于第三人信赖保护的理解,主要应当从以下两个方面进行:

第一,保护善意第三人,进而维护交易的安全和效率是著作权交易的客观要求。善意取得制度构建的重要原因是保护善意第三人,维护交易安全,保护交易的进行,促进经济的发展。这样的制度价值在著作权的价值构建中依然需要。对于著作权的转让与许可使用的理解可以从其性质出发:原始权利人在完成作品,取得作品的著作权后,其很难通过自身对著作权的利用而获得收益,更多时候是在将著作权转让给他人后,方能取得相应的收益。原始权利人在创作作品时,其目的在于获得经济收益,而并非获得作品的著作权。对于此种性质下交易频繁的著作权而言,保护善意第三人,维护交易的安全与稳定是必不可少的。

第二,占有具有正反两个方面的推定力,即占有往往意味着权利的同时存在,没有占有则不享有相应的权利。在著作权中,作者对作品的署名和很多情况下书稿的占有,形成了占有意义上的正面推定力,受让人往往很容易推定署名人即为著作权人。但是当作品并无任何署名时,却无法得出相反的推定。在涉及著作权的交易中,善意第三人对权利的判断并不十分直观,当事人难以查明权利的真实状态,且查明的经济成本较高,故更多的情况下只能选择信任占有者。在此类情况下,对第三人的保护成为必须。

我国《著作权法》虽然没有明确规定保护第三人的信赖利益,但是作为民法一大重要原则,我国著作权法内在精神及其相关司法实务中对第三人的信赖利益是采承认立场的。因此著作权法律应承认无权处分的法律行为发生法律效果。

2. 民法上的诚实信用

诚实信用原则是民法的基本原则,是贯穿于民事法律制度的一般行为准则。诚实信用原则来源于市民社会生活中的道德规范,要求人们在进行民事活动时具有良好的主观心理状态,即“善意”“诚实”“信用”。“善意”是指人们在进行民事活动时主观上不能有损人利己的心理,并以应有的注意程度防止损害他人利益;“诚实”要求对他人以诚相待,不得为欺诈行为;而“信用”则要求人们恪守诺言,严格履行义务。[1] 信赖保护是对因信赖而遭受损失的“善意”之人的保护,是对当事人之间利益平衡的维护。这种不辜负相对人已经表示或者付出的信赖的规范理念,体现了诚实信用原则的要求。[2] 为了达到维护交易安全,平衡利益冲突,保护私权的目的,要求人们在交易中诚实信用,并遵循信赖保护的原则对善意之人予以保护。

权利人对著作权进行重复授权或转让的行为在本质上是违反诚实信用原则的,可以定性为欺诈行为。由于著作权的占有形式是虚拟占有,在权力转移之后,虽然权利的归属完全发生了变化,但是由于其具有无形性的特征,因而著作权不可能以动产交付方式进行公示,而善意的相对人只能通过作品署名的外观方式辨别著作权的归属,所以,对于著作权的善意取得,若善意第三人遵循了“诚实信用”的原则,无过错地受让了权利,就应对他们的利益予以较强的保护,因此著作权的善意取得制度有必要进行建立和完善。

二、著作权适用善意取得制度的可行性

(一)著作权适用善意取得的法理基础

著作权善意取得是指非著作权人将其著作权让与买受人,如果

〔1〕 江平:《民法学》,中国政法大学出版社 2000 年版,第 67 页。

〔2〕 王卫国:《民法》,中国政法大学出版社 2007 年版,第 18 页。

买受人取得该著作权时是善意的、有偿的，即取得该著作权，其权利行使受到法律保护。著作权作为广义动产的一种，其善意取得的法理基础也可借鉴动产善意取得制度。

目前，学理界关于善意取得的法理基础众说纷纭，代表性的有取得时效说、占有效力说、权利外观说(占有公信力说)、法律赋权说、法律特别规定说等。法律赋权说和法律特别规定说因是少数学者的观点，有明显不当之处，本文不再赘述。

取得时效说认为，善意取得是"即时实效"的结果。此说系受罗马法时效的影响而形成，并为法国民法所采用。在法国民法典第2279条第1款规定："涉及动产物品时，占有即等于所有权证书。"[1]该说虽从时效上为善意取得提供了依据，但对受让人取得时是否为善意并未作进一步的规定，容易造成损害真正所有权人的利益。

占有效力说，顾名思义，指善意取得是以占有为基础的。该说被日本民法、意大利民法典所采用。《日本民法典》第192条规定："平稳而公然地开始占有动产者，如系善意且无过失，则即时取得行使于该动产上的权利。"[2]该说一定程度上是对取得时效说的完善，规定了占有的前提必须是善意的、有效的且无瑕疵的。

权利外观说，也称占有公信力说。该说认为凡是占有动产的人，在法律上即可被推定为所有权人，即使占有人已经丧失了所有权，善意第三人基于这种推定而信赖占有人的做法仍应受到保护。目前，该说被我国大多学者所采用，尤其在著作权的善意取得上，善意第三人根据署名推定作品的所有权人的做法应受到法律的保护。

笔者赞同权利外观说，原因在于，动产物权采用占有作为权利

---

〔1〕 汪志刚：《动产善意取得的法理基础》，载《法学研究》2009年第3期。

〔2〕 谢在全：《民法物权论》，中国政法大学出版社1999年版，第220页。

的公示形式,不动产物权采用登记作为权利的公示形式,权利外观说认为占有和登记对于权利享有同样的法律效果。虽然看起来,登记对于不动产物权的表征与占有对于动产物权的表征有所不同,把权利外观作为登记和占有共同的根本似乎也有不恰当之处,但二者之间的差异性以及对于信赖带来的不同并不明显。虽然登记有程序的保障,而占有没有程序的保障,但占有之所以充任动产物权的外观形式,并非法律规定的结果,而是人们在生活或者交易中不断进行选择和试错的产物。社会公众可以根据动产的占有、交付来了解到物权的存在和变动的情况。并且占有对于物权的表征不仅是建构在日常生活或者交易经验基础之上的社会共识,而且已经成了制度化的现实,由此产生的信赖与登记产生的信赖几乎无异。因此,善意取得的法理基础在于占有的公信力,亦即只要是占有动产的人,在法律上即可被推定为所有权人,占有人并不是所有权人,善意的受让人基于这种推定而信赖占有人的做法仍应受到保护。

而对于著作权而言,著作权不同于动产权利。如前所述,对著作权的占有属于虚拟占有,在著作权发生转移后,著作权归属虽然发生了根本上的变化,但是由于著作权自身的特性,著作权没有明显的外观特征显示其转移,导致第三人无法根据外观权利的表现得知转移变化,同时因为我国未建立统一的登记制度,使得著作权的辨认产生了困难。

正如上述,善意取得的基础在于占有的公信力,著作权的善意取得制度也在于著作权占有的公信力。但著作权不是一般意义的动产,其不能被物理控制、占有,对于著作权的占有只是观念上的占有,这种占有与动产的占有是否有相同的法律效果,是不容忽视的问题。

在传统民法学的理论中,占有的对象仅限于有体物,无形财产与无体物不能成为占有的对象。但是,自罗马法时代以来,占有制度总能随着时代的发展而发展。占有在罗马法上受令状保护,其真实目的在于维持社会的正常秩序而对管领的解释也逐步放宽:从最初仅限于事实上的管领或存在达到管领可能的事务,到以后的视具体条件而定,无不经历着发展的过程。罗马法学家创设了准占有,又称权利占有。[1] 准占有的意义在于,即使权利人没有对客体进行有形掌控,但对于客体的特定权利的支配也视为法律上的占有,这种占有并不体现为对财产的物理控制,而是对财产的垄断利用。对无形财产垄断利用形成的观念上的控制,与对有形财产通过实际占有所形成的物理上的控制,在法律上没有本质的区别,仅有外观的不同。

作品是作者灵性感受的产物,是作者思想和愿望的表现形式,是一种无形产品,所以著作权人对其不能施以现实的占有,而只能以虚拟占有的形态存在。因此,著作权的变动与有形财产的买卖不同。但是对于虚拟占有的财产,在著作权转让后,由于作品的无形性,第三人根据占有的外观形态判断权利的归属,所以第三人了解作品权利状态的唯一途径就是通过作品上的署名,即认为谁在作品上署名,谁就是该作品的著作权人。著作权法规定著作权原则上属于作者,而在作品上有署名的情况下,形成准占有的正面推定力,推定署名人为作者,进而可以推定其为著作权人。在这样的情况下,即使著作权权利转移,作者的署名权并不转移,作者仍然享有在以后发表、出版、发行的作品上署名的权利,容易使第三人误认为署名的作者是著作权人。[2] 善意第三人根据署名权的行使所表现出的准占有的公示效力,有足够理由相信该权利并未发生变动,因此,法律应当对第三人基于准占有的公信力所产生的信赖利益予以保护。

---

〔1〕 周枏:《罗马法原论》(上册),商务印书馆 1994 年版,第 441 ~455 页。

〔2〕 苏平:《知识产权变动模式研究》,法律出版社 2012 年版,第 70 页。

（二）著作权适用善意取得的制度借鉴

1. 国外著作权善意取得的立法例

因政治、经济、文化环境和历史传统的不同，各国在著作权善意取得的观念与立法上均有不同，我国应立足国情，借鉴国外立法的有益经验，不断完善和健全我国著作权善意取得制度。

（1）对著作权善意取得未做明确规定的立法例

《德国著作权法》上没有关于著作权登记的规定，许可使用合同也无须具备形式要件，只有当作者将未来作品上的使用权许可他人时才要求以书面形式进行。也就是说，"以各种使用权的许可或者转让为标的的处分性法律行为通过意思一致而成立"。[1] 同时，与《德国著作权法》第33条之规定[2]进行对比，可以看出，我国著作权法与《德国著作权法》比较类似，均未规定著作权登记制度，因此对于著作权善意取得应当如何处理亦没有法律上的依据，产生关于善意取得的争议只能通过诉讼解决。

（2）不承认著作权善意取得的立法例

在阿根廷、巴西、智利等拉丁美洲国家，要求将作品提交著作权管理部门登记，否则不受著作权法保护，并且登记也是受保护作品著作权合法转让的必要条件。[3] 在这些国家，由于著作权的转让需要严格的登记，受让人在接受转让时可以从登记簿中了解到所有权人的情况，因此难以滋生善意取得的土壤。虽然我国的不动产也是采用登记生效主义，并且《物权法》规定了不动产也适用善意取得制度，但这是我国的不动产登记制度不完善导致的，从世界各国立法例来

---

〔1〕［德］M. 雷炳德：《著作权法》，张恩民译，法律出版社2005年版，第722页。

〔2〕如果著作人和非专有用益权所有人之间无相反协议，在著作人授予专有用益权之前就已授予的非专有用益权对于专有用益权所有人仍旧有效。即在产生权利冲突时，在先取得的权利具有优先性，即使是普通使用权也可以对抗在后取得的排他性使用权。

〔3〕吴汉东、曹新明、王毅等：《西方诸国著作权制度研究》，中国政法大学出版社1998年版，第98～99页。

看，均不承认不动产的善意取得。因此，宜认为采用著作权登记生效主义的国家是不承认著作权的善意取得的。但世界上采用这种立法例的国家较少，这是因为强制登记对于作为私权的著作权干涉过多，不利于促进交易繁荣和文化传播，不符合著作权的发展趋势。

(3) 采用著作权登记对抗主义解决善意取得的立法例

在一些国家的立法例中，著作权的登记具有对抗效力，对于不登记的，在著作权转让或设质行为不得对抗善意第三方，具有代表性规定的有日本和加拿大[1]。

日本在著作权转让合同和著作权设质合同上采取的是登记对抗主义的立法模式，加拿大则只规定了在著作权转让合同的登记对抗制度。二者的适用范围是有区别的。

首先，日本规定根据继承或者其他一般性继承产生的转移或者处分不适用登记对抗主义。这是因为著作权的继承具有特殊性。著作权属于知识产权，而知识产权是有别于传统财产权的新型民事权利，难以采用罗马法以来的物权理论加以阐释。[2] 第一，著作权的主体包括自然人和法人，由于继承特殊的法律关系决定，只有当著作权主体为自然人的时候才能发生财产权的继承，相反，法人则不能成为被继承主体。第二，在成为遗产时，著作权中的财产权数额不确定。作者去世后，作品尚未发表且作者生前未明确表示不予发表的，其继承人可以将该作品予以发表，并通过这一发表而取得

---

〔1〕《日本著作权法》第 77 条规定："下述事项，若未进行登记，则不能与第三者对抗：(一)著作权的转移(不包括根据继承或其他一般性继承产生的转移)或处分的限制；(二)以著作权为标的的质权的设定、转移、变更、消亡(不包括因混同、著作权或担保的债权的消亡)或处分的限制。"《加拿大著作权法》要求对著作权的转让应进行登记，未经登记则不能对抗在后的已经付出相应对价的转让，但第一次转让已在第二次转让前登记的除外。此外，我国台湾地区"版权法"第 79 条规定了制版权的转让登记问题："……制版权之让与或信托，非经登记，不得对抗第三人。"

〔2〕吴汉东：《关于知识产权本体、主体及客体的重新认识——以财产所有权为比较研究对象》，载《法学评论》2000 年第 5 期。

薪酬。作品在作者去世之前已经发表的,作者的继承人可以将作品予以再版,并收取相应数额的版税。同时,作品的其他具有财产性权利属性的著作权,都可以因转让或授权他人使用而取得报酬。在50年的著作权保护期间内,此类财产权的数额将不断增加,处于一种不确定的状态。[1] 因而无法进行准确的登记。

其次,加拿大在规定著作权登记对抗制度中明确将第一次转让已在第二次转让前登记的情形排除在保护范围之外。因为第一次的转让登记已经有效,根据民法中在先保护的规定,有理由相信在第一次已经进行登记的情况下,第二次的登记绝非有效。

在登记对抗主义的立法例下,在著作权已经通过合同签订等方式而完成转让,但尚未进行登记时,原权利人的无权处分使得善意取得具有可能性。此时,规定不经登记的交易不得对抗善意第三人的制度,为解决著作权善意取得纠纷提供了法律依据,也有利于对善意第三人合法权益以及交易安全的维护。

2. 物权善意取得制度的借鉴

虽然著作权法调整的是无形资产,但与物权法在本质上是一致的,都是规范财产关系的法律。因此,物权法中善意取得制度的规定可以对著作权中善意取得问题的解决提供有益的借鉴。

2007年,我国《物权法》首次从立法上对善意取得制度作了明确规定。[2] 若将《物权法》中的善意取得制度套入著作权中,不难发现,著作权善意取得与物权善意取得存在许多共性。

---

[1] 马洪伟:《著作权继承相关特殊规定的探析》,载《生活与法》2007年第16期。

[2] 《物权法》第106条规定:"无处分权人将不动产或者动产转让给受让人的,所有权人有权追回;除法律另有规定外,符合下列情形的,受让人取得该不动产或者动产的所有权:(1)受让人受让该不动产或者动产时是善意的;(2)以合理的价格转让;(3)转让的不动产或者动产依照法律规定应当登记的已经登记,不需要登记的已经交付给受让人。受让人依照前款规定取得不动产或者动产的所有权的,原所有权人有权向无处分权人请求赔偿损失。当事人善意取得其他物权的,参照前两款规定。"

一是目的一致。在市场经济社会,保护交易当事人的信赖利益是保护交易安全的重要措施。一方面,善意取得制度有利于解决民事纠纷。当无权处分人处理他人财产后,如果不保护善意买受人的利益,而是有权人让原物追回,势必会造成买受人利益受损,导致市场秩序的混乱。另一方面,善意取得制度彰显了诚实信用和公平原则。对善意取得人利益的保护,对恶意转让人的惩处,以及对原权利所有人的追及效力给予适当限制都是符合民法的公平原则和过错责任原则的。

二是善意取得的构成要件的借鉴。《物权法》对善意取得构成要件作了规定:让与人对转让财产无处分权、受让人善意、以合理价格取得财产、标的物为依法可流通的、完成登记或实际占有五个要件。其中受让人善意、以合理价格取得等也符合著作权善意取得的构成要件。

三是善意取得的判决标准。现行的著作权法没有将登记作为权利转让的必要条件,因此,善意取得在法理上是予以保护的,但这也导致了转让的诸多纠纷。而物权善意取得中,动产的善意取得以登记为要件,不动产的善意取得以登记或实际占有为要件。要避免著作权中"一权多卖"问题的发生,应该借鉴物权法中权利转让的登记制度,交易双方不仅要签订合同,还应将合同进行登记备案,以增强其法律效力。

(三)我国有采用著作权善意取得制度的司法实践基础

因著作权人对著作权是准占有的形式等原因,易造成著作权重复授权、重复转让的问题,在司法实践中,"一权多卖"引发的案件屡屡发生,但因法律对此没有明确规定,不同法院对此也没有统一认识,司法实践中对此类案件的裁判结果大相径庭。根据前述的"老鼠爱大米"案,法院在一审中判决广东飞乐停止侵权,并赔偿经济损失 15 万元,表明法院认为广东飞乐并不具有善意,对著作权采取了否认态度。[1] 但司法实践中也有承认著作权善意取得的判例。以下简述"女子十二乐坊"案。

北京世纪星碟文化传播有限公司(以下简称星碟公司)是女子十二乐坊乐团的经纪公司,享有女子十二乐坊乐曲的著作权。2001年12月31日,星碟公司授权南京音像出版社发行《女子十二乐坊魅力音乐会专辑》CD,期限为三年。2003年10月18日,经星碟公司同意,南京音像出版社定于2003年10月29日授权广东星文文化传播有限公司(以下简称星文公司)发行上述专辑。星碟公司还于2002年6月17日,与广东杰盛唱片有限公司(以下简称杰盛公司)签订了《协议书》,将上述专辑的版权转让给杰盛公司。2007年12月9日,杰盛公司认为星文公司发行光盘的行为已构成对杰盛公司的侵权,因此向广州市中级人民法院提起诉讼。

本案经过初审后又被发回重审,经历了两次审理。第一次一审判决后,因事实不清和遗漏了诉讼参加人星碟公司,被广东省高级人民法院撤销原判,发回重审。第二次审理中,一审认为,星文公司根据协议只享有发行权,不享有复制权,因此构成侵权,依法应承担停止侵害、赔偿损失的法律责任。据此判决星文公司停止复制《女子十二乐坊魅力音乐会》CD光盘的行为,并向杰盛公司赔偿损失80,000元人民币。判决后,星文公司不服提起上诉,广东省高级人民法院审理认为,星文公司、杰盛公司均获得了星碟公司的授权,星文公司所获得的授权不仅有发行权,而且有复制权和获得报酬的权利,一审法院的认定有误。星碟公司通过协议先把相关著作权授权给杰盛公司,在此之后,星文公司又获得了著作权的独占许可使用权,星文公司与杰盛公司产生了权利的冲突,对于保护何者权利的

---

[1] 《网络歌曲〈老鼠爱大米〉著作权纠纷案审结》,载中国法院网:http://www.chinacourt.org/article/detail/2005/11/id/186918.shtml,最后访问日期:2012年3月10日。

问题，法院依据保护在先获得权利的原则，保护杰盛公司的权利，星文公司应当立即停止复制涉案《女子十二乐坊魅力音乐会》CD光盘的行为。而由于星文公司在接受相应的授权时，对权利的已经授权许可并不知情，故其所取得的独家发行权在主观上并不存在恶意。星文公司已尽到了合理注意的义务，其主观上无过错，不应承担赔偿责任。据此判决星文公司停止复制《女子十二乐坊魅力音乐会》CD光盘的行为，但撤销了星文公司赔偿的判项。

本案中，星碟公司就同一唱片重复授权了两个公司，杰盛公司在先、星文公司在后取得了授权且均为有效授权。但著作权具有排他性，仅能有一个权利主体享有其权利，根据保护在先权利的原则，后取得授权的星文公司应停止复制、发行等侵权行为，对于此，重审的一二审法院均无异议。而本案争议的最主要争议焦点在于星文公司是否应承担赔偿责任。星文公司在取得授权时，已经尽到了合理的注意义务，主观上并无恶意，并且以合理的价格取得，但杰盛公司在先已经获得了授权，星文公司实际上构成了著作权的善意取得。我国著作权相关法律虽然没有对善意取得作出明确规定，但从这个案例可以看出，我国司法实践是承认著作权善意取得的，认可对善意第三人的信赖保护。因为保护善意第三人是维护交易安全、促进交易繁荣的必然要求。后受让主体作为善意第三人，虽然在权利冲突时，应以先受让主体为先，但后受让主体不应承担对先受让主体的赔偿责任。[1]

虽然在司法实践中存在一些法院对于著作权的善意取得是认可的态度，但由于法律并无相关规定，司法实践中难以形成统一的裁判标准，一二审判决的大相径庭就是一例，这对于保护权利人的合法权益以及维护交易安全都非常不利。因此笔者认为在著作权

---

〔1〕 潘齐志：《著作权重复转让与重复授权纠纷的解决——女子十二乐坊魅力音乐专辑著作权纠纷案件评析》，载《科技与法律》2011年第2期。

中引入善意取得制度很有必要，再通过完善著作权的登记制度，妥善解决善意第三人的权利地位以及与在先权利人的权利冲突问题。

三、我国著作权善意取得制度构建

著作权善意取得制度的构建需要综合考量一定的理论基础和实践需要。在借鉴国外立法例的基础上，遵循我国的制度与惯例，本文对著作权善意取得的构成进行了具体探讨。

（一）著作权登记对抗主义制度的建立

1. 著作权登记的效力模式

虽然我国对于著作权的善意取得没有规定，但现实中屡屡发生的“一权多卖”让学者对解决这个问题提出了路径，而无论是何种路径，均是从著作权的权利变动制度入手，即认为解决问题的关键在于形成对著作权权利变动进行登记的制度。对于权利登记的效力，向来都有登记生效主义和登记对抗主义之争，两种不同的观点对于著作权的善意取得制度有着完全不同的设计。

登记生效主义认为，著作权的转让应进行登记，未经登记则当事人之间就不能发生著作权转让的法律效果，当事人之间仅著作权转让合同生效。

登记对抗主义认为，著作权的转让不必要强制进行登记也可生效，但如果未登记的转让，其效力只限于出让人和受让人之间，不得对抗善意第三人，只有进行登记后才发生对世的绝对效力。《美国版权法》第204、205条就作了类似规定。[1] 从以上两条的相关规定

〔1〕 具体而言，著作权转移的生效不需要认证证书，但是，若著作权的转移是在美国执行，认证证书是由受权在美国范围内监督宣誓的人员签发的，或者著作权的转移在外国执行，认证证书是由美国外交或领事官员签发或其权力已由这些外交官员的证书证明的受权监督宣誓的人员签发的，那么，认证证书是著作权转移的初步证据。若提请备案的文件具有签订文件的人实际签字，或附有宣誓的证明或官方证明文件副本的真实，则任何版权所有权转移书或与版权有关的其他文件均可在版权局备案。当先后进行的几项版权转移发生冲突时，已备案的转移优先。

中可以看出,美国采取的是登记对抗主义而非登记生效主义,且登记在一定条件下具有优先效力。

2. 著作权登记对抗模式的选取

采取登记生效主义主要理由是,登记生效主义能促使著作权转让当事人及时进行著作权转让登记。在登记生效主义下,登记是著作权变动的要件,不进行登记当事人进行著作权交易的目的就不会实现。因此,当事人要进行著作权交易就必须进行登记,第三人借此能够了解该著作权的实际权属情况,从而使登记起到保障交易安全的作用。[1] 可以有效防止"一权多卖"现象的发生,并且可以有效回避著作权善意取得问题。[2]

反对者则认为:登记生效主义容易导致对私法自治的过度干预,破坏著作权的私法性质。由于著作权的权利种类繁多,标的数额也大小不一,容易导致标的额较小的交易人由于登记成本过高而放弃交易,不利于知识、文化的传播和利用。[3]

支持登记对抗主义的理由是,登记对抗主义模式被世界多数国家所采用,证明其具有促进交易繁荣并保护交易安全的作用;登记对抗主义模式更能体现立法对当事人意愿的尊重,符合私法中自治的基本原则。由于著作权具有人身权和财产权的双重属性,与专利权和商标权不同,著作权法应更多地体现出意思自治的原则,体现出对著作权人选择权的尊重,因此应允许登记或不登记;并且从交易成本来说,登记对抗主义更为经济,有利于促进交易的繁荣。[4]

反对登记对抗主义的学者则认为:采用登记对抗主义,在"一权

---

〔1〕 何焕峰:《著作权公示制度探析》,载《山东社会科学》2009 年第 11 期。

〔2〕 向高飞:《试论著作权的善意取得》,载《法制与社会》2008 年第 5 期。

〔3〕 黄玉烨、罗施福:《论我国著作权转让公示制度的构建——从著作权的"一女多嫁"谈起》,载《法律科学》2005 年第 5 期。

〔4〕 苏平:《知识产权变动模式研究》,载《法商研究》2011 年第 2 期。

多卖”都未登记的情形下，无法最终解决著作权的归属问题；[1]在涉及著作权“一权多卖”的情形下，法律关系不够明晰，存在众多理论解释的难题，比如后转让合同的效力问题，每个受让人所获得的著作权的专有性问题。[2]

从学者的争论可以看出，两种模式各有利弊，但从著作权本身的性质和特征，在综合平衡交易安全与促进效率、节约成本的基础上，笔者认为宜采取登记对抗主义模式，具体理由如下：

第一，平衡交易安全与尊重隐私。“安全”是法律的基础性价值之一，在正常的交易行为中，交易人的利益应得到法律的保护。而登记对抗主义弥补我国著作权转让缺乏登记公示的现象，一定程度上保护善意第三人，维护了交易安全。登记对抗主义一方面强调了登记的重要性，将登记公示作为对其权利转让排他性的推定效力。著作权登记公示可以免除主张排他性的一方当事人的证明责任，将著作权转让合同无效的证明责任转移给对方当事人，从而实现诉讼的公正、效率，缓解因著作权认定不明而引发的纠纷。另一方面，登记生效主义还强调保护著作权的私密性，体现对当事人意愿的尊重。与专利权和商标权不同，著作权含有更多的人格和精神因素，因此，登记与否，应由当事人自由决定，由其衡量登记的成本与不登记的风险，进而作出决策。[3]

第二，平衡登记成本与交易风险。交易成本主要指社会为维护交易安全而支付的成本。针对著作权来说，交易成本主要指国家承担的登记体系的成本，如人员的增加、设备的更换等。进行著作权登记，同样也有收益，如国家或政府通过确保交易安全的方式促进著作权市场交易发展、交易当事人规避或降低了交易风险。从交易

---

〔1〕［德］M. 雷炳德：《著作权法》，法律出版社 2005 年版，第 722 页。

〔2〕苏平：《知识产权变动模式研究》，法律出版社 2012 年版，第 29 页。

〔3〕同上书，第 249 页。

成本考虑,登记对抗主义避免了登记生效主义的强制性,对于一些经济价值或著作权交易数额较小的情况,过高的登记成本显然会抑制交易的数量和规模,不利于著作权交易市场的发展。而对于高额交易或特殊作品,则应鼓励进行登记。高额交易作品涉及当事人利益重大,往往也会产生较大的社会影响,交易人为确保交易的合法性,应通过登记增加交易的公开性和公知度。对于特殊作品如电影、电视剧等,因政策监管而适用严格的内容审查和相应的公示制度。[1] 由于著作权转让登记具有较强的外部性,相关部门对著作权转让进行相应的登记管理,可以节约交易当事人的交易成本。

第三,促进交易繁荣。随着信息社会的到来,各种信息和知识呈现爆炸式的增长趋势。传媒技术的高度发达与数字设备的极大普及,使作品的传播和创作不再是特定产业和阶层的专有权利,尤其是随着博客、微博、社交网络等"自媒体"的蓬勃发展,各种音乐、美术、摄影、视频、文字等作品和计算机软件的产生以几何倍数的速度增长。[2] 如果将登记作为著作权转移的生效要件,将极大地阻碍作品的充分和及时传播。另外,我国现有著作权登记机制缺乏全国互通的数据体系,各地著作权登记程序与规则也缺乏统一性和规范性。[3] 因此,采取登记生效主义必定会给著作权登记机构带来极大压力,增加登记成本,降低登记效率,这些都将阻碍著作权交易市场的繁荣。

3. 著作权登记对抗主义制度的具体设想

第一,将登记规定为著作权转让的公示方式。登记作为民法上常用的公示方式在著作权转让登记同样具备巨大优势,如果将登记制度加以细化,其将是最佳的物权公示方法。登记具有较容易区分的客观外部特征,同时具有国家权威的支持,因而更加具有可操作

---

〔1〕 苏平:《知识产权变动模式研究》,法律出版社2012年版,第12、58页。

〔2〕 同上,第82页。

〔3〕 同上。

性和可实施性。

第二,将登记对抗主义作为登记的法律效力依据。如前所述,登记对抗制度具有成本低、可操作性强等优势。另外,虽然我们很难判断后买受人在交易过程中是否善意,但是我们明显看出出卖人在著作权多重转让中的主观恶意和可谴责性,因此需要对出卖人科以更重的责任。在著作权转让合同未登记情况下,若采用登记生效制度,则使合同不生效。受让人追究转让人的责任是“缔约过失责任”;若采登记对抗制度,则认为合同生效,此时受让人追究转让人的责任是“违约责任”。“缔约过失责任”程度明显比“违约责任”轻,会对交易相对人的权利救济造成不利影响。

第三,将预告登记、变更登记、异议登记、登记请求权作为登记辅助制度加以规定。作为登记公示的补充制度,登记辅助制度在正常的登记活动中出现需要进行预告、保护在先权利、变更权利主客体、对登记事项产生异议等的时候起到填补的作用,可以最大限度地对权利人的合法权利进行保护。

(二)著作权善意取得的构成要件

1. 出让人无处分权

借鉴《物权法》对善意取得的规定[1],无处分权虽然没有被列为善意取得的构成要件,但显然是善意取得的前提。因此将“无权处分”视为著作权善意取得制度的构成要件之一是合理的。

所谓无权处分,是指没有处分权而处分他人的财产。换言之,即权利人无处分权而从事了法律上的处分行为。所谓处分,从最广义上来理解,包括事实上的处分与法律上的处分。[2] 无权处分中的

---

[1] 《物权法》第106条规定:“无处分权人将不动产或者动产转让给受让人的,所有权人有权追回;除法律另有规定外,符合下列情形的,受让人取得该不动产或者动产的所有权……”

[2] 王泽鉴:《民法学说与判例研究》(第4册),中国政法大学出版社1998年版,第136页。

处分是指法律上的处分，对于著作权来说，是指通过买卖等方式使著作权发生权利转移。

在我国动产和不动产善意取得制度中，对于无权处分的理解，一般有三种观点：第一，“无处分权说”。无论是动产还是不动产，无权处分都是指无处分权人处分了他人所有的财产。《物权法》第106条规定中的“所有权人有权追回”，也印证了善意取得中，无权处分是指无权处分他人所有的财产。例如，夫妻共有的房屋，记载在夫妻一方名下，登记的权利人处分了全部财产，也构成无权处分。二是“处分权受限制说”。即是无权处分人原本享有其无权处分之物的所有权，但因为特殊原因，其所有权应当受到一定的限制。该类情况也属于善意取得中的无权处分。三是“登记错误说”。此种观点认为，在善意取得中，不动产的无权处分实际上是在登记错误的情况下，登记记载的权利人处分了该不动产。[1]

对于动产的善意取得，无权处分的界定一般采取“无权处分说”，对此没有争议，但对于不动产善意取得中无权处分的理解，有学者认为应采用第三种观点即“登记错误说”：不动产善意取得中的无权处分，就是指在登记错误或其他无处分权的情况下，登记权利人处分该不动产的行为。原因在于，不动产的善意取得主要针对登记错误的情形，从登记权利人的无权处分行为而言，他已经意识到自己的行为构成无权处分行为。[2]

笔者认为，著作权善意取得中无权处分的判断，可以将上述的动产与不动产无权处分的规则均予吸收借鉴。这是因为，著作权作为比较特殊的财产权，与可以物理控制的动产不同，其具有无形性，但作者可以通过署名的方式实现准占有，其准占有也具有一定的公

---

〔1〕 王利明：《不动产善意取得的构成要件研究》，载《政治与法律》2008年第10期。
〔2〕 同上。

信力,能够产生善意取得,这点与动产的善意取得类似;另外,著作权又作为可以进行登记的权利,登记簿的公示公信力亦可以具备善意取得的基础,这点又与不动产的善意取得类似。因此,笔者认为,著作权的无权处分主要包括以下情形:

一是原作者或合法获得著作权的权利人将著作权转让给多人的情形,由于其在第一次转让后已经不再具有所有权,而出让人仍以自己的名义与第三人进行交易的,为无权处分人。在这种情况下,第三人合理信赖出让人具有著作所有权,并与之进行交易,构成善意取得。如果第三人知道出让人不具有所有权,但善意地相信其具有处分权,则不构成善意取得。

二是著作所有权的行使具有限制性,如出让人只具有著作使用权并没有转让权,未经合作作者许可,将与他人合作创作的作品进行转让或只在一定时期内具有转让权等,出让人超越这些权限范围进行转让都可判定为无处分权人。

三是登记错误情形下,名义权利人进行的转让。当事人在登记的过程中发生了登记错误,即在著作权进行变动的过程中发生了错误的登记,即登记簿上显示出的权利归属及其权利状态与真实状态不一致的错误。如上所述,登记错误包括实际权利人是甲,登记成了乙,名义权利人乙转让给丙,构成无权处分。多人共同享有著作权,登记成一人,其只以自己的名义转让给第三人亦构成无权处分。在司法实践中,还可能有其他情形,只要符合名义权利人处分本不属于他的权利时,均是无权处分。根据登记错误的原因,可以把登记错误分为因登记错误机关的错误、因当事人的错误和因混合错误的原因。因登记机关的错误,是指登记机关的过错是登记错误的原因,如登记机关的原因,错把甲的著作权登记为乙享有著作权。因当事人的错误,是指因为当事人自己的原因导致登记错误。例如,甲通过伪造的手段欺骗登记机关,从而成为某著作权的所有权人。

因混合过错的错误,是指登记机关和当事人在登记错误上有共同的过错,如登记机关工作人员与当事人恶意串通,对于登记簿进行不符合实际情况的登记。这种分类的意义,在于确定登记机关或者登记机关与当事人共同过错时,登记机关是否要承担赔偿责任。

2. 著作权交易行为的有偿性

第三人是否以合理价格购得标的物,也是判断第三人是否善意的一个标准。因为,如果出卖人以不合理的低价出售,购买人应当会对标的物来源产生怀疑,从而影响其具备善意的条件。[1]

根据《物权法》要求善意取得应以合理的价格转让的精神,首先排除无偿转让行为构成著作权善意取得的可能性,原因在于善意取得制度是为了保护交易安全,这里的交易指的是有偿交易,不包括无偿转让,因此无偿转让的情形无法适用善意取得制度。

在有偿交易中,如何判断合理的价格,对于著作权来说并非易事。因为著作权的价格与动产或不动产价格判定也有区别,动产或不动产交易价格有可参考的市场价格,但由于作品凝聚的是作者本身的智慧和精神产物,其定价并没有标准可参考,需要交易双方的协商。一般著作权交易的价格根据作者的名气、作品的题材、字数以及作品的转让或许可范围来综合考虑。

同时应注意的是,动产善意取得中合理价格的判断与不动产的判断有一定的区别:动产的公示方式一般只有占有这一种,但这种公示方法却十分薄弱,这是因为发生占有的原因很多。在交易中,若出让人以很低的价格出让该动产,一个正常的受让人通常会对出让人是否享有该动产的处分权产生合理怀疑。而不动产善意取得不存在这样的限制,因为不动产物权变动的方式是登记,与动产占

---

〔1〕 丁晓春:《动产善意取得构成要件再探———兼评〈物权法〉第106、107条》,载《学术论坛》2008年第2期。

有不同，登记具有很强的公信力，在不动产登记之后，交易当事人完全有理由信赖登记所记载的权利人具有处分权利，即使不动产转让的价格偏低，也不会影响登记公信力，只要受让人信赖登记就足以构成善意。因此考虑合理的价格作为善意取得的要件时，必须区分动产和不动产，对于不动产也应当区分具体情况考虑。[1]

具体在著作权中，对于未经登记的著作权，如果以较低的价格转让，则使交易人对其处分权应产生一定的怀疑，但对于价格是否影响善意取得的成立的判断应较为慎重，因为著作权很难说形成市场价或者指导价，因此结合实际情况综合考虑，甚至在极端情况下，例如甲是著作权人，他认为乙可以将其作品发扬光大，因此以极低的价格把著作权转让给了乙。笔者认为综合二人的合作关系的种种因素，仍然可以认为是合理的价格。而对于已经登记的著作权，笔者认为，合理的价格的因素更应参照不动产的处理，即使转让的价格偏低，也不能认为影响到了登记公信力，只要受让人信赖登记就足以构成善意，换言之，对于转让价格的合理性的考量可以仅作为参考，不作为认定的依据。

综上，笔者认为，在著作权的转让中，由于著作权的价值难以衡量，转让价格甚至因人而异，考虑合理的价格这一要件时应比较审慎，尽量降低合理价格对善意取得的认定的影响。在已登记的著作权转让中，可以尽可能少地考虑价格问题，也不影响善意取得的成立。

3. 受让人出于善意

判断善意的标准，亦应从动产善意取得和不动产善意取得两方面借鉴，以获得准占有善意取得和登记错误善意取得的判断标准。

在动产的善意取得判断中，主要问题是善意是否要求过失。动

---

[1] 王利明:《不动产善意取得的构成要件研究》，载《政治与法律》2008 年第 10 期。

产善意取得以善意无重大过失为通说。[1] 之所以对于过失的程度可以放宽到无重大过失，是因为动产只要被占有，就能够引起第三人高度的信赖，第三人有理由相信动产占有人具有权利外观。因此，只要第三人没有重大过失，即可认定其为善意。著作权中善意的判断，笔者认为不能与动产的善意取得采用同样的标准。这是因为，著作权交易中，无权处分人对第三人引起的信赖不足够强，因此第三人应尽更大的注意义务，对于著作权应该尽到合理限度内的询问和审查义务，在尽到相应的义务后仍然不知道其为无权处分人，才得以构成善意，即著作权的善意取得应采取善意无过失的判断标准。

至于第三人须证明自己尽了哪些注意义务方可谓善意无过失，则是一个事实问题，应根据个案案情，站在相关领域以一般人的标准来衡量，并综合考虑以下几个因素：一是受让人购买相关著作权支付的价款是否为合理价格，二是从受让人的购买渠道和转让人的情况来予以认定，三是从受让人对相关著作权的认知和审查能力来判断。在善意的认定上，应当采取善意推定的方法，即推定受让人为善意，由主张其为恶意或有过失的原权利人提出证明，即原权利人对此负有举证责任。[2]

以前述的"女子十二乐坊"案为例，判断星文公司是否出于善意，可以从以下角度：星文公司支付了合理的价款取得的授权，星文公司在得到南京音像出版社的授权同时得到了星碟公司的书面确认，星文公司作为一家经营音像的公司，其无法再进一步对星碟公司是否已经授权他人做审查，如果要求星文公司尽这样的审查义务则对其过于苛刻。因此，可以得出星文公司是无过失的结论，应认

---

〔1〕 王泽鉴：《民法物权》(第2版)，中国政法大学出版社2001年版，第267页。
〔2〕 王利明：《物权法研究》，中国人民大学出版社2002年版，第269页。

定为是出于善意。

但对于因登记错误产生的善意取得，对于善意的判断应借鉴不动产的善意取得制度。《物权法》第106条的规定中，[1]就不动产而言"受让"是指不动产登记的变更。因此不动产受让人的善意是指在办理变更登记的过程中，因信赖转让人为登记记载的权利人而购买了该不动产。在不动产的处分中，登记的信赖是判断善意的依据，而并非以占有的信赖作为判断善意的依据。不动产善意取得中的善意判断相对比较简单，在通常情况下，只要受让人信赖了登记，就是推定其是善意的，但同时受让人必须实施了查阅登记簿的积极行为，如果其未查阅登记簿，也不能推定为善意。[2]

对于因登记错误产生的著作权善意取得，判断善意的标准应与不动产善意取得一致，只要受让人实施了查阅登记簿的积极行为，其信赖了登记簿的登记而进行了交易，就应该认定其为善意的。当然，如果受让人在转让之前知道登记存在错误，或者存在异议登记的记载，此时记载的权利人很有可能不是真实的权利人，如果受让人继续交易，就难以认定受让人的善意存在。

4. 必须完成登记

善意第三人进行著作权登记是适用著作权善意取得的构成要件之一。这是因为，本文采用登记对抗主义，著作权的取得不以登记为生效要件，但不经登记不得对抗善意第三人。著作权经过无权处分后，善意的第三人取得了著作权，此时若没有经过登记就不得对抗下一位善意第三人，应注意此时原权利人对著作权仍享有权利，既然不经登记都不能对抗下一位善意第三人，那么更不能对抗著作权的原权利人，因此，不经登记实际上未取得权利，并未实现善

---

〔1〕《物权法》第106条规定，"受让人受让该不动产或者动产时是善意的"。

〔2〕王利明：《不动产善意取得的构成要件研究》，载《政治与法律》2008年第10期。

意取得。欲实现著作权的善意取得,善意第三人必须经过登记。

我国《物权法》中,船舶、机动车、航空器等动产适用登记对抗主义,虽然是否办理登记是可以选择的,但是,在判断适用善意取得时,既然其可以登记,应当还是要办理登记。[1] 由于本文采用著作权登记对抗主义,这与船舶、机动车、航空器的变动制度相同,因此可以借鉴,即判断适用善意取得时,必须要求完成了登记。

(三)著作权善意取得的法律后果

著作权中的善意取得发生时,涉及原权利人、出让人即无权处分人和受让人三方的法律关系,但主要有意义的是原权利人与受让人、原权利人与出让人之间的法律关系。出让人和受让人之间因著作权转让合同产生了债权债务关系,受让人应支付对价,出让人应转移权利,若有违约,承担违约责任。而一般而言,著作权善意取得的法律后果与动产善意取得的法律后果类似,主要是原权利人与受让人、原权利人与出让人的法律关系:

第一,原权利人与受让人的法律关系。在善意取得情况下,原权利人和受让人之间发生权利变动,即善意受让人取得该著作权的相应权利,而该权利上原本存在的权利趋于消灭。原权利人不得向受让人主张返还其著作权,也不得主张侵权赔偿。如果原权利人向善意受让人主张返还或者侵权赔偿,善意受让人则可以以善意取得为由对原权利人的请求权进行抗辩。

第二,原权利人与无权处分人的法律关系。原权利人有权向无权处分人请求赔偿因其无权处分而造成的损失。法律之所以设定善意取得制度,是为了保护动态的权利安全,但对静态的权利也不应忽视,否则原权利人因受让人的善意取得使其著作权发生消灭,又不能向善意受让人请求返还或请求赔偿,原权利人只能向无权处

[1] 王利明:《不动产善意取得的构成要件研究》,载《政治与法律》2008 年第 10 期。

分人主张权利。比照《物权法》对善意取得制度的规定,"受让人依照前款规定取得不动产或者动产的所有权,原所有权人有权向无处分权人请求赔偿损失",著作权的原权利人也应对无权处分人享有请求赔偿损失的权利。

除以上两方面的法律后果外,需要值得注意的其他后果,还包括以下两点:

第一,若作品的原作者为无权处分人,应加大对此类恶意处分人的处罚力度,以其声誉为其行为进行担保。在出现问题时,应使该作者付出更大的代价,如公开的曝光等。这将有力地减少此类情况的再次出现。

第二,在善意受让人取得相关作品的著作权后,其著作权并不以真实、实际占有的方式而存在,更大程度上是对该作品的虚拟占有,并享有相应的权利。

四、结　语

随着知识产权市场的日益繁荣,著作权交易也日益频繁。由于著作权的排他性和客体的非物质性特征,容易导致"一权多卖"现象。而现有的著作权法仅以著作权合同生效来解决权属纠纷,无法维护交易相对人和真实权利人的利益。基于此,本文认为建立著作权善意取得制度很有必要。从著作权的含义及特征、著作权善意取得的法理基础开始阐述,在分析我国现行著作权转让存在的一系列问题基础上,对国外著作权转让的立法例和我国其他权利善意取得制度进行了梳理,最后从著作权善意取得的构成要件、著作权转让采取登记对抗主义模式和著作权登记机构的设定与审查责任三方面对我国著作权善意取得提出了一些构想。著作权善意取得制度的构建,一方面可以保护由于信赖登记簿所显示的权利状态而进行交易的善意第三人的利益,另一方面可以促使在先受让人积极进行著作权登记,从而避免恶意出卖人将同一权利多次出让,保护了交易安全。[1] 此外,善意取得制度还有利于作品著作权财产价值的发挥与作品的传播,对推进著作权交易市场繁荣都具有重要理论和实践意义。

〔1〕 谢在全:《民法物权论》,中国政法大学出版社1999年版,第33页。

体育赛事转播权研究

彭静林*

摘　要:体育赛事转播权是比赛主办单位决定是否给予某一转播机构或网站对比赛进行报道的权利以及有对被授权进行赛事报道的转播机构提出相应要求的权利。体育赛事转播权的正当性在于洛克的劳动财产理论,正是基于劳动才创造了财富,既有运动员的劳动技能,也有赛事主办方的投入。由于体育赛事转播权研究还没有形成系统性,对其法律性质的分析也是见仁见智,国外也经历了"赛场准入说""娱乐服务提供说""企业权力说"的变化历程。我国对其性质的分析也存在各种学说,如肯定说将其界定为知识产权;否定说则认为赛事转播权是不同于知识产权的无形财产权。由于体育赛事是在既有的规则下的体力与技能的体现,结果具有不确定性,其不是智力创作活动,不具有独

* 彭静林,江苏维世像律师事务所律师,辽宁大学法学院2014届民商法学硕士毕业生。

创性；由于体育赛事一旦结束，便不可再现，不能通过有形的形式加以固定，不能加以复制，因而不是著作权法意义上的作品。体育赛事不是表演，更多的是一种竞赛，不具有表演者权的表演性。体育赛事的原始属性决定其不是广播组织权。体育赛事具有无形性、专有性、能够为主办方所控制、并为主办方带来经济利益，应将其界定为一种不同于知识财产权的无形财产权。体育赛事转播权的主体有主办者权利主体说、参赛队权利主体说、运动员权利主体说的争论。但是参赛队的竞争，无法保持比赛的均衡性与体育事业的发展，使其无缘权利主体；运动员的劳动付出通过劳动合同以薪金的方式获得，无须争夺权利主体之位。法律性质和权利主体的界定，最终还是要服务于权利的救济。在体育市场，未经授权的非法转播行为时有发生，因而设计权利救济方案非常重要。由于体育赛事的独特性，侵权责任法规定的八种救济方式并非都适合赛事转播权的救济，损害赔偿是最具现实意义与可靠的救济形式。对损害赔偿的计算可分为损失赔偿的计算和侵权获利赔偿计算方式，其中，市场价值标准中引入抽象损失方式，对损失结果的评定具有了一种统一的和客观的尺度，可以减轻主办方的举证责任；对获利赔偿的计算需要注意防止出现权利人获利的情况，区分能够扣减的侵权获益和不能扣减的侵权获利。

关键词：体育赛事转播权　无形财产权　获利赔偿　损害赔偿

体育赛事播权是随着体育的产生而不断发展的。我国关于体育赛事转播权的立法经历了萌芽阶段、初步探索阶段和发展阶段。

自20世纪80年代开始，按照国家统一的规则，我国的电视转播机构就向国际组织购买高水平的国际赛事的电视转播权。第一份体育赛事转播合同是在1994年由赛事的主办方和电视机构签订的，由中央电视台和中国足协签订了5年的中国足球甲A联赛的体育电视转播权的转让合同。这一阶段的特征表现为:参与体育赛事转播的有权转让的很少;对于参与讨价还价的能力而言,赛事的主办方还有所欠缺;体育赛事的转让主要是通过广告置换的方式,真正意义上的价格转让尚未形成。

第一次制作境外的体育赛事节目是在 1998 年 9 月,支持者是体育总局,此次培育了新的体育赛事市场,也检验了体育节目的能力。电视转播权的分类销售是在 1999 年 3 月,第一次对足球联赛进行了尝试。[1] 这一阶段的特点主要是:大家逐步认可了体育赛事的有价转让;主办方也能较有效率地参与体育赛事转让的议价,有了转播机构的竞争;逐步走出了广告置换的转让方式,有了一定形式的货币转让。

甲 A 联赛的全国独家首播权是中央电视台首次获得,时间是在 1999 ~2001 年 3 年期间,每年的价格是 366.6 万元,共支付电视转播权 1 100 万元,直播 78 场联赛,每场 14 万元。2004 年的中超的首个电视转播合同,估计为 3 年 1.5 亿元的天价。[2] 而上海文广新闻集团以 3 年 1 亿元获得中超联赛的电视转播权,突出了竞争的有效性,打破了央视的垄断。这一阶段的特征为:因市场化的逐步发展,体育赛事转播权的市场化也进一步提高,竞争也越来越激烈;大家对体育赛事的等价交换的观点越来越理解,主办方的讨价议价的能力也进一步提高,新的转播方式出现。

从我国体育赛事主转播权的发展历程来看,市场不断成熟,对转播权的价值也在不断上升,因此,加强对其研究更是必要。但是对体育赛事转播权的法律定性却一直未有定论,对其转播权的主体

---

〔1〕 张立:《体育媒介市场研究,国家体育总局体育信息中心》,载国家体育总局:www.sport.gov.cn,最后访问日期:2013 年 12 月 6 日。

〔2〕 郭梁:《央视发招欲收复失地争夺体育赛事直播市场》,载《北京娱乐信报》2005 年第 8 期。

也一直存在争议,在转播权开发的过程中,侵权现象也在不断增加。因此对于此种侵权救济都有待研究。

一、体育赛事转播权的概述

(一)体育赛事转播权的界定

1. 转播的含义

“转播”一词的含义,就中文而言,在《高级汉语词典》的解释是“转送并播出”,《现代汉语词典》的解释为“广播、电台、电视台播送别的电台、电视台的节目”。[1] 很明显,照此解释,“转播”并不包含直播的意思,而是与“直播”相对应的概念。“转播”一词在英文中所表示的一词是“broadcast”,是“广泛传播”的意思,既指现场直播(live transmission),也指播送别人的节目(retransmission)。《欧洲跨境电视公约》对“retransmission”一词的解释是“以普通大众作为目的对象,可以使用任何一种技术手段,接收节目的同时播送这些电视服务节目,并保持这些电视节目的不变性”。[2]

直播意义上的赛事转播,是指为了能使观众接收某一信息,将进行现场拍摄的摄像机等机器设备把体育比赛的现场信息加工成电视节目的信号并将其发射出去的过程。主办方是最原始的体育赛事的所有者,只有经过主办方的明确授权,转播机构才能将比赛的信号制作成体育赛事节目,而体育比赛和这些节目的现场制作几乎是同时的。而字面意义上的赛事转播权,是其他的转播机构向获得直播意义上的转播机构购买已经制作为体育赛事节目的权利,前者获得后者的授权才能通过电缆或是无线电设备接入节目信息,再传播给新的电视观众以获得利益,前者不是体育节目的真正制作

[1] 王猛:《体育赛事转播权研究》,上海交通大学2007年硕士学位论文。
[2] National Basketball Association and NBA Properties Inc v. Motorola Inc and STATS 105F.3d.841(2d.Cir,1997).

者。字面意义上的赛事转播权实际上是一种邻接权,即广播组织权,其主体是赛事节目的制作者,客体是体育赛事的节目,不涉及与赛事主办方的交易。这已经是没有任何争议的事实,本文所要讨论的"转播权"是指现场直播意义上的转播权,也即英文中的"live transmission",并不包含字面意义上的转播权。

2. 体育赛事转播权的含义

什么是体育赛事"转播权",目前,学界关于体育赛事转播权的的含义的解说主要有两种模式:电视模式和新兴媒体模式。

电视模式将体育赛事转播权等同体育赛事的电视转播权,体育赛事通过传统的电视媒介转播,如"体育赛事电视转播权指比赛的组织者或主办单位许可他人对比赛通过电视加以报道,并享有其许可报酬而产生的权利",〔1〕"体育比赛的电视转播权,指主办方,即决定举办体育比赛的主体,决定给予哪一电视台进行该报道的权利,并获得由此产生的价值利益的权利",〔2〕"体育赛事转播权就是将体育赛事以一定的方式,如电视台、电台,向广大公众进行传送的权利",〔3〕"体育赛事电视转播权,指某一比赛的主办单位或是协会组织举办体育赛事时,授权他人进行现场录像、直播、转播并从中获得经济利益的权利"。〔4〕

新兴媒体模式突破了电视模式的局限性,将手机和网络等新的传播媒介融入了进来。因为随着知识经济的到来,体育赛事的传送有了新的媒介,如手机、网络,而且随着手机、电脑的普及,其与电视已经不相上下,故电视已不是主要的传送体育赛事的方式,如"体育

〔1〕 马骁:《奥运会电视转播权及网络转播权的法律分析》,载《电子知识产权》2003 年第 4 期。

〔2〕 王一川:《体育电视转播权问题研究》,南京师范大学 2004 年硕士学位论文。

〔3〕 张旭霞:《浅谈体育比赛转播权的法律性质》,载《电视研究》2002 年第 10 期。

〔4〕 程维峰、于永慧、葛超:《体育赛事电视转播权的经济学分析》,载《浙江体育科学》2004 年第 6 期。

比赛的著作权利人，授权他人以约定的方式将体育节目进行转播，并获得经济利益的权利，转播权的形式如新闻报道权、赛事集锦权、电视转播权、网络转播权”。[1] 对于该定义，值得称赞的是具有了与时俱进的观念，这是较之前的四种定义的优秀之处。但是笔者不赞同此定义对体育赛事转播权的定性（将其定性为著作权），这在后文会加以论述。

综上可知，关于体育赛事转播权的定义应该从哪些方面入手，无非就是“权利的拥有者是谁”“权利指向的对象”“权利的内容是什么”。至于是“转播权”还是“传播权”，本文还是沿用约定俗成的方式，用“转播权”，这样，更容易理解和便于接受。不过由于科技的发展，体育赛事的转播方式不再仅限于电视等传统的媒介，而是有了更加广泛的领域，因而，笔者认为，体育赛事转播权（sports broadcasting rights）是指：拥有该权利的所有者转让或是许可他人以约定的方式，通过电视或是其他的新媒介如网络、手机，对体育赛事资源加以使用或是自行使用，目的是提供给不特定的公众观赏，并从中获得一定经济权益，即比赛主办方有权决定是否给予某一转播机构对比赛进行电视报道的权利以及有对被授权进行赛事报道的转播机构提出相应要求的权利。

（二）体育赛事转播权的分类

体育赛事转播权按内容分可以分为三类：新闻报道权、赛事集锦权、实况转播权。播出 3 分钟以上的体育比赛画面，转播机构就需要购买新闻报道权；连续集中播出 15 分钟以上的集锦画面，就要购买赛事集锦权；若要对体育赛事进行电视转播，就需要购买体育赛事转播权。[2] 这只是依照国际惯例所做的分类，并没有法律上的

---

[1] 王猛：《体育赛事传播权研究》，上海交通大学 2007 年硕士学位论文。

[2] 熊任翔：《论体育比赛电视转播权的国际保护》，湖南师范大学 2004 年硕士学位论文。

依据。

随着互联网的兴起,体育赛事转播权也有了新的传播方式,因此,可按照传播途径的不同可分为:电视转播权、网络转播权、手机转播权。电视转播权是指通过电视进行直播或是转播的权利。网络转播权指通过计算机网络,利用视频或是文字直播等形式对体育赛事进行转播的权利。而手机转播权指的就是对体育赛事通过手机的方式进行转播这一行为,从而享有一定的权利。[1] 区分这三种载体,一是为了方便研究与开发,二是为了区分三种载体带来的不同利益。

按转播的时间先后的不同,可将体育赛事转播权分为现场直播权、转播权和限定时间延时转播权。现场直播权是指在现场随着体育赛事的发生、发展进程同时制作和播出广播电视节目而获得的一项权利。转播权,主要是指举行体育比赛时,许可他人进行转播,获得报酬的权利在于主办方。限定时间延时转播权是指转播机构必须按照转让合同的约定,在一定的时间之内传送体育赛事节目。[2] 此分类的意义在于:由于播出时间的不同,那么,其播出的价值也就不同,因此,在转让的过程中,可以据此议定不同的转播价格。

按转播的信号接收的地域为标准,分为全国性的体育赛事转播权、地方性的体育赛事转播权。前者指赛事主办方许可转播机构可在全国范围内转播体育赛事,全国观众都能通过卫视台收看到体育赛事;后者指主办方只许可给转播机构在地方台转播体育赛事,只有当地观众能收看到体育赛事节目。[3] 由于其时空覆盖范围不同,

---

〔1〕 于善旭:《我国体育无形资产法律保护的研究》,北京体育大学出版社2009年版,第105~106页。

〔2〕 张冰:《体育无形资产法律保护问题研究》,载新浪博客:http://blog.sina.com.cn/s/blog_5e78f52801017r5m.html,最后访问日期:2013年12月18日。

〔3〕 马法超、郭锐:《我国体育赛事转播权有关问题研究》,载《河北体育学院学报》2008年4期。

因而观众的数量也就不同,同样可以以此来同电视转播机构议定不同的转让价格。

按照电视媒体的性质不同可分为有线电视转播权、无线电视转播权、卫星电视转播权。有限电视转播权是指转播机构利用电缆传输体育赛事信号,主办方通过赛事转播权的转让而获得的经济权益。无线电视转播权是指电视转播机构通过空间传送体育赛事信号而进行的转播。卫星电视转播是指一种利用人造地球卫星作为中转站来转发无线电波而进行的两个或多个地球站之间的通信。[1]分类的意义在于根据不同的电视转播性质确定不同的议价方式及转播权的转让价格。

(三)体育赛事转播权的内容

体育赛事转播权的内容是指其体育赛事转播权的所有人对体育比赛拥有哪些权能,主要有三项权能:第一项权能指独立制作并播放体育赛事的权利,即转播权的所有人如果有能力制作的话,则可以独立地播送体育赛事,不过,最主要的是将转播权转让给其他的传媒机构;第二项权能即许可的方式,由转播机构进行现场直播,可以是广播的形式、电视形式或是新的网络传媒技术;第三项权能也是许可的方式,是授权他人到现场录音录像。

(四)体育赛事转播权的成立基础

参与体育运动的人员相互配合、相互协作,对一场体育运动的精彩结果作出巨大的贡献,如运动员、教练、裁判等,因而,应当对他们的这些努力给予一定的保护。对体育赛事转播权的保护,实质上就是对劳动者劳动成果的承认和尊重。但作为一种权利,为什么要保护体育赛事转播权,可以用洛克的劳动理论进行解释。

---

〔1〕 华荣:《体育比赛电视转播权与知识产权划界初探》,载天涯博客:http://blog.tianya.cn/blogger/post_show.asp?BlogID=730350&PostID=7578368,最后访问日期:2013年12月18日。

1. 洛克劳动财产理论概述

为财产权提供正当性的一个重要学说是自然法哲学,洛克的财产权劳动理论在这一自然法哲学中是非常重要的,即从劳动的角度出发,为财产权的存在提供了正当的理论依据。[1]

洛克认为,作为自然状态下的自由、和平、平等,"存在着一种起着支配作用的、大家都应该遵守的自然的法则;人类遵守着理性,这是一条准则:不管是何人,都应该遵守这些准则,禁止侵害他人的财产、自由或是健康生命等权利,因为大家都是独立自主的"。[2] 从中可以看出,任何人从生下来就具有财产权,不管是出于何种社会,任何法律法规都应该加以保护之,而这样的社会才是正当的、合法的。不过,洛克还认为,虽然财产权是人类生来就具有的,但是,造物主在这方面并没有做得很好,只是让人类共同享有天下的一切,并不排除一部分的私人所有,这样,才能更好地被人类加以利用。但是,问题就在此,怎样才能为私人所用?洛克解答为:正是人们的劳动,将原始的一切自然物质,即人们共同所有的财物区别开来,从而使人们获得了私有的财产,从而产生了私人所有权。[3]

从"任何人的所有权包含人身"到"任何人的所有权还包含对自己劳动",洛克完成了这一转折。因为"任何人的人身享有的所有权不能归任何人所有",依靠自己的双手和身体完成的劳动就是他自己的,受到法律的保护,正是这一基础,成为洛克劳动作为财产权的前提。[4] 外在的客观世界不但能通过劳动联系在一起,而且,也能把人类自己的主观世界联系在一起,从而将主观世界和客观世界联系起来。正是因为劳动,使客观世界成为人类诞生的一部分,而且

[1] 冯晓青:《知识产权的劳动理论研究》,载《湘潭大学社会科学学报》2003 年第 5 期。
[2] [英]约翰·洛克:《政府论两篇》,陕西人民出版社 2004 年版,第 133 页。
[3] 同上书,第 144~149 页。
[4] 易继明:《评财产权劳动学说》,载《法学研究》2000 年第 3 期。

是不可分割的、密切联系在一起的物质；而人类的主观世界中有了劳动的存在，不管是人身还是意志，都有了自由的因子。从中，可以得出洛克的目的所在：获得私有财产靠劳动，获得自由靠劳动。

2. 体育赛事转播权是劳动的产物

财产和财产权是一种随社会而不断发展的概念，而同时劳动也是一个不断变化发展的概念。早起的人们"脱离自然的形态"，"谁占有谁所有"在原始之时就是一种劳动的形式，因为在自然状态下，存在无主物，那么，自然的理性要求也就是将这些无主之物归属为最先占有的人。与此相同，类似的发现埋藏之物、捡得被抛弃之物，也都是一种劳动。但随着社会的发展，无主物逐渐减少，劳动更被理解为是与生产相关的运作。[1] 在体育赛事转播权的发展与开发中，劳动的价值主要体现在以下的几个方面。

第一，运动员劳动技能是求学劳动的成果。由于体育运动是一项技能，更是一种稀缺的资源，因此，在转播权的开发中：不管是对么激烈的体育运动，还是多么令人羡慕的体育成绩骄人的运动成绩，核心还是要依据体育技能才能获得。按巴甫洛夫经典条件反射学说，运动技能是一种能力，是在后天习得的，这种能力能够独立而有效地完成某些专门的动作与行为，而一旦习得，就是一种本能的条件反射，这种反射是和体育有关的反射。[2] 而当科学的不断发展，人们的认知水平也在不断地提高，人们逐渐认识到，这种体育运动的学习技能是运动员们有意识的认知过程，是一种可操作性的学习过程。[3] 而发展在20世纪末期的广义进化论，特别强调，"认识人们这种运动技巧的获得规则应该从社会文化的角度出发，以更高

---

[1] 易继明：《评财产权劳动学说》，载《法学研究》2000年第3期。

[2] 李杰凯：《运动技能习得过程的广义进化论新释》，载《沈阳体育学院学报》2000年第3期。

[3] 赵南元：《认知科学与广义进化论》，清华大学出版社1994年版，第35页。

的眼光去认知这种运动技能的获得”。[1] 由此可知,运动员要想从开始的学习到获得运动反射条件再到更高水平的社会意义技巧的获得,需要相当长的学习时间。[2] 广义的进化范畴正是这些经过长时间练习的运动技能,是自然资源和社会资源的结合,这种结合包括人类自身在内的,而又通过人身为客体获得劳动财产。[3]

第二,赛事的主办方对体育赛事的投入。一场体育运动要想获得商业价值和人们的巨大关注,首要条件就是主办方的投入,从硬件(场地、器材、设备)到软件,如制定比赛的规则、构建比赛的模式、协调各参赛队之间的矛盾、解决有关的纠纷、联系赞助商等措施都需要大量的投入,保证比赛有条不紊地进行。这是主办方劳动的付出。

第三,赛事转播权的实现:主办方购买劳动力获得劳动技能的支配权。进入体育市场的运动技能,必然存在于劳动交换过程之中。它的交易形式主要有两种:一种是和一般劳动力商品在劳动力市场上交易一样,由赛事主办者从运动员处购买,赛事主办者等由此获得对运动技能的支配权或部分支配权;另一种是由赛事主办者向拥有运动技能支配权的体育市场主体购买运动技能,如通过组织竞赛等具体形式,将运动技能通过运动竞赛的形式展示给消费者,消费者取得的不是运动技能的支配权,而是观赏权。因为运动技能是大量训练性求学劳动的成果,所以当这种运动技能大量地通过体育市场得以展现时,对它的观赏就不能是免费的,而是要遵循价值规律的要求,实行“等价交换”在交换的过程中,赛事转播权的权利才能得到实现。

---

〔1〕 赵南元:《认知科学与广义进化论》,清华大学出版社 1994 年版,第 36 页。

〔2〕 李杰凯:《运动技能习得过程的广义进化论新释》,载《沈阳体育学院学报》2000 年第 3 期。

〔3〕 朱妙宽:《劳动价值论的基本范畴和发展思想》,载《经济评论》2003 年第 5 期。

综上,不管是从运动员的劳动的付出,还是从主办方的劳动投入看,洛克的劳动理论都为体育赛事转播权提供了正当性。劳动必须得到尊重和保护,正是在这个基础之上,体育赛事转播权应该获得保护。

二、体育赛事转播权的法律性质

前面提到了直播意义上的赛事转播权和字面意义上的赛事转播权,因此可以将赛事转播划分为两个阶段:一是许可转播权的阶段,二是实施转播权的阶段。而在这两个阶段里,直播意义上的转播权对应第一阶段的体育赛事,字面意义上的转播权对应第二阶段的体育赛事。在转播权的许可阶段即本文所要讨论的有关体育赛事转播权,它指的是体育赛事的主办单位对于比赛通过电视等渠道报道的许可及由此带来的直播、转播等权。

(一)国外有关体育赛事转播权法律性质的学说

在欧美国家,理论上,对体育赛事转播权的性质的认识变化经历了从"赛场准入权说"、"娱乐服务说"到"企业权利说"发展的过程。[1] 但是在法律上,并没有立法明确界定体育赛事转播权的性质、它的适用范围以及具体内容。

1. 赛场准入权说

"赛场准入权说"认为,[2]举行体育比赛必然需要体育馆,而其所有人对该场地具有所有权或者场地的管理者具有占有权,电视台虽然与比赛的组织者或参赛队有体育赛事转播权的买卖约定,但若是所有人或是管理人没有许可电视机构的进入,电视台是无法进行

---

〔1〕 李双元:《国际法与比较法认丛》(第6辑),中国方正出版社2003年版,第347~352页。

〔2〕 Michael Beloff, Tim Kerr, Marie Demetriou (1999), *Sports Law*, Hart Publishing, 2012, p. 135.

体育比赛的现场直播的。这是英国学者的观点。在荷兰,法院和体育俱乐部认为比赛的主队有权拒绝他人进入比赛的场地,这本质上与英国学者的观点是一致的,都可以认为是"赛场准入权说"。如1988年,转播机构(NOS)诉荷兰足协(KNVB)一案,NOS在没有获得KNVB授权转播体育赛事的情况下,转播由KNVB举办的一场足球,KNVB于是以侵犯其著作权为由将其告上法庭。该案的争议在于NOS能否拒绝给予KNVB任何补偿的情况下转播由后者组织的比赛。但是,荷兰最高法院认为,在该案中,KNVB没有任何的依据取得完全独占的知识产权,但可以根据"赛场准入权"而拒绝NOS的行为。该说中的电视转播权并不是独立存在的,依附于体育比赛场地的所有权或是占有权。也不承认体育比赛具有任何的经济价值,它只是由政府部门举办的、不具有任何商业性的公益性事业。因而"赛场准入权说"具有天生的不足:一是它没有揭示出电视转播权具有经济价值的原因;二是体育场地的所有人或是管理人并不是转播合同的主体,因为,转播权合同是体育赛事的组织者或是参赛队与电视机构签订的,这就无法约束场地一方,也不能反映体育比赛的组织者真正关心的问题,即通过合同或是其他方式而对转播权加以利用、销售、许可,从而获得巨大的收益。于是,出现了"娱乐服务提供说"。

2. 娱乐服务说

"娱乐服务说"认为,[1]进入体育比赛场地观看体育比赛本身就是一种娱乐活动,而这种服务不仅提供给观众,也提供给电视媒体的代表——摄像记者,二者享受的娱乐服务是一样的,在被允许进入场馆之时就具有了两种权利,一是进入比赛场地的权利,二是欣

---

〔1〕 Michael Beloff, Tim Kerr, Marie Demetriou (1999), *Sports Law*, Hart Publishing, 2012, p. 166.

赏体育比赛的权利。由此可看出,不管是观众还是电视台的记者,进入场地并不是免费的,体育赛事的提供者要收取一定的服务费,这就在无形之中暗含了转播权的经济来源。但是该说也有弊端,即一是将观众与电视台的记者的目的性等同,前者进入场地的目的主要是观看体育比赛,而后者的主要目的在于获得商业价值,即将体育比赛转播出去获得收益,并非观看比赛;二是与现实中的实践方式背道而驰,即该说并不承认电视转播权的独立财产地位,这与转播权被多次转让的现实不相符合。因而,它揭示的只是电视转播的一种表象,没有真正说明体育赛事转播权的本质。随后,"企业权利说"兴起,并获得普遍认同的地位。

3. 企业权利说

"企业权利说"认为,[1]比赛的组织者或者参加者是企业,它们从事的不仅仅是一项体育活动,更是一种商业活动,这种商业活动具有经济上的风险,既然这种商业风险由作为企业的比赛的组织者或者参加者承担,他人就不能做出侵害这种企业利益的行为(如未经许可或是授权而转售电视转播权),因而,将电视转播权当作一种"企业权利"。德国、意大利的法院都采纳"企业权利说"。该说反映了赛事组织者与参赛队在经济上获得电视转播控制权的愿望,并直接将电视转播权定义为是经济上的财产权利,即一种无形财产,承认了转播权的法律地位。美国法院认为体育赛事转播权具有经济利益,是一种具有利益性的财产权利,因为,既然组织体育比赛的人投入了大量的人力、物力、财力,那么他们就有权利将这些投资收回,获得投资利益。如20世纪30年代末期的"匹兹堡运动公司起诉KQV广播公司案",本案中,作为棒球俱乐部一方的匹兹堡海盗

[1] Michael Siebold, Joachim Wichert, Is there a Legal Claim to Free Radio Broadcasts of German Bundesliga Matches? *International Sports Law* Journal (2), 2004, p.76.

队许可通用米歇尔公司独家转播海盗队的比赛，但是KQV广播公司在球场外一个非常好的拍摄位置安排其人员对正在进行的比赛进行报道。原告方认为，自己举办的体育赛事是一种有价值的商品，应该防止这些权利未经授权的任何的剥削。被告方则认为，体育赛事是一种公共信息，由所有人共享，任何人都有传播体育赛事的权利。[1] 通过诉讼，法院的观点是，原告方俱乐部作为投资者，对比赛做出了巨大投入，不仅是为了举办一场比赛，更是为了获得投资回报，而出售传播权就是回报的一种方式，KQV广播公司要想进行实况转播，就应该支付一定的费用，获得原告的许可，而不是以偷拍的方式影响原告和别的广播公司签订合同的能力，进而减少了本来属于原告的实际收入。该案件中，以判例的方式承认了权利人的投资的利益。[2] 即体育赛事转播权是一种无形财产权。

（二）我国有关体育赛事转播权法律性质的学说

关于体育赛事转播权的法律性质，尚没有统一的认识，但主要是围绕在转播权是不是知识产权，一方认为体育赛事转播权是知识产权，一方则否认体育赛事转播权是知识产权，即否定说和肯定说。

1. 知识产权肯定说

体育竞赛与文学艺术两者“都是创造性智力成果，都有思想性、技艺性和可固定复制性，都不是法律排除的范围”。两者的不同仅表现在智力成果的形式，体育竞赛应当受到知识产权的保护。[3]

观点一认为体育赛事转播权是著作权。体育赛事和电影没有本质的区别，均具有娱乐的作用。体育赛事符合著作权法中作品的属性。体育赛事具有独创性，符合作品创作性的要求。“体育赛事

---

〔1〕 Robert L. Saltzman, Television News Access to Exclusively Owned Sporting Events: A Comparative Study, *Sports Lawyers* Journal 7(3), 2000, pp. 2 –3.

〔2〕 Holly M. Burch, A Sports Explosion: Intellectual Property Rights in Professional Athletic Franchises, *In sports lawyers* journal spring, 1998, pp. 30 –56.

〔3〕 张厚福：《论运动竞赛表演的知识产权保护》，载《体育科学》2001年第2期。

的表演可以作为作品，列入知识产权的保护范围”，“运动竞赛表演是体育群体的智力成果集中体现”、“运动竞赛表演具有深刻的思想性”、“高超的艺术性”。将体育比赛以录制的方式加以固定的过程就是复制的过程，即能以有形形式附着于载体上，可以再次利用、复制。因而也满足作品的复制的要求。[1]

观点二认为体育赛事转播权是邻接权。邻接权是指作品在其传播的过程中，由作品的传播者做出的创造性劳动成果所依法享有的权利。转播者主要包括表演者、录音制作者和广播电视组织在各自的表演活动、录音制品和广播电视节目享有的权利，类似于著作权，但邻接权保护的是传播者，它包括的权利有表演者权、录制者权和广播组织权。在具体属于邻接权中的哪一项权利，又有两种不同的观点：其一认为体育赛事转播权是表演者权，运动员是著作权法中的“表演者”，是对非“作品”进行表演的人，表演者不仅仅是指表演文学艺术作品的人，还包括其他人，即运动员；[2]其二认为体育赛事转播权是制作、转播体育赛事的电视节目制作者享有的权利，体育赛事的现场直播是邻接权中广播组织权。[3]

2.知识产权否定说

否定说认为体育赛事不是知识产权，而是一种财产权，依据不同的观点，又分为如下的学说。

观点一认为体育赛事转播权归为一种物权，“随着体育比赛的商业化和职业化，而比赛又具有一定的娱乐性，因而渐渐认为体育赛事是一种服务性的产品，那么，这种服务产品的所有权和收益权就由体育赛事转播权的所有者享有，这就是一种物权”。[4] 体育赛

[1] 张厚福：《论运动竞赛表演的知识产权保护》，载《体育科学》2001 年第 2 期。

[2] 张杰：《运动竞赛表演中的著作权保护》，载《体育学刊》2001 年第 4 期。

[3] 李俊梅、赵是瞻：《体育赛事电视转播版权保护》，载《湖北成人教育学院学报》2008 年第 4 期。

[4] 张旭霞：《浅谈体育比赛转播权的法律性质》，载《电视研究》2002 年第 10 期。

事转播权不具有知识产权的属性,如可复制性、作品性、固定性等,而举办体育比赛并非一种思想,而是一种实在行动,这也是体育赛事的组织者享有转播权的前提。这种实际行动的有形性决定可将其看作是民法意义上的物权。[1]

观点二认为随着体育活动的商业化和产业化,体育赛事转播权应运而生,作为一种新型的权利形式,它既不属于表演者权,也不属于广播电视组织权,因而缺乏作为邻接权保护的基础。既然它具有以经济利益为内容的财产权的存在,又具有一定的人身属性,且是随着商业化进程而发展的产物,因而可以将其看作一种商品化权。[2]

观点三认为体育赛事转播权实质上是依据契约而产生的民事权利。[3] 持此观点的学者给出的理由如下:体育赛事转播权的权利主体由于没有法律的明确规定,因而很多时候要么是依据合同双方的约定,要么是依据国际条约的章程的规定。以奥运会为例,《奥林匹克宪章》就规定了国际奥组委是提议赛事转播权的所有者,享有占有、处分的权利,不管是个人还是组织机构,凡是参加了奥运会,就意味着接受《奥林匹克宪章》的规定,接受其中有关体育赛事转播权的有关规定,这就如同达成了合同上的"契约",而且是一种广义的合同权利。[4]

(三)体育赛事转播权是不同于知识产权的无形财产权

体育赛事转播权是知识产权还是具有财产权益内容的权利,各国的判决都有不同之处。

---

〔1〕 刘强、胡峰:《体育竞赛及其电视转播权的知识产权保护》载《电子知识产权》2006 年第 2 期。

〔2〕 于善旭:《我国体育无形资产法律保护研究》,北京体育大学出版社 2009 年版,第 125 ~126 页。

〔3〕 马晓:《奥运会电视转播权及网络转播权的法律分析》,载《电子知识产权》2003 年第 4 期。

〔4〕 李立、陈赢:《转播谈判昨重大转折 世界杯后央视一定转播甲 A》,载《北京晚报》2002 年 4 月 2 日,第 7 版。

BBC诉BSB侵犯著作权案。1990年英国广播公司(BBC)得到了一个独家转播权,即当年的世界杯足球赛,地域范围为英国,但是,BBC意外地发现在每次赛后的24小时之内,英国卫星广播公司(BSB)就在其新闻节目中播放有BBC转播的某些有关体育比赛的视频片段,不仅有BSB的精彩评论,而且时间长达将近1分钟。因此,以侵犯著作权为由,BBC将BSB告诉至法院,法官认为BBC的行为属于"合理使用",并未侵犯BBC的版权。[1]

NBA诉摩托罗拉侵权案。由于科技的发展,摩托罗拉公司在1986年推出一款呼机,该呼机由于小巧精致,可以随身携带又不影响美观,而且信息传播快速,可以只比现场转播晚二分钟的时间获得NBA的信息,如NBA的得分、罚球等信息。由于只售200美元,因此,推广迅速。而另一家公司——STATS公司向公众发散NBA的信息的方式是网络,只比现场直播晚几十秒,速度之快令人刮目相看。STATS公司也并不是一开始就想以网络的方式侵权,只是由于其向NBA申请的通过网上播报的方式未获得后者的同意,才出此下策。NBA在美国纽约州南区法院起诉摩托罗拉公司和STATS公司版权侵权、普通法滥用、违反兰哈姆法和联邦通讯法虚假广告的相关规定。[2]

纽约州南区法院认为本案不存在版权侵权和虚假广告的问题,而是基于普通法的滥用签发了禁令。法院认为,篮球等体育比赛不构成版权法上的作品。原告提出的体育比赛等有组织的项目可以被看作是作品的主张没有得到法院的支持,因为《美国版权法》第102条a款所列的8项作品中没有和体育比赛相似的作品。而且,

---

〔1〕 Miehael Beloff, Tim Kerr and Marie Demetriou, *Sports Law*, Hart Publishing, 1999, p. 135.

〔2〕 李俊伟:《从NBA诉Motorola案看美国的版权优先制度》,载《知识产权》2002年第4期。

1976年《美国版权法》修改将实况转播纳入版权法的保护范围,却没有将这种版权保护延伸到比赛项目中。STATS传送的是纯粹的事实性信息而不是受版权保护的“表达”。1996年该案上诉至美国联邦第二巡回法院。1997年1月30日,上诉法院推翻了原审法院的判决,并撤销了禁令。[1]

上诉法院在审理中需要裁决的焦点问题是,侵害体育赛事主办方的知识产权或是财产权的前提是否是在没有获得许可的前提下而对外提供有关比赛的信息服务。一般而言,美国版权法保护作者的具有原创性的作品。NBA持有的观点是,在没有经过其授权的情况下,对比赛信号的传送和在此情况下的转播都侵害了自己的版权。不过上诉法院的观点是,NBA的比赛和版权法所保护的电视剧、电影等电视节目不一样,不仅创作形式不同,而且前者也没有演出的脚本,只不过是某种不同形式的结果组成,一旦比赛结束,就不可再现,无法固定和复制。而只有可以复制的形式,版权法才能加以保护。而受到保护的应该是NBA的电视节目,因为其具有作品的性质,具有独创性和可复制性,即版权法所说的邻接权。但是被告只是转述事实部分,没有对比赛进行描述,并没有侵犯NBA的作品邻接权。根据美国的相关法律,体育比赛的财产权是由赛事的主办方获得,只有未经过主办方发的授权,任何第三方是不能从中获得利益的,否则,可被认为是侵害主办方的财产权。[2]

不管是在前面提到的匹兹堡运动公司诉KQV广播公司案中,还是NBA诉摩托罗拉侵权案中,法官都是倾向于将体育赛事转播权当作一种无形财产权,而非知识产权。笔者也认同转播权的非知

---

[1] 李俊伟:《从NBA诉Motorola案看美国的版权优先制度》,载《知识产权》2002年第4期。

[2] National Basketball Association and NBA Properties Inc v Motorola Inc and STATS Inc[1997]105 F 3d 841.

识产权说。

1. 体育赛事并非作品不构成著作权

《中华人民共和国著作权法实施条例》(以下简称《著作权法实施条例》)具有作品的定义。要构成著作权法意义上的作品,作品的特征如下:独创性,即作品是作者独立创作完成的;该作品应该是文学、艺术及科学领域的创作;复制性,即作品应该能以可感知的形式加以固定,并能够复制。体育赛事并非作品,因而不构成著作权,主要理由如下。

第一,体育比赛主要是一种体力活动,不是智力成果。首先,从微观上看,体育赛事的主角之一——运动员,他们在赛场上的表现主要是身体机能反应,并非是智力创造。其次,从宏观上讲,体育赛事的主办方并不需要将投入花费在创造性的智力活动上。不同赛事的主办方在投资上虽然有数额的差别,但投入工作却大同小异,如时间怎么安排、赛事的地点在哪里、安保工作的部署等,这些工作都具有统一的固定模式,只是程度高低不同而已。总的来说,体育比赛更多的是人们之间的体力和技巧的比拼,体育比赛中包含有人类智力成果的投入并不能说明体育本身就是智力成果的集中体现。

第二,体育比赛有规则和一定的程序,没有独创性。所谓独创性,是指作品必须是原创的,即由作者所做的工作是被独立创建的,强调独立创作,不是抄袭、复制或者是从已有的既定的方程推算出来的。[1] 首先,体育竞赛具有规则性。体育活动是一项历史性的活动,而各种比赛也具有国际通用的比赛规则。参加比赛的运动员都要按照规则行事,在规则规范的范围内参与比赛,否则就会被判出局,轻者不能参与本场比赛,重者终身禁赛。其次,体育比赛的竞技

〔1〕 Robert L. Saltzman, Television News Access to Exclusively Owned Sporting Events: A Comparative Study, *Sports Lawyers* Journal 7(3), 2000, pp. 3 -4.

性并非是创作性的活动。如足球比赛,在足球比赛的规则下,主要以运动员的耐力和技能发挥之高低来定输赢。虽然在比赛过程中,足球运动员会运用自己的智力来防守或是进攻,但并非著作权中所说的创作性,因为运动员在比赛中做出的种种动作,主要是经过平时的训练而来的,在比赛中只是临场或偶然地发挥或是已成固定的模式,是一种经验,在比赛中,会有一些令人难以预料和无法控制的场合,而比赛的结果具有不确定性,体现不出个性化的创作活动。

第三,体育比赛不具有可复制性。可复制性的前提是具有一定份额物质形式,能被他人加以感知,并且能够以一定的客观形式再次表达。而体育赛事不可通过有形的形式加以固定,而作品必须是具有固定的形式,并能够复制。[1] 第一,作为一种活动的体育赛事,具有现场性和竞争性,这一比赛的过程是不可复制的,广播、电台、电视台进入场馆摄制的过程不是对作品的复制,这是广播、电台、电视台作为传播者制作体育比赛节目的过程,是没有经过加工的初级的制作。第二,对于体育比赛而言,比赛的事前安排和运动员、教练、裁判依照计划参与比赛的活动都不具有可复制性。如运动员,他们在比赛中的动作并不是模仿他人,而是一种在自身意识的支配下,为赢得比赛完成的动作,这种动作不是思想的表达,不可复制;而对于教练而言,虽然在赛场上融入了教练们的“作战”意图,但是相对于比赛的激烈性而言,每场比赛教练都需要依据不同的情况不断调整作战的方案,从而达到最理想的判断并胜利完成比赛。

2. 体育赛事转播权并非邻接权

邻接权是指作品在其传播的过程中,由作品的传播者对做出的创造性劳动成果所依法享有的权利。转播者主要包括表演者、录音

---

〔1〕 Robert L. Saltzman, Television News Access to Exclusively Owned Sporting Events: A Comparative Study, *Sports Lawyers* Journal 7(3),2000,pp. 1 -3.

制作者和广播电视组织在各自的表演活动、录音制品和广播电视节目享有的权利,类似于著作权,但邻接权保护的是传播者,它包括的权利有表演者权、录制者权和广播组织权。

首先,体育赛事的非表演性决定其并不是表演者权。《著作权法实施条例》第5条第6款规定了表演者的定义。[1] 可见,表演者是指表演文学艺术作品的人,表演性是该权利的一大特色,对于一些具有表演性的体育比赛,如花样滑冰、花样游泳、艺术体操之类的艺术性较强的比赛,由于与一般的杂技、舞蹈表演在表现形式上,有一定的视觉效果、艺术性和可观赏性,可以视为表演者权。但是,对于主要的比赛来说,竞技性才是其唯一的特性,观众观看比赛的目的也在于感受比赛的热烈气氛,体会赛场上激烈的竞争性及比赛的结果的不确定带来的刺激性。因此,大多数的比赛项目不具有表演性。最后,我国《著作权法》第38条规定了表演者享有的权利。[2] 但是,体育赛事转播权中所说的现场直播和录音录像的权利是体育赛事的权利人所有,并非运动员所有。而且,表演者表演作品,还需要原权利人的许可,而运动员的比赛并不需要这一认可。

其次,体育赛事转播权的原始属性决定其不是广播组织权。第一,两者的权利主体显然不同:体育的赛事转播权的主体是赛事的主办者,广播电视组织权的权利主体是转播机构,即广播、电台、电视台等媒介机构;第二,两者受保护的原因不同。播放者权受保护的原因在于广播电台、电视台等媒介将体育比赛录制为特定节目并进行组织加工、编撰而产生的权利,这是一种在传播过程中产生的

---

〔1〕 表演者,是指演员、演出单位或者其他表演文学、艺术作品的人。

〔2〕《著作权法》第38条:表演者对其表演享有下列权利:(一)表明表演者身份;(二)保护表演形象不受歪曲;(三)许可他人从现场直播和公开传送其现场表演,并获得报酬;(四)许可他人录音录像,并获得报酬;(五)许可他人复制、发行录有其表演的录音录像制品,并获得报酬;(六)许可他人通过信息网络向公众传播其表演,并获得报酬。被许可人以前款第(三)项至第(六)项规定的方式使用作品,还应当取得著作权人许可,并支付报酬。

权利,是一种邻接权,体育赛事转播权之所以产生,是因为筹办体育赛事的主办者在人、财、物等方面的大量投入,正是这一投入,才产生了巨大的商业价值,而投资的目的就在于回报,因此对合法投入的利益回报应该给予法律上的保护。第三,客体不同。体育赛事转播权的权利客体是各种体育竞赛,而播放者权的客体是一种电视信号,即广播电台、电视台对体育竞赛进行录像、摄影而形成的一种光波。

3. 体育赛事转播权是体育无形财产权

(1)无形财产权的基本含义

学者对无形财产权的范围有不同的理解。袁秀挺认为:知识产权被包含在无形财产权的范围内,但后者的范围更大,除所有权以外,是最广义的无形财产权,而债权排除在外,则是中义的无形财产权。[1]

梅夏英博士赞同此观点,他认为,无形财产在实际运用中常代表三种不同的含义:第一,知识产权就是无形财产,因为知识产品具有非物质性,这点同无形财产权类似;第二,能够被人们支配、具有一定的空间样态即为财产权利;第三,无形财产将有形物的所有权之外的任何权利称为无形财产,知识产权被包含其中。[2]

通过对无形财产权的相关问题进行研究之后,笔者认为,如果依照传统的观点,无形财产权与知识产权具有相同的内容与形式,但是,社会是不断进步的,理论研究也在不断地深入,新的知识财产不断出现,受知识产权保护的财产范围在不断地扩大,知识产权的体系也需要重新加以理解。如知识产权并不包含体育赛事转播权,

---

〔1〕 袁秀挺:《知识产权在财产权体系中的定位》,载《华中科技大学学报》2003 年第 2 期。

〔2〕 梅夏英:《财产权构造的基础分析》,人民法院出版社 2002 年版,第 86 页。

但是,体育赛事转播权却具有财产权属性。[1] 无形财产权是知识产权的上位概念,无形财产权有自己的特征:第一,人们可以多次利用无形财产权,而不会消耗它的价值;第二,它是一种无形的东西,无法靠触觉感知;第三,正是因为它的无形性,使得它容易超出人们的控制范围。[2] 这也决定它和有形财产权的不同之处,正因为这样,才需要专门的保护。

(2)体育无形财产权的基本含义

体育无形财产权,字面意思就是与体育相关的无形财产权,具有两个特征:第一,体育无形财产权具有无形财产权所具有的特征;第二,体育无形财产权是与体育有关的财产,或远或近。

(3)体育赛事转播权作为无形财产权所具有的特性

由于体育无形财产权是与体育有关的财产权,那么体育无形财产权也具有以下的几个特点:第一,无形性;第二,财产的排他性;第三,能为人类控制、利用;第四,能为权利主体带来经济效益,且收益具有不确定性。下面加以论述。

第一,体育赛事本身具有无形性。体育赛事转播权的客体是体育赛事,一旦体育比赛举办完毕,对体育赛事的转播也即结束,没有恢复的可能,体育赛事不可通过有形的形式加以复制。作为一种活动的体育赛事,具有现场性和竞争性,这一比赛的过程是不可复制的,广播、电台、电视台进入场馆摄制的过程不是对作品的复制,这是广播、电台、电视台作为传播者制作体育比赛节目的过程,只是还未经过加工的初级的制作。作为体育赛事而言,某项特定的体育比赛举行完毕以后,本次的体育比赛已经消失,主办方就该赛事享有

---

〔1〕 吴汉东、胡开忠:《无形财产权制度研究》,法律出版社 2005 年版,第 37 页。

〔2〕 王家福、郑成思、费宗祎:《物权法、知识产权法和中国民法典》,载 http://www.lawintime.net/ReadNews.asp? NewsID =966&BigclassID =30&SmallClassID =40&SpecialID =0,最后访问日期:2013 年 12 月 14 日。

的转播权就已终止,没有恢复的可能性,因而是不能固定的,更是无形的。主办方或许还可以通过后期许可转播机构重播体育赛事获得经济回报,但已经不是体育赛事本身的转播而获得的利益,而是固定在转播媒介上的比赛的录像的著作权享有的经济权利。“没有两个完全相同的进球”说的就是体育比赛的不可复制性和无形性。

第二,体育赛事转播权具有排除效用。所谓排除效用是一种绝对权,即其他主体不能有任何的非法干预。而相对权是与绝对权相对的概念,因而,不具有排除效用。在举办体育比赛的时候,主办方如果不将体育比赛的转播机会授予转播机构,而后者在前者不知情的情况下,对体育比赛加以拍摄并将其向公众开放、接收利益,主办方一旦发现,完全可以加以阻止,保护自己的转播权。体育赛事转播权的排除效用体现在:未经转播权人的许可,其他任何人都不得以牟利为目的而加以利用,因为它具有排他性和支配性。

第三,人们能够利用和控制体育赛事转播权,它具有归属效能。首先,作为归属效能,前提是权利内容能够确定,只要权利客体确定,权利主体的利益内容也就确定了,义务范围也就有了作为或是不作为的意义。对于体育赛事转播权而言,其内容是确定的。当一场体育比赛被举办,作为主办方而言,许可转播机构进入场地进行赛事的拍摄,并获取相应的利益,双方主体的权利义务范围就已明确。体育作为一种商业游戏,以合同的形式将体育赛事的转播权转让出去是主要的获取报酬的方式,而合同的第一要义就是确定性,[1]否则合同就失去了履行的必要。体育赛事转播权转让合同的这种转让性决定了它的确定性,也就说明了它的归属效能份额特性。

---

〔1〕 崔建远:《合同法》,法律出版社 2007 年版,第 97 页。

三、体育赛事转播权的权利主体

(一)体育赛事转播权权利主体的不同主张

转播权的法律性质和转播权的主体这两个问题是密不可分的。转播权作为一种经济上应当保护的利益,它的所有者应当是对体育比赛承担了巨大风险并对比赛加以投入的主体——为比赛作出巨大贡献的主办方或是参赛队、运动员,或者是由体育协会和参赛队共同所有。[1] 根据不同的主张,有不同的学说。

1. 体育赛事的主办者权利主体说

体育赛事转播权属于体育比赛的组织者,这是欧洲法院于2002年10月作出的一个判决,因为它们控制着比赛场馆的出入。[2]体育赛事的主办方通常是各体育协会,主办方认为,主办一场体育比赛,投入是必需的,有投入就必定有商业风险。首先是财政风险,对比赛的场地等设施的投入应该获得相应的回报,以弥补财政上的损失。其次,有关体育比赛的品牌或者是相关的联赛名称是由主办方创立的,并且它也承当了巨大的商业风险,如对各个参赛队的最低分红承诺;最后,主办方的技术管理工作也是不容忽视的,对于一场有吸引力的比赛,主办方的组织和管理工作是必需的,如指定赛事日程和制定裁判规则等相关的管理框架工作。它们创建的竞赛体制并为比赛提供的内容广泛的组织服务工作也应该重视,获得相应的回报。

德国的判例和学界的观点也认为体育赛事的转播者是比赛的

---

〔1〕 Roman Zagrosek, Sandra Schmieder, Centralized Making of Sports Broadcasting Right and Antitrust Law, *Seton Hall Journal of Sports and Entertainment Law* 14, 2004, pp. 381 -382.

〔2〕 Judgment of the Court of 8 October 2002, in joint cases T -185/00, T -216/00, T -299/00 and T -300/00, Metropole television SA (M6) et alia v European Commission ground 61.

主办方，它们有权出售体育比赛的转播权，并有权针对非法的传播行为采取法律行动。[1] 主办方还承担了统一的市场经营。各个参赛队参加一场比赛，一般都有统一的章程，而章程一般都规定了转播权由主办方统一开发经营。而一旦参赛队参与一场比赛，那么，章程的规定对各个参赛队都具有约束作用，这也是它们参加比赛的前提条件之一。既然运动员、参赛队自愿参加主办方举办的体育赛事，并分享着转播权带来的收益，则个体利益应该让位于主办方的整体利益。

2. 体育赛事的参赛队权利主体说

意大利的相关法律认为体育比赛的转播权人是各个参赛的俱乐部，而非联盟。参加体育赛事的参赛队，特别是对于主场队而言，认为自己才是各类体育设施，如比赛场馆、体育器材的提供者或是所有者，在这些设施上的花费是巨大的，因而它们有权将转播权出售给新闻媒体，通过竞争，许可给出价最高的转播商。另外，对结果有影响的不可忽略的另一个重要因素是客队，都是市场的天然参与者，单独出售赛事传播权是毋庸置疑的。[2] 因而是体育赛事转播权的权利主体。其次，出于中小媒体的压力，如果由主办方作为单一的转播权主体，将赛事转播权作为整体统一出售，因而价格昂贵，对于大的媒体来说尚能支付得起，但是却远远超出了中小媒体的承受能力，对于市场竞争是不利的。况且，由主办方单独出售转播权，那么议价的决定权都在主办方，价格是否合理、是否能够满足各个参赛队的预期值，都有待商议。最后，由主办方与媒体达成独家转播权买卖协议，具有垄断的嫌疑。有关体育的垄断问题也成为一个新兴的值得关注的领域，在国外几乎都会受到法院的审查，因而，由各

---

〔1〕 Martin Schimke, Legal Principles Applicable to the Centralised Marketing of TV Broadcasting Rights in Germany, Int'l Sports L. J. Vol. 4, 2003, p. 15.

〔2〕 黄世席：《欧盟体育赛事转播权法律问题研究》，载《法学评论》2008 年第 6 期。

个参赛队单独出售转播权才能打破这种垄断的嫌疑。参赛队认为应当由各个参赛队享有体育赛事转播权，由其单独出售，才能促进体育赛事的竞争与发展。

3. 体育赛事的运动员权利主体说

在1982年5月，美国篮球运动员协会主联盟（Major League Basketball players Association, MLBPA）向转播专业篮球赛的电视台、国家电视转播网、有线电视网发出信函主张运动员享有播出体育赛事节目的财产权，如未经运动员同意不得对体育赛事节目进行转播，尽管篮球俱乐部及其俱乐部联盟在40年的实践中一直为授予行为，但他们无权做出同意转播的行为。[1] 作为参与比赛的运动员来说，他们认为自己在赛场上的竞赛是一场表演，而赛事转播权是一种表演者权。转播机构传送的是他们的表演，在没有经过表演运动员的同意的情况下，转播机构不能转播他们的表演，表演者有对传输进行控制的权利，如果运动员们没有获得表演的报酬，不仅会降低执行的效果，也会成为社会负面影响的诱因。[2]

（二）体育赛事转播权的主体是体育赛事的主办者

1. 参赛队的竞争性难为转播权主体

体育比赛是各参赛队之间通过相互竞争夺取胜利来吸引消费者。为了提高比赛的观赏性，往往通过增加赢得比赛的收益来激励球队之间的竞争。比赛的赢家应获得全部（或绝大多数）奖金。这种激励机制可以剔除更多的不确定因素，对各成员努力水平的判断

---

〔1〕 Compare Chavez v. Hollywood post No. 43, 16 U. S. L. W. 2362 (Cal. Super. Ct. 1984.

〔2〕 Darsh U. Patel, Wisconsin interscholastic athletic ass'n V. GANNETT CO. —a dollar and a stream: exclusive broadcasting license does not violate the first, *Sports Lawyers Journal* 19(3), 2012, pp. 366 -368.

更为准确,达到既降低风险成本,又强化激励效果的作用。[1] 对各球队来说,想要在激烈的市场竞争中获得一席之地,也要付出自己的努力。也正是由于球队之间的竞争性,才使体育赛事更加具有观赏价值。但也正是它们之间的这种竞争性决定其不能获得体育赛事的转播权。

第一,为了保持比赛的均衡性,决定其不能获得转播权。虽然各个参赛队被视为职业体育的微观主体,但与一般产业不同的是,它们必须通过相互比赛才能进行生产,而一般产业不存在这个问题。同时,强弱差距又不能太大,观众显然不喜欢"一边倒"的比赛。球迷的兴趣一旦降低,体育赛事将失去市场,这又如何促进体育产业的发展?[2] 如果将转播权由某一参赛队单独享有,那么,它们就可以将其出售给出价最高的转播机构,对于强队而言,就会获得更大的收入,对于弱队而言,只能获得微薄的收入,会造成强者更强、弱者更弱,导致一些弱队被逐出市场,如此,体育比赛如何通过各个参赛队之间的比拼获得长足的发展?[3] 因此,可以通过把优秀运动员分配到相对较弱球队以平衡实力。这也就决定它们之间不能单独获得转播权。罗泽尔(Pete Rozelle)1959 年就任 NFL 总裁后,意识到地理、人口因素对电视转播的重要性,大市场球队和小市场球队在电视转播方面的收入必然有巨大差距,可能会破坏联盟的竞争平衡。因此,他提议将 NFL 球队常规赛和季后赛的电视转播权集中

---

[1] Lazear, EP Rosen S. Rank-Order Tournaments as Optimum Labor Contracts, *The Journal of Political Economy*, 1981, p. 89.

[2] Michael L. Martin. Its not a foul unless the ref blows the whistle: how to set up enforcement of the UAAA and SPARTA, *Sports Lawyers Journal* 19 (3), 2000, pp. 223 - 226.

[3] Roman Zagrosek, Sandra Schmieder, "Centralized making of sports broadcasting right and antitrust law", *Seton Hall Journal of Sports and Entertainment Law* 14, 2004, pp. 389 - 396.

起来，销售给出价最高的媒体。[1]

第二，为了保持各个参赛队的稳定性，其不能获得转播权。[2] 将整个比赛结合起来统一出售，其商业价值是巨大的，这比将某一特定的比赛作为单一的产品出售价值要大得多。主办方统一将整个赛事转播权出售给一家媒体，然后再将收益分配给各个参赛队，既能实现利益的最大化，也能使各个参赛队获得利益，有利于全面开发体育赛事的价值，提高转播的质量，使赛事的转播更加完整与顺畅，不仅可以增强体育赛事的社会影响力，而且还可以协调好与转播机构的关系。从经济角度看，集中销售是更有效的方式。通过统一出售，使得转播利益可以在各个参赛队之间分配，由于这种分配不是以各个参赛队的知名度和实力为依据的，因而可以缩小各个参赛队的贫富差距，保证强、中、弱队的平等，控制收入的共享，使弱队保持活力，能够开发新的有天赋的球员，促进职业俱乐部的发展。若缺乏这种统筹，弱队会失去活力，有损体育赛事的结构进而危及其持续的经营。[3]

2. 运动员的利益通过薪金获得

我国劳动法虽然没有明确规定职业球员是否受劳动法保护，但是，依据《中华人民共和国劳动合同法》(以下简称《劳动合同法》)第2条[4]以及《中国足球协会运动员身份及转会规定》《中国足球协会注册工作管理暂行规定》等相关行政规章对职业球员和职业俱乐部的相关规定，可解释为我国职业球员受劳动法保护。

---

[1] 张剑利：《职业体育联盟及其相关法律研究》，北京体育大学2004年博士学位论文。

[2] 郑志强：《论职业体育的市场特征》，载《西安体育学院学报》2008年第6期。

[3] Roman Zagrosek, Sandra Schmieder, Centralized Making of Sports Broadcasting Right and Antitrust Law, *Seton Hall Journal of Sports and Entertainment Law* 14, 2004, pp. 385 -396.

[4] 《劳动合同法》第2条第1款规定，中华人民共和国境内的企业、个体经济组织、民办非企业单位等组织(以下称用人单位)与劳动者建立劳动关系，订立、履行、变更、解除或者终止劳动合同，适用本法。

当劳动者和其所属的俱乐部之间建立劳动合同关系,那么他就是俱乐部的合法成员,同一般的劳动者一样,按照劳动合同的约定,拿固定的劳动报酬。劳动者与俱乐部之间不仅具有财产属性,更具有人身属性。运动员所支出的一切费用都是由其所属的单位提供的。在西班牙,运动员通常将自己的肖像权转让给与其签订劳务合同的俱乐部。西班牙俱乐部足球界的传统做法是,考虑到电视转播权的重要性,运动员通常都要签署两个单独的合同,其中一个是对球员的职业活动拥有专属权利的雇佣合同,另一个是球员放弃其转播权以及向俱乐部或者由俱乐部控制的第三方商业实体转让肖像权的私法上的合同,运动员放弃有关权利所得到的补偿通常是其工资的很大一部分。因而,运动员的形象权已经通过劳动合同转让给了参赛队,他们享有的权利通过薪金的方式获得。[1]

3. 主办方作为转播权主体是国际惯例

按照国际通行规则,一般认为,体育赛事转播权的权利主体为主办此项赛事的体育组织。《奥林匹克宪章》第1章第11条规定了国际奥委会对奥运会转播的权利。[2]《奥林匹克宪章》还规定:“国际奥委会可接受礼物和遗赠并寻求其他一切使之得以完成任务的财源。它利用实况报道权(包括但不限于电视转播权、赞助、特许费和奥林匹克产权)以及举办奥林匹克运动会来集资。”[3]危地马拉《体育、运动、娱乐法》第155条也规定了主办方是转播权主体。[4]

---

〔1〕 Brand on Leibsohn, Analysis of the NCAA ruler prohibiting a school-or conference-owned television network from television high school sports events, *Marquette Sports Law Review* 23(12), 2013, pp. 2 -3.

〔2〕 奥林匹克运动会是国际奥委会的专属财产,国际奥委会拥有与之相关的全部权利,特别是,而且不加限制地涉及该运动会的组织、开发、转播、录制、重放、复制和获取的全部权利,不论以何种方式或以现存的或将来发展的何种手段或机制。

〔3〕 黄世席:《奥运会转播的法律问题》,载《华东政法大学学报》2008年第3期。

〔4〕 “国内比赛的电视转播权由单项协会授予。国际比赛的电视转播权和广播权属于体育联合或奥委会。”“由职业联盟或职业俱乐部发起的体育比赛,上述权利属于这些职业单位。”

以色列1988年实施的体育法案第10～11部分要求各体育协会制定规章对赛事转播、运动员转会等作出规定。国家广播电影电视总局在2000年1月24日下发了《关于加强体育比赛电视报道和转播管理工作的通知》，该通知规定：小型的体育赛事的转播，则应该在合理、有序的规则下，各个电视机构竞争购买。在国内的有关大型的体育运动会，如世界杯足球赛、全运会、奥运会、亚运会等的电视转播权一概由中央电视台统一负责，包括谈判和购买电视转播权。这意味着体育赛事转播权获得了正式的认同。2000年3月31日，国家体育总局也下发了《关于电视转播权管理有关问题的通知》，该通知指出，根据国际惯例，体育比赛的电视转播权属于比赛主办单位。我国最新的《中国足球协会章程》也对赛事转播权作出了规定。[1]综上，我国体育赛事转播权的权利主体属于赛事的主办方，认同国际上的通行做法。

四、体育赛事转播权的权利保护

(一)体育赛事转播权侵权行为

侵权行为，在体育赛事中的表现即转播机构未经体育赛事权利人的授权而进行体育赛事的现场直播，转播机构要想获得现场直播的机会，应该事先得到转播权人的许可并支付一定的报酬。

在央视国际诉世纪龙网络侵权案中，对于2008年北京奥运会而言，新媒体转播的地域范围是有限制的，局限在大陆和澳门地区，这是根据国际奥委会的授权许可要求。[2] 但是，即使这般规定，还是有不法分子铤而走险，进行非法的转播行为。其中，比较典型的是

---

[1] 《中国足球协会章程》第49条规定：根据《国际足联章程》和《中华人民共和国体育法》规定，本会为中国足球运动的管理机构，是本会管辖的各项赛事所产生的所有权利的最初所有者。这些权利包括各种财务权利，视听和广播录制、复制和播放版权，多媒体版权，市场开发和推广权利以及无形资产如徽章和版权等。

[2] 孙月丹：《奥运转播维权案频频“亮相”带来警示》，载《检察日报》2008年第34期。

央视国际网络有限公司(以下简称央视国际)诉世纪龙信息网络有限任公司奥运转播侵权案。网站对奥运火炬传递的行为是否为侵权行为是控辩双方的矛盾点。被告世纪龙认为,奥运火炬登上珠峰的活动是一种客观事实,这种节目不具有作品的性质,如由于它的客观性,不是由作者独立创作的劳动成果,不具有独创性。此外,一旦该活动结束,便不可再重现,不能固定下来,更别说复制了。因而,登顶珠峰的活动不是作品,著作权法是不应该保护的。原告的理由是:《第29届奥林匹克运动会主办城市合同》是由国际奥委会与北京市暨中国奥委会签署的,登顶珠峰这一电视节目的作者是国际奥委会。根据《奥林匹克宪章》和中国政府与国际奥委会签署的有关协议,新媒体的体育赛事转播权是由央视所有的,是一项著作权,信息网络传播权也包含在其中,并由央视享有。其他任何第三方在没有经过央视的授权下是不能进行转播的,否则即为侵权。信息网络传播权是由央视授权许可给原告的,法律应该保护原告的合法权益,被告由于未经过许可就在自己的网站上实况转播奥运火炬珠穆朗玛峰传递节目,侵犯了原告的信息网络传播权,应承担相应的法律责任。[1]

广州市中级人民法院认为,“圣火耀珠峰”直播节目具有作品的性质,是作者独立创作的劳动成果,该节目可以认为是以类似摄制电影的方法创作的作品,具有作品的独创性。该节目具有体现了火炬手登顶的冒险精神,与奥运会的主题息息相关,而且其中还具有相关人物的访问资料,这其中的计划性正体现了创作者独立思考的过程,具有独创性。判决如下:被告侵犯了原告的著作权,根据该作品的社会意义及原告的损失利益,由被告赔偿给原告

〔1〕《奥运转播遭侵权 央视国际起诉世纪龙网络获胜》,载广州日报大洋网:http://news.dayoo.com/guangzhou/200910/13/73437_11022155.htm,最后访问日期:2013年12月4日。

30万元。

由上可知,法院认为被告侵犯的是原告的信息网络传播权,即著作权,但笔者认为被告侵犯的是奥运会体育赛事转播权。本案是由网站未经授权而随意播放奥运节目的行为引起的,是与网站有关的侵权行为,很容易让人想到信息网络传播权,但实际上并未如此,被告侵犯的是体育赛事转播权。案件中虽然涉及信息网络传播权,作者是央视,由央视授予央视国际。登珠峰的活动只是一种事实,没有转播机构的智力活动,活动一结束就不可再重现,不可固定,更不可说是复制了,不是作品,也就不属于知识产权,不应受到著作权法的保护。本案也涉及网络直播,但是侵害的不是这个权利,而是体育赛事转播权持有人的利益,是一种财产利益,是一种经济权利,并非干扰或阻止其广播行为并造成损害,侵犯了奥运会体育赛事转播权。

(二)体育赛事转播权的侵权救济

侵权责任法性质是救济类型的法律,主要是体现对受害人的保护。侵权法除了补偿受害人损失外,还有通过一定方式责令行为人依法赔偿的效果,起到遏制此类现象发生的预防功能进而产生法律应有的预防效果。"有权利即有救济",对于受到侵害的体育赛事,应该寻找救济的途径,即追究侵权人的责任。

1.体育赛事转播权的救济方式

《中华人民共和国侵权责任法》(以下简称《侵权责任法》)侵权责任的救济方式包括排除妨害、消除危险、停止侵害、返还财产、恢复原状、赔偿损失、消除影响、恢复名誉、赔礼道歉,等等,这几种方式可以单独适用,亦可以联合适用。对于以上的几种方式,可划分为两种基本类型:一是非损害赔偿请求权,目的为事前预防,具体包括停止侵害、排除妨碍、消除危险三种形态;二是损害赔偿侵权责任方式,目的是事后填补,具体包括返还财产、恢复原状、赔偿损失、赔礼道歉、消除影响和恢复名誉。但是对于体育赛事转播权侵权而言,并不是所有的救济方式都是适合的。

首先,对于恢复原状而言,首要目的是保持整体的利益。[1]目的是使得受害人的利益回复到原始的状态。而非指某项具体法律手段。而体育赛事转播权是一项无形财产权,这和有形的物权形态不同,对于体育赛事转播而言,体育赛事一旦开始,直播便同时进行,当转播权人发现后,无法要求侵权转播商以某种方式恢复到比赛发生前的状态,因而对于体育赛事而言,是无法恢复原状。

其次,对于消除影响、恢复名誉、赔礼道歉来说,其是恢复原状的具体体现,只是在人格权方面的意义。第一,由于体育赛事不可能通过恢复原状的方式获得救济,因而该三种具体的形态也不适合于体育赛事的救济;第二,这三种方式是在人格权领域的运用,而转播权是财产领域范畴,因而也是不适用的。

再次,对于返还财产而言,即使返还原物,前提是物的确存在,是实现"物权支配圆满性恢复"的重要保障,属于物权的范畴。返还财产虽也可以是转移物之所有权,习惯上是转移物上之占有。一旦将其纳入侵权法,应当加以限缩解释,将其限定在恢复原状的范畴之内。我国《侵权责任法》第 15 条将返还财产纳入侵权责任的形式,因而,返还财产实质上也是一种恢复原状的方式之一,因而,也不适用于转播权的侵权救济。

最后,对于排除妨碍、消除危险、停止侵害而言,由于这三种救济方式既适用于物权请求权,又能适用债权请求权,但是这种竞合只是部分竞合,因为侵权责任的成立要件比物上请求权严格得多,

---

〔1〕[德]迪特尔·梅迪库斯:《德国债法总论》,杜景林、卢谌译,法律出版社 2004 年版,第 432 ~433 页。

如侵权责任的成立要件是以侵权行为的存在为前提,要求损害事实已经产生,侵权责任一般以加害人有过错为要件,但是,物上请求权不以这些为要件。在适用范围上有差别,因此,这三种救济方式并不都适用于侵权损害。

《侵权责任法》第 20 条规定[1]的适用顺序为:第一损害赔偿、第二获益赔偿、第三协商赔偿,最后是法院自由裁量。对于第 20 条的规定,不仅仅适用于人身权,对财产权的损失也可以适用该条规定的顺序。在无法计算受害人的损失时,再按照侵权人所得利益计算,否则不能运用法官的自由裁量权进行确定。[2] 而由于我国并没有有关体育赛事转播权的法律具体规定,对其损失赔偿的研究,笔者认为,值得研究的是损害赔偿与获益赔偿的计算。

2. 体育赛事转播侵权的损失赔偿计算

从我国《侵权责任法》第 19 条的规定[3]中可以看出,当财产损害由侵权行为引起时,对赔偿金额的计算是"市场价值的方法"或"其他方法"。

(1)市场价值标准的原理

所谓市场价值标准,加害人侵害受害人的财产,该财产的责任承担方式是金钱损害赔偿,该财产的市场价值是多少,赔偿金额就是多少。[4] 在央视国际起诉世纪龙网络一案中,法院就判决被告赔偿 30 万元给原告,这就是给予的金钱损害赔偿。

---

〔1〕《侵权责任法》第 20 条规定:侵害他人人身权益造成财产损失的,按照侵权人因此受到的损失赔偿;被侵权人的损失难以确定的,侵权人因此获得利益的,按照其获得的利益赔偿;侵权人因此获得的利益难以确定的,被侵权人和侵权人就赔偿数额协商不一致,向人民法院提起诉讼的,由人民法院根据实际情况确定赔偿数额。

〔2〕最高人民法院侵权责任法研究小组编著:《中华人民共和国侵权责任法条文理解与适用》,人民法院出版社 2010 年版,第 158 页。

〔3〕《侵权责任法》第 19 条,侵害他人财产的,财产损失按照损失发生时的市场价格或者其他方式计算。

〔4〕王军:《侵权损害赔偿制度比较研究》,法律出版社 2011 年版,第 34 页。

市场价值标准是一种非具体的计算方式,是一种抽象损失的计算方法。抽象损失与受害人受到的实际的损失差异很大,计算的依据是一般人的标准,也即大多数人在此种情况下都会受到的损失。受害人的实际损失是已经发生的、实实在在的损失额,是依据现实的损害就能够计算出来的,而抽象损失由于损失尚未发生而依据同类受害人在同种受害情况下通常会发生的损失额推算出的损失。在法国,对赔偿金额进行初步的计算时,会或多或少地引入抽象方法。

这种抽象损失方法的重要意义体现在:第一,它是一种有体系的、统一的评价标准,具有普适性。由于抽象损失的赔偿方法在侵权损害发生之前就已经推算出了一般情况下发生的损失额,一旦损害发生就可以依据该标准准确算出损失额。不但适用于财产权完全丧失的情况下,也可适用于财产发生部分损毁的情况。而且,财产的价值贬值也可适用。如播出 15 分钟的赛事集锦权没有购买体育赛事转播权,主办方本来可以以更高的价格转让体育赛事转播权,但是由于侵权转播机构对赛事集锦的播出就会分流一部分观众,那么,获得转播权的转播机构就会以更低的价格购买赛事转播权,体育赛事转播权的价值就会贬值,此时,转播权人完全可以就贬值的部分获得赔偿,权利本身被侵害就是损失。也正是由于同一和客观的标准,使责任程度相对确定,侵权人在实施侵权行为之前,就可以对其承担的责任的程度作出估算,从而对其承担的风险作出判断并以侵权的成本的大小来确定是否值得实施。侵权转播机构在实施侵权行为之前便可以对可能产生的赔偿额作出预算以决定是否实施侵权行为。第二,使得赔偿金的计算简单化,受害人在损害发生后就不需要在痛苦的基础上还要找出证据,核算自己的损失,一是避免了受害人的复杂举证过程,法院在证据的考察中也不再那么烦琐。特别是对于转播权而言,由于其无形性,使得举证变得困难，而且，随着新的转播方式的出现，如网络和手机，在奥运会期间，我国还启动了打击网络侵权盗版的专项行动，打击网络侵权行为，不仅是我国申奥的承诺，更是保证奥运会有序进行的制度保障。正是由于其侵权的隐蔽性和举证的困难性，才加大了对网络侵权的盗播行为的打击力度。但是即使举证困难，仍然可以根据抽象损失的方法确定赔偿额。

(2)市场价值标准的四步骤测试法

第一，交换价值和交易市场是受到损害的财产的前提。对于体育赛事而言，观众不可能都去到比赛现场观看比赛，更多的是通过转播机构对体育赛事的现场直播，通过电视等媒介观看比赛，因此，转播权的交易是存在巨大的市场价值的。以世界上最大的综合性赛事奥运会为例，从1984年开始，奥运会电视转播权收入品均增长率为38%，曾经一度占据国际奥委会总收入的95%以上，2000年的奥运会电视转播权的销售收入高达36亿美元。[1] 2002年的日韩世界杯，通过中国中央电视台收看世界杯的人次超过了70亿，和平世界中还没有哪个新闻事件能够在世界上各个角落持续40天的高温存在，只有体育赛事能够做到。[2]

第二，须有可供参照的市场。根据《美国第二侵权法重述》第911条的"评论b"，[3]客观的市场价值是选择的前提；次之是投标的价格，也可以考虑，即赛事转播权的许可使用费标准来计算。转播权许可使用费，是转播权人将体育赛事有偿许可转播机构进行现场直播而收取的费用。参照的标准可以是原告在诉讼前就涉案体育赛事与他人签订直播许可合同中的许可使用费，也可以是同行业最

---

〔1〕 张立等：《我国体育赛事电视转播权研究》，载《天津体育学院学报》2000年第2期。

〔2〕 《金杯闪耀激情央视　06世界杯广告资源说明会举行》，载搜狐体育：http://sports.sohu.com/20060412/n242767149.shtml，最后访问日期：2013年12月1日。

〔3〕 Restatement of the Law, Second, Torts, §911, Comment b.

相似体育赛事的许可使用费,如对于央视获得奥运会的转播权一样,央视和奥组委会有一个关于奥运会转让的合同,而世纪龙网络在没有获得奥组委授权的情况下,以网络的形式进行传播行为,侵犯了奥组委的奥运会转播权。若是奥组委提起诉讼,那么,奥组委可以以许可使用费为标准来计算出世纪龙的侵权利益。

第三,确定计算受损财产的时间。一般是损害发生的时间,合理性在于:首先,这个时间是在损失发生之前的利益价值,二者比较贴近,能够更好地弥补权利人的利益;其次,受害人处于更加有利的地位;最后,对加害人而言,也没有付出多余的不必要的损失,因为这个时间加害人获得了意外之财,应该赔偿给受害人。如2008年第一次设立互联网赞助类别的是北京奥运会,搜狐成为此次奥运会互联网服务赞助商,意味着互联网正式参与了奥运会商业化开发。即便如此,为了保护长期以来占据着主导地位的电视转播机构的利益,国际奥委会并没有将奥运会的转播权出售给奥组委的官方网站,只有购买了奥运会转播权的广播电台、电视台才有权直播奥运会。如果其他网站包括搜狐在内直播奥运会,则会构成侵权。此时,若是有网站未经国际奥委会的许可直播奥运赛事,对于损害赔偿计算的时间应该是在网站直播体育赛事之时,因为互联网、手机等新的传播手段肯定会将原有的电视观众和电视广告商分流出去,造成电视等转播机构的利益受损,那么国际奥委会的收益也会因此而受到损失,在侵权网站直播时损失就发生了,因此,此时的时间是合理的。对于侵权网站而言,也是在侵权之时便获得了利益,侵权人因为侵权行为所获的利润应该为转播权人所有,而直接将此利润作为赔偿额。对于侵权网站来说,这部分利益作为赔偿额,对于它来说是公平的,因为,这部分利益本来就不是它应该获得。

第四,确定计算受损财产的地点。一般会采取财产在损害发生地点的价值标准。因为一个地方一个价值,这也反映在财产上,其价值是在当地的市场价值体现的。如全国范围内的体育赛事的转播和某一地区的体育赛事的转播的价值就是不同的。如果侵权转播商是在本台当地的频道范围内直播体育赛事,那么收看的人数只限于当地的观众,影响范围也没有那么大,损害发生当地的市场价也就比较低。如果侵权转播机构在地方卫视台直播体育赛事,那么在全国范围内都可以收看赛事的转播节目,提高了当地频道的收视率及影响力,那么在当地的转播价格也会大大提高。由于地方性赛事转播价格的提高,一方面严重损害了转播权人的价格利益,另一方面也侵害了购买全国性转播权人的利益,因此是一种不正当竞争的行为。因此,根据侵权损害发生地市场价值确定损害赔偿对于转播权人而言是权利保障的关键,也能打击不正当竞争。

3. 体育赛事转播权的获利赔偿计算

侵权获利,是指侵权人实施被控侵权行为所获得的利益,要求是侵权行为和所得利益之间需要有因果关系,需要排除的是侵权人因为其他的原因而获得的利益。该种计算方法的特别之处在于具有侵权推定性,即权利人所应该获得的利润是侵权人因为自己的侵权行为所得的利益,将该侵害利益直接作为赔偿额,主要是为了便于求得受害人应得的赔偿金。侵权获利的计算是在受害人的损害难以证明因而无法计算的前提下适用的。

(1)以侵权人的故意为前提条件

获益赔偿具有较强的惩罚性。但是在适用时,要注意与侵权的范围、使用费的给付方式、侵权的时间、数额等情形相对应,有关使用费的给付要符合法律的相关规定。另外,还要注意的是,特别是在以体育赛事许可费为基准计算损害赔偿额时,考虑不同的侵害人、不同的对象范围,因为这些主体实施的具体情况是不一样的,由此求得的数额才能比较合理。实际中由于转播权许可费数额浮动很大,可以引入假定协议方式,即假定侵权行为在开始之前,转播权人和侵权人本着自愿合法的原则,双方就争议的转播权授权进行协商,达成合理的转让费。由法院或专家考量专利权人因授权而付出的成本以及侵权人因授权而获得的利益,界定专利权人可接受的最低权利金以及侵权人可接受的最高权利金,然后在双方都可接受的范围内,决定最合理的转让费。

(2)获益赔偿的适用不需要证明损害

获益赔偿适应的前提就是受害人的损害难以计算出来,意在消除侵害人的不法利益,并对以后的类似行为加以控制,受害人主要是证明侵害人是否以及获利的多少,至于损害是什么就不需要证明。否则,加害人还有可能获得额外的利益,因为受害人有可能会证明出没有损害事实或者低于加害人的获利。受害人得不到救济,这有违法律弘扬正义的意义,也与侵权责任法的填补理念相悖。

(3)获益赔偿的适用应该防止权利人获得"意外之财"

获利赔偿的使用应该防止权利人获得"意外之财",所以在计算时应该以一定的形式加以限制。阐述如下。

第一,不能扣减的利益。首先,非法的劳务成本不能扣减。在侵权的过程中,侵权人也会或多或少地付出一定的代价,如侵权计划、侵权劳动,但是,侵权人的这些劳动是不合法的,是应该禁止的,因此,不能排除;其次,固有成本不能扣减。这些成本本来就是固定的,即使不侵权也会存在。若是排除这些成本,导致的后果是降低受害人获得的赔偿额,不能实现赔偿的意义。

第二,能够扣减的获益。可以引入边际成本理论。该理论的观点是,由于有规模经济的需要,在后上市的产品比在前上市的产品成本要低。在计算利益时,不能完全恪守平均成本方法。要想作为扣减的客体,一般来说,应该与体育赛事转播权有直接联系的成本变动。

五、结　语

本文通过对体育赛事转播权的法律性质界定，提供了一种受保护的路径，即它是一种法律上受保护的无形财产权。因而在对权利的救济方面，就可以适用《侵权责任法》的相关规定。而对体育赛事转播权的救济方式主要适用于侵权损害赔偿。市场价值标准，不仅是主办方简化了侵权损害的证明，也化解了法院对损害赔偿的烦琐计算。市场标准由若干要件构成，只有它们都具备时，才能依据该标准确定受损财产的价值：受到损害的财产必须具有交换价值，同时存在交易市场、须有可供参照的市场、以损害发生地的市场价作为计算受损财产价值的、以损害发生时的市场价值作为计算受损财产价值。另外，侵权人侵权获利的计算方法是为了便于计算权利人因侵权行为所受的损失，推定侵权人因侵权行为所获得的利润应为原权利人所应获得的利润，而直接作为赔偿额。侵权获利的计算是在受害人的损害难以证明因而无法计算的前提下适用的。虽然侵权损害和侵权获利的计算方式还不成熟，但也是笔者微薄的力量，我们期待更加有效的计算方式。

图书在版编目(CIP)数据

版权制度的现代发展与回应 / 李岩,杜甲华主编
.—北京:法律出版社,2017
(辽宁大学法学文丛)
ISBN 978 - 7 - 5197 - 1135 - 1

Ⅰ.①版…　Ⅱ.①李…　②杜…　Ⅲ.①版权—研究
Ⅳ.①D913.04

中国版本图书馆 CIP 数据核字(2017)第 182500 号

版权制度的现代发展与回应
BANQUAN ZHIDU DE XIANDAI FAZHAN YU HUIYING

李　岩　杜甲华 主编

策划编辑 汤子君
责任编辑 汤子君
装帧设计 汪奇峰

出版 法律出版社
总发行 中国法律图书有限公司
经销 新华书店
印刷 北京玺诚印务有限公司
责任校对 杜　进
责任印制 陶　松

编辑统筹 学术·对外出版分社
开本 720 毫米×960 毫米　1/16
印张 18
字数 213 千
版本 2017 年 8 月第 1 版
印次 2017 年 8 月第 1 次印刷

法律出版社/北京市丰台区莲花池西里 7 号(100073)
网址/www. lawpress. com. cn
投稿邮箱/info@ lawpress. com. cn
举报维权邮箱/jbwq@ lawpress. com. cn
销售热线/010 - 63939792
咨询电话/010 - 63939796

中国法律图书有限公司/北京市丰台区莲花池西里 7 号(100073)
全国各地中法图分、子公司销售电话:
统一销售客服/400 - 660 - 6393
第一法律书店/010 - 63939781/9782
西安分公司/029 - 85330678
重庆分公司/023 - 67453036
上海分公司/021 - 62071639/1636
深圳分公司/0755 - 83072995

书号:ISBN 978 - 7 - 5197 - 1135 - 1
定价:48.00 元